反弹操作技术精要

金 石 一 舟 著

地震出版社
Seismological Press

图书在版编目(CIP)数据

反弹操作技术精要／金石，一舟著. —2版. —北京：地震出版社，2019.2
ISBN 978-7-5028-4875-0

Ⅰ．①反… Ⅱ．①金…②一… Ⅲ．①股票投资—基本知识 Ⅳ．①F830.91

中国版本图书馆 CIP 数据核字(2017)第 252902 号

地震版 XM4036

反弹操作技术精要(第二版)

金　石　一　舟 著
责任编辑：薛广盈　吴桂洪
责任校对：张晓梅

出版发行：地震出版社

北京市海淀区民族大学南路9号　　　　邮编：100081

发行部：68423031　　68467993　　传真：88421706

门市部：68467991　　　　　　　　传真：68467991

总编室：68462709　　68423029　　传真：68455221

证券图书事业部：68426052　68470332

http://seismologicalpress.com

E-mail: zqbj68426052@163.com

经销：全国各地新华书店

印刷：北京市兴星伟业印刷有限公司

版(印)次：2019 年 2 月第二版　　2019 年 2 月第一次印刷

开本：787×1092　1/16

字数：400 千字

印张：20

书号：ISBN 978-7-5028-4875-0/F(5576)

定价：58.00 元

前　言

从 2001 年 7 月开始的股市大幅下跌，主要是针对 1994、1996 年开始的资金推动型大牛市行情而展开的大级别调整，其间沪深两市的投资者总共有多达 7000 亿市值被蒸发，绝大部分投资者本金损失十分惨重。目前或未来相当一段时间里，股市仍将处于熊市调整的大格局之中，调整期间虽然也会有局部牛市行情，即反弹行情出现，但不能肯定地说目前中国股市的股价结构大调整已经结束，新的一轮大牛市行情又很快开始。

现实的情况是，绝大多数的投资者在调整市道中，不但很难赚钱，反而每年亏损 20%～30%以上的人比比皆是，这是我们平时在培训、咨询工作中经常遇到的残酷现实。究其原因，绝大部分亏损者对熊市之中的反弹没有系统地学习和掌握比较完善的操作方法，同时市面上也没有一本专门针对反弹操作方面的书籍可供投资者系统学习参考，更谈不上对参与反弹操作存在极大风险的清醒认识。投资者经常是零零碎碎地学到一招半式就胡乱运用，或照搬牛市的操作方法，结果大多数是以套牢或亏损而告终。

残酷的现实激发了我们写作本书的欲望，我们认为非常有必要认真、科学地总结反弹操作的一系列实战经验。使投资者在每年几波较大的(指数涨幅可达 10%～20%)反弹行情中，能够掌握一些比较正确的反弹操作获利方法，以期达到每年稳定获取30%～50%的投资收益的目的。一年以前，我们便着手开始本书的写作，根据笔者多年与许多实战高手的交流，以及自己多年日积月累实战经验的总结、升华，渐渐形成本书的雏形。

《反弹操作技术精要》与其他针对牛市而写的股票书籍大不相同，它主要针对熊市或调整市道中反弹行情的操作，同时，其中的许多方法也适合在牛市行情中使用。作为中国股市中第一本专业化全面、系统公开反弹操作主要获利模式的专著，它的出版对于目前的市况来说，真可谓是恰逢其时，对于广大的投资者来说，完全是雪中送炭！

《反弹操作技术精要》一书，我们本着系统性、经典性、实战性、可操作性的精神，最大限度地体现本书的实战价值。笔者将许多实战高手秘而不宣的操作秘诀公布于书中，力求从投资书籍本身的内在产品质量上，使之成为一本投资精品书。

　　如果有缘的读者能够深刻领会本书中所阐明的投资理念、操作策略、操作原则、各种反弹操作获利模式的限定条件、实战技巧等精要，笔者坚信一定会帮助读者少走弯路，尽快地走向证券投资的成功之路，在股市中永久生存下去！

　　本书试图帮助投资者在参与反弹操作中，规避风险，获取长期稳定的投资回报。如果本书能对读者有所启迪和帮助，笔者就倍感欣慰了！

　　由于笔者水平有限，时间仓促，书中不成熟、不完善的地方在所难免，不妥之处敬请读者批评指正！

金石　一舟

修　订　版　序

　　自《反弹操作技术精要》一书 2004 年出版以来，多次再版重印，深受国内投资者好评和欢迎，让作者倍感欣慰。中国股市从当年编著本书时的熊市到现在，又经历了一个大的完整的股市牛熊循环，严格地说目前的股市又处于熊市调整之中，因此，本书中所讲解的各种反弹操作技法技巧在未来一段时间里同样也会很实用，相信也将再次展现其规避风险及创造收益的巨大实战价值。

　　随着股指期货的推出，我国股市进入一个全新的时代，由股票的单一做多赚钱，到期指的做空也能赚钱。本书介绍的方法是否在今后的市场中适用，且能应用到期指的操作中呢？答案是肯定的，而且在期货中使用，其适应性更广泛，其双边交易加 T+0 的规则，可以使用其间的小级别精细化操作，将使其实战效率远远高于股票操作。

　　2009 年有多位读者来信说，在 2008 年股市从 6124 点开始的大跌中，应用书中的方法，及时规避了 2500～3000 点的下跌空间，并参与了两三次反弹，不但没被套，还赚了 20%～30%。对此笔者为读者应用操作成功而感到高兴，并为之鼓舞。同时，应五六年来读者的强烈要求，作者再次将本书中的一些错别字、部分不清楚的图文解释、少数章节等进行了修订，期望本书更完美，能够对读者有所启迪和帮助。

金石　一舟

目　录

第一章　反弹的定义和类型

第二章　反弹操作的实战准备与前提条件

第三章 反弹行情研判及大盘实战要点

第四章 各种反弹操作获利模式实战精要（上）

第五章 各种反弹操作获利模式实战精要（中）

第六章 各种反弹操作获利模式实战精要(下)

第七章　反弹操作的注意事项

第八章　反弹操作能力的提高

第一章

反弹的定义和类型

第一节   反弹的定义

一、反弹的定义

在股票操作中，反弹操作是一种重要的获利方法，尤其是当大盘（股价）处于中长期下降趋势状况下，熟练掌握该方法的应用更显重要，是投资者能在市场上长久生存的护身利器。

在进行股票的反弹操作前，首先就要对反弹的内涵进行准确理解。从道氏理论我们知道，股价分为 3 个级别的运动方式：主级正向波、次级逆向波、日间杂波。其中主级正向波是最重要的价格波动，其时间长度最长，它反映了价格波动的主要运动趋势。其次是次级逆向波，它是最具欺骗性的波动，时间长度较短，是对价格波动主要趋势的修正，而日间杂波则是最无意义的波动。

由此，我们这里所说的反弹是指价格在进行向下趋势运动的主级正向波动时所产生的次级逆向波动，是作为对主要跌势修正而言的上涨，是次级趋势，而通常对应大级别的上升趋势中所产生的股价回档，其后的上升则不能称为反弹。这是投资者要区分清楚的地方。

二、反弹与反转的区别和联系

反转是对应着股价主级正向波运动发生的变化，它一定是作为对前一波牛市或熊市的扭转而言的下跌和上涨，是大级别的长期趋势改变，它包括底部反转和顶部反转。我们这里需要说明的是，反弹与反转二者之间也存在转化关系，这就是在股价底部反转第一波上涨的初始阶段我们通常把它认为是上一波下跌的反弹，只有在后市突破前期下跌段某个重要价位（阻力位）之后，反弹则可能演化为反转。

这样进行谨慎分析，虽然在实盘操作中显得有些滞后，但这样分析对保障进场资金的安全性起到了至关重要的作用。因为，在对股价运动的主级正向波、次级逆向波及日间杂波的识别上，无论使用何种分析方法，都不可能达到百分之百的准确性。通常，投资者容易将反弹和反转两个概念搞混淆，从而导致战略上的决策错误，也就必然会导致在临盘操作上的失败。

下面我们以深万科 000002 上市以来至 2003 年图例进行分析。见图 1-1~图 1-4。

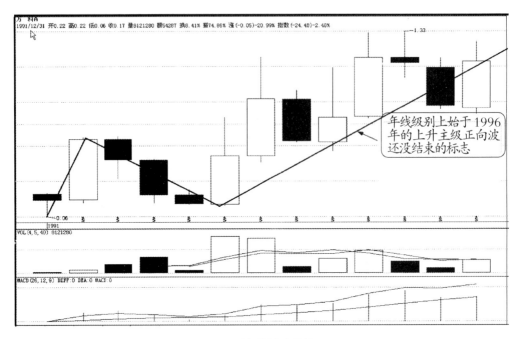

图 1-1　年线波动趋势

图 1-2　月线波动趋势

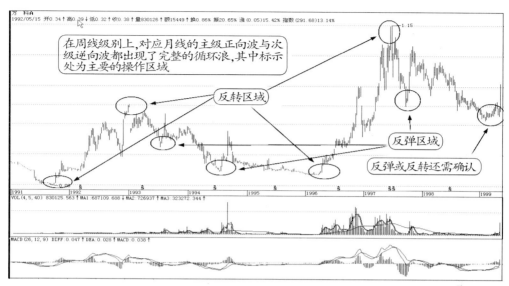

图 1-3 周线波动趋势

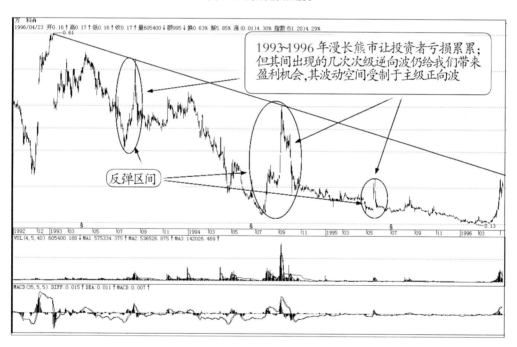

图 1-4 日线波动趋势

从上面深万科 000002 的年、月、周、日 K 线四张图表分析,我们可以清楚地到它在各时间级别上的波动构架。只有在对主级正向波和次级逆反波进行识别后,才能够有效地制定正确的实战操作策略。从图中我们还知道了对主升浪操作与反弹操作的根本区别。

第二节 市场运动循环规律及市场机会的捕捉

一、市场运动循环的基本规律

要在市场上保持稳定的赚钱，就必须充分了解和掌握股市(股票)运行的基本规律。我们在分析市场的价格走势之前，必须知道价格运动存在以下三种趋势。

(1)长期趋势：指能持续数月至数年时间的趋势(图1-5)。

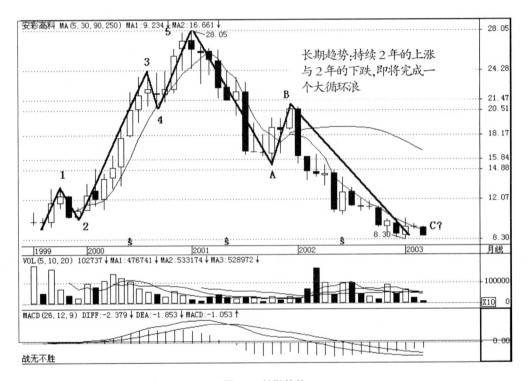

图 1-5 长期趋势

(2)中期趋势：指持续数周至数个月时间的趋势(图1-6)。

(3)短期趋势：指能持续数天至数周时间的趋势(图1-7)。

在市场运行中，这三种趋势都存在，在某时段它们的方向可能相同，也可能相反。在三者当中，中、长期趋势的方向是最重要的。

在任何交易市场中，其运动趋势必然会处于以下四个阶段中的某个阶段：①筑底阶段；②上升阶段；③盘头阶段；④下跌阶段。其周而复始，循环往复(图1-8)。

图 1-6 中期趋势

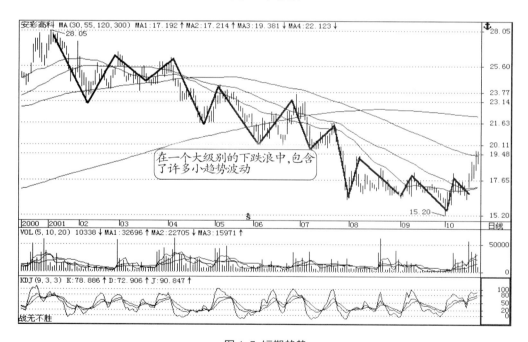

图 1-7 短期趋势

在上升(下跌)阶段中还包含了中继盘整阶段。通常，投资者可以借助 30 日平均线或 55 日移动平均线方向作为判定中期趋势方向的参考线，或以 5 周与 10 周均线的方向进行确认(图 1-9)。

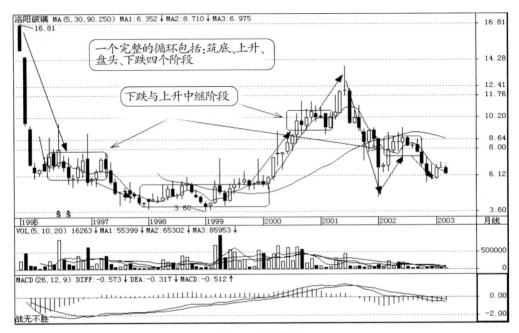

图 1-8 四个阶段

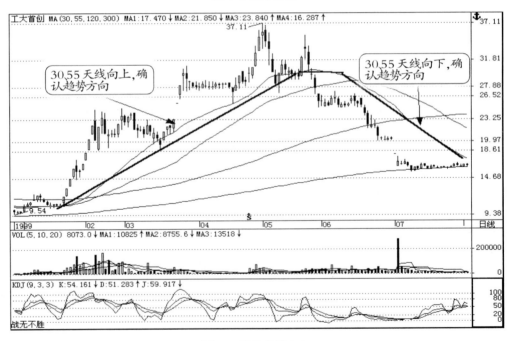

图 1-9 确认趋势方向

　　一次完整的市场循环运动必然包含上述的四个阶段。投资者只有分清了市场的趋势目前处于什么阶段，同时制定出相应正确的操作策略，才可能把握较高的胜算。但这仅仅是迈向成功的第一步，也是投资获胜的必要条件之一。

二、市场循环四个阶段的机会捕捉

从股票运行的四个阶段来分析，对应的市场机会是截然不同的。

1. 筑底阶段的市场机会

当股票经过相当长时间的下跌以后，做空的市场能量基本得到释放，也就是说下跌动力基本消失，此时多空市场力量基本达到相对的平衡，伴随而来的市场特征就是成交量的极度萎缩低迷，地量由此产生。在这样一种相对平稳的市场背景条件下，股票已经具备了进行战略性建仓的市场机会。

2. 上升阶段的市场机会

当股票经过筑底阶段后开始上涨，其趋势线由平行逐渐转为上行，随着中期均线的方向持续不断地朝上，也就说明股价开始进入多头上涨过程之中。在这一阶段中我们可以放心大胆地买入股票，这为我们提供了最佳获利的市场机会，是投资者重点把握的阶段，也是赚钱的黄金时期。

3. 盘头阶段的市场机会

经过连续上涨阶段后，积累了大量的获利筹码，其中期均线开始由朝上变为走平就说明该股票的向上攻击能量开始消失。此时投资者开始将账面上的盈利转化为实际盈利，这个阶段只提供了兑现筹码、套现的市场机会。

4. 下跌阶段的市场机会

当股票的中长期均线向下，就说明投资者出货动作已经开始正式展开。该股票长期性空头下跌将成为相当长时间的主旋律，这个阶段的股票一般不能买进，该阶段基本上不提供盈利的市场机会。

在这个阶段所进行的大部分操作都是错误的。只有在特殊的几种情况下，股价才有反弹机会，投资者可根据不同性质和级别的反弹，用不同资金量进行抢反弹操作。本书就是针对如何把握下跌阶段的市场机会进行阐述。

由于抢反弹操作是在市场处于下跌阶段展开的，所以与股价运动上升阶段的操作有本质上的不同。

一般来说，在股价下跌期间抢反弹时要注意以下事项：

第一，不能让资金陷住。由于反弹仅仅是下跌市道中的一种上涨回抽，因此抢反弹时应速战速决，而不可恋战持股。而且不是所有的反弹都能抢，必须是在特定、严格条件下的抢反弹才有意义。如预期反弹力度有限，即风险收益比太小时，那么就应停止抢反弹，尤其在操作小级别的 B 浪反弹时，决不能因为贪婪再度陷入深度套牢的尴尬境地(图1-10)。

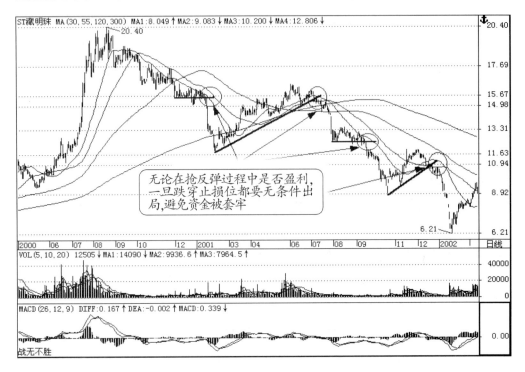

图 1-10 设立止损位、控制风险

第二，不能满仓抢反弹。抢反弹时最注重仓位控制，全仓抢反弹有可能使你深陷泥潭，无法自拔，造成抢反弹不成，反而全线被套。正确的方法应该是，按反弹的类型、级别大小和自身的实力合理安排资金量大小。一般地说应该用不超过资金总量的1/3～1/2进场抢反弹。

第三，买点的捕捉。抢反弹很重要的一点是介入点的确定，这比在上升阶段要求更精细，买点的好坏直接关系到反弹操作的成败。因为在一个中长期上涨趋势中，只要在上涨的初中期阶段买进都是正确的，无非是赚多赚少的问题；而在抢反弹时，往往错过最好的买入时机后，其后的买进都容易使操作陷入被动和亏损。抢反弹实战操作运用方法较多，后面第四～六章中有详细介绍。无论你使用何种方法，通常在实际操作中需要多种分析方法综合应用。

第四，目标股的选择。我们都知道股价"跌得越狠，弹得越高"的道理。虽然每一次股价的下跌都给我们提供了抢反弹的机会，但我们这里给出选择反弹目标股的条件需要加上短时间内目标股大幅下跌的限制。如果股价处于长时间的缓步通道式下跌时，一般不会提供抢反弹的机会。即便有反弹，但幅度不大、时间较短(图

1-11)，可操作性很差，这种反弹不抢也罢。与此同时，反弹过程中个股的反弹力度各不相同，投资者应锻炼自己的识别能力，即在反弹行情中准确地判断出反弹中的主流领涨板块及热点板块，选择其中的个股进行建仓，这样才能获取更大的收益(图1-12、1-13)。

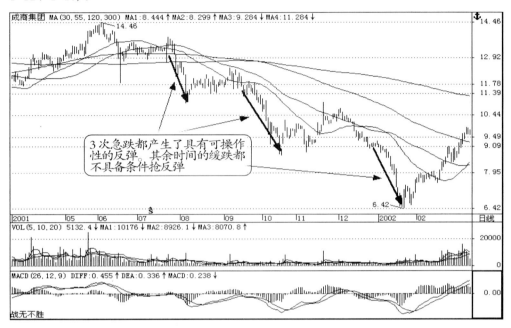

图 1-11 下跌位置不同，反弹不一样

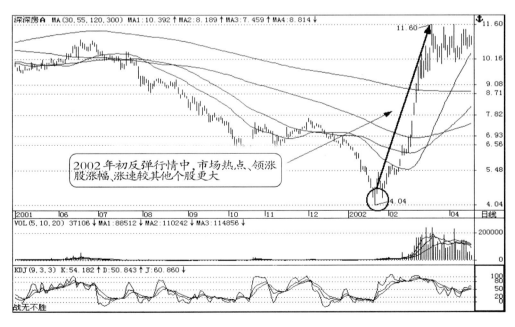

图 1-12 紧跟热点(a)

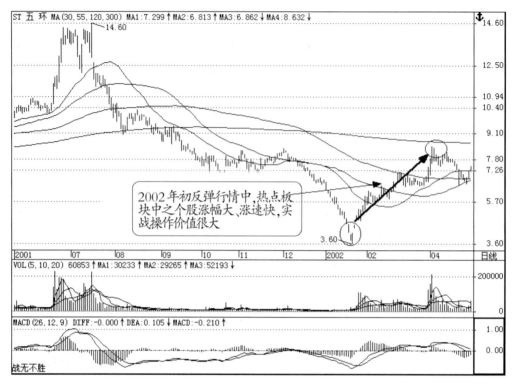

图 1-13 紧跟热点(b)

第三节　反弹的类型

一、下跌初期的反弹

　　下跌初期的反弹是指股价前期的上升主级正向波结束，即股价"头部"形成之后，开始展开下跌趋势(向下主级正向波)时，出现的第一次逆向修正波。通俗地讲也就是对该头部反抽的确认行为，在波浪理论里对应就是 B 浪反弹。该反弹的特点是运动速度较快，波幅较大，其反弹高度往往能达到前期头部形态的颈线位一带，极个别情况股价还能创出新高。日线级别以上的 B 浪反弹具有一定的实战操作价值，但风险度也较大。对应大小不同时间级别的 B 浪反弹，适合于中、小资金参与，但应快进快出(图1-14～1-17)。

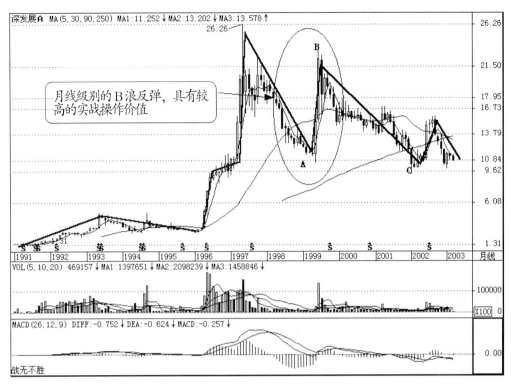

图 1-14 月线 B 浪反弹

图 1-15 周线 B 浪反弹

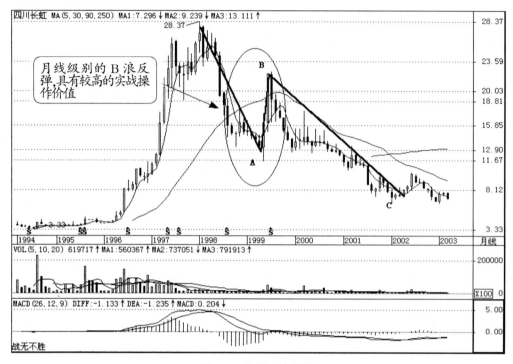

图 1-16 月线 B 浪反弹

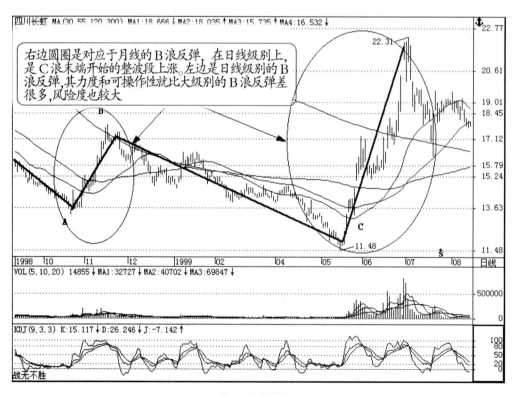

图 1-17 日线图

二、下跌中途的反弹

下跌中途反弹对应于周线级别以下的下降中继形态内的日线级别短期反弹，时间很短，股价波幅较小，一般波动在周线的下降通道之中，属于日间杂波。这种反弹一般不具有实战操作价值，风险度较大(图 1-18～1-20)。

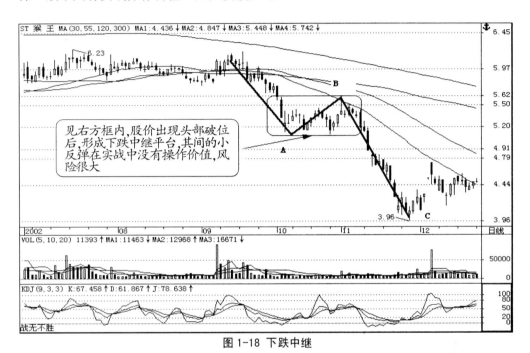

图 1-18 下跌中继

图 1-19 下跌中继

15

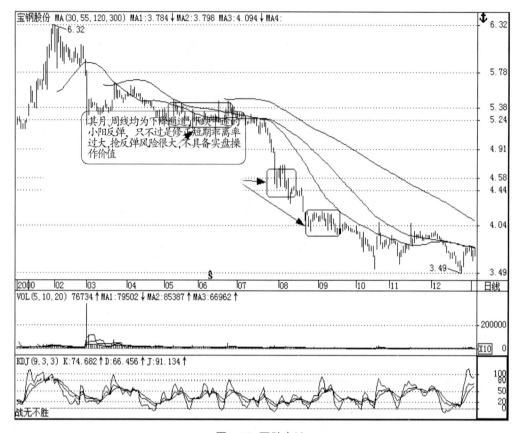

图 1-20 下跌中继

三、下跌末期的反弹

严格意义上来说，下跌末期反弹是对应着该下跌趋势的反转初期，由于我们在实战操作中还需要对其中期运行趋势的逆转作进一步的确认，所以在这里的操作仍归在反弹操作之中。该反弹的特点是成交量放大很快，运动速度较快，波幅也较大，其反弹高度往往能达到前期跌幅的 0.382～0.5 一带，在波浪理论里对应 C 浪终结后的一浪上升，具有较高的实战操作价值，风险度较小。根据不同时间级别的反弹，适合于中等以上资金参与中短线操作。我们将在后面章节里重点介绍这种 C 浪末端的操作方法(图 1-21～1-23)。

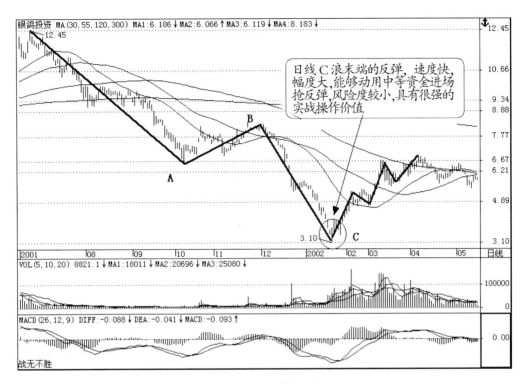

图 1-21 下跌末期反弹

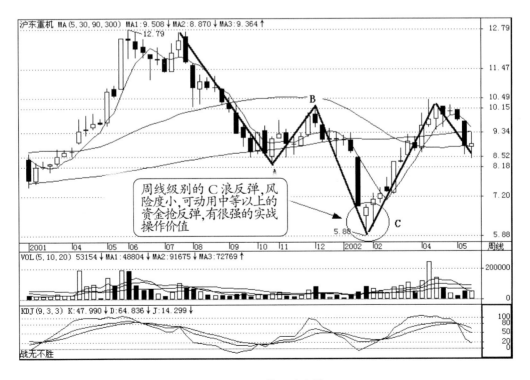

图 1-22 周线 C 浪末端

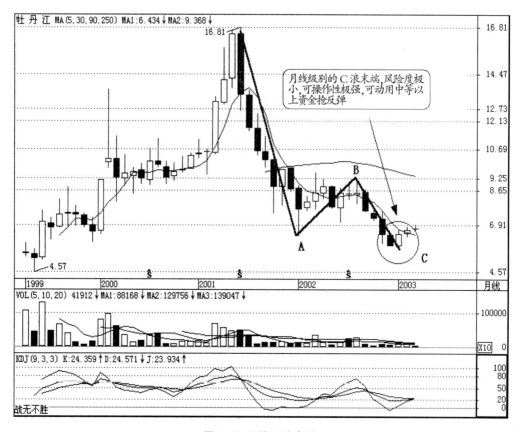

牡丹江 MA(5,30,90,250) MA1:6.434↓MA2:9.368↓

月线级别的 C 浪末端,风险度极小,可操作性极强,可动用中等以上资金抢反弹

VOL(5,10,20) 41912↓MA1:88168↓MA2:129756↓MA3:139047↓

KDJ(9,3,3) K:24.359↑D:24.571↓J:23.934↑

战无不胜

图 1-23 月线 C 浪末端

四、盘底阶段的反弹

盘底阶段反弹对应于大级别调整完成探底后,股价进行底部箱体振荡,在大周期上处于无行进状态。该反弹的特点是运动速度较慢,波幅较小,其反弹高度往往就是振荡箱体的箱顶一带。风险度相对较小,适合于中等以上资金参与滚动操作(图 1-24~图 1-26)。

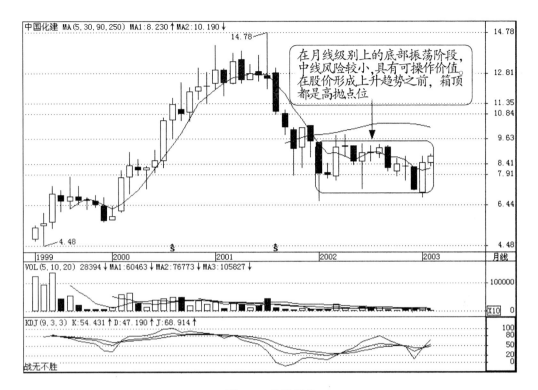

在月线级别上的底部振荡阶段，中线风险较小，具有可操作价值。在股价形成上升趋势之前，箱顶都是高抛点位

图 1-24 月线震荡

在周线级别上的底部振荡阶段，中线风险较小，具有可操作价值。在股价形成上升趋势之前，箱顶都是高抛点位

图 1-25 周线震荡

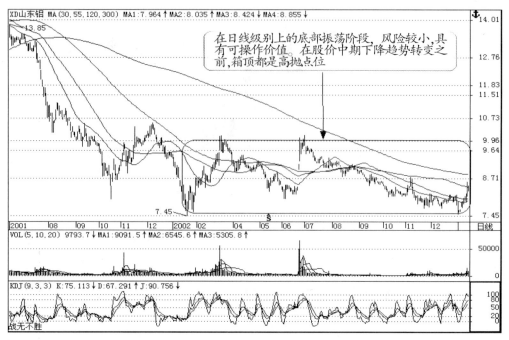

图 1-26 日线震荡

五、细分各种反弹的获利模式

上面笔者只是从股价运动规律角度，简要介绍了下跌初期阶段、下跌中期阶段、下跌末期阶段、筑底阶段四大类型反弹，但缺少实际操作中的可操作性与精细化定量。以下章节笔者将开始逐一展开大盘反弹研判、各种实盘反弹操作获利模式介绍、各种反弹操作模式具体的实战操作精要、实战制约、注意事项。本书重点介绍的反弹操作实盘获利模式有：

◇绝地反击——反弹 1 浪的实战操作精要

◇乘胜追击——反弹 3 浪的实战操作精要

◇反弹中涨停板的实战操作精要

◇穷寇少追——反弹 5 浪实战操作精要

◇虎口夺食——B 浪反弹实战操作精要

◇最后一跌——C 浪低吸反弹实战操作精要

◇卧底反击——双底、多重底反弹实战操作精要

◇红日东升反弹实战操作精要

◇逆市抗跌反弹实战操作精要

◇形态突破之反弹实战操作精要

◇反弹中趋势线运用实战操作精要

◇后量推前量——反弹实战操作精要

◇咸鱼翻身——跌停板反弹实战操作精要

◇弱市新股实战操作精要

◇暴跌抢反弹的利器——乖离率

第四节　反弹操作的风险提示

股市中的投资风险就是投资者的收益和本金遭受损失的可能性。由于未来股价走势具有不确定性，或受其他无法预料的因素的影响，使实际收益和与预期收益发生背离，从而使投资者有蒙受损失的机会与可能性。

首先我们要知道股票市场风险的种类：系统风险与非系统风险。

一、系统风险

系统风险又称市场风险，也称不可分散风险，是指由于某种因素的影响和变化，导致股市上几乎所有股票价格的下跌，从而给股票持有人带来损失的可能性。系统风险的诱因发生在企业外部，上市公司本身无法控制它，其带来的影响面一般都比较大。其主要特征为：

(1)由共同因素引起。如利率、现行汇率、通货膨胀、宏观经济政策与货币政策、能源危机、经济周期循环等。

(2)对市场上所有的股票持有者都有影响，只不过有些股票比另一些股票的敏感程度高一些而已。

(3)无法通过分散投资来加以消除。由于系统风险是个别企业或行业所不能控制的，是社会、经济政治大系统内的一些因素所造成的，它影响着绝大多数企业的运营，所以投资者无论如何选择投资组合都无济于事。

(4)通常是利用股指期货进行对冲套保。

对于一个股市来说，系统风险对其杀伤力是很大的。如 2001 年 7 月，沪深股市分别从历史的最高点 2245 点开始下跌，一直跌到 2002 年 1 月末的 1339 点，股票的市值大幅下降，这种下跌就是因为发生了国有股减持这一系统风险(图 1-27)。

图 1-27 国有股减持系统风险

系统风险的常见来源有以下几种：

(1)股价过高、股票的投资价值相对不足。当股市的股价大幅飙升后，导致股市的平均市盈率偏高、相对投资价值不足，一些资金就会率先撤出，从而导致股市的暴跌。

(2)利率的提高。当利率向上调整时，股票的相对投资价值将会下降，从而导致整个股价下滑。

(3)税收政策。税收的高低是与上市公司的经营效益及股民的投资收入成反比的，所以税收对股市的影响也可分为两个方面。其一是上市公司方面，许多上市公司享受的是 15% 的优惠税率政策，一旦国家将其取消，而将税率统一调至 33% 的水平，这些上市公司的税后利润将会下降 21%，从而影响上市公司的经营业绩。在股市投资方面，其税率的高低就直接影响股票投资的收益。如某国家对股市还开征资本利得税，这个税种的开征将直接影响股民的投资效益及投资热情，引起股价的下跌。

(4)经营环境的恶化。当一个国家宏观经济政策发生变化而将对整个国民经济产生不利影响时，如政权的更迭、战争及其他因素引起的社会动荡，在此时，所有企业的经营都无一例外地要受其影响，股市上所有的股票价格都将随之向下调整。

(5)市场扩容。股市的扩容将逐步改变股市中的资金与股票的供求关系，使股市的资金从供过于求向供不应求方向发展，导致股价的下跌。扩容不但包括新股的上市、配股，它还包括 A、B 股市场的并轨、国家股和法人股的上市流通等。

二、非系统风险

非系统风险又称非市场风险或可分散风险，它是与整个股票市场波动无关的风险，是指某些因素的变化造成单个行业或企业股票价格的下跌，从而给股票持有人带来损失的可能性。

非系统风险的主要特征是：

(1)它是由特殊因素引起的，如企业的管理问题、上市公司的诉讼、劳资问题等等。

(2)只影响某些股票的收益。它是某一企业或行业特有的那部分风险。

(3)它可通过分散投资来加以消除。由于非系统风险属于个别风险，是由个别企业或个别行业等可控因素带来的，因此，投资者可通过投资的多样化来化解非系统风险。

产生非系统风险的原因主要是一些直接影响企业经营的因素，如上市公司管理能力的降低、产品产量、质量的下滑、市场份额的减少、技术装备和工艺水平的老化、原材料价格的提高以及其他原因等等，导致上市公司经营利润的下降甚至发生亏损，从而引起股价的下跌。

非系统风险的来源主要有：

(1)经营风险。是指公司经营不善带来损失的风险。公司经营不善，构成经营风险主要是公司本身的管理水平、技术能力、经营方向、产品结构等因素。

(2)财务风险。是指公司的资金困难引起的风险。一个上市公司财务风险的大小，可以通过该公司借贷资金的多少来反映。借贷资金多，则风险大；反之，风险则小。如果财务状况恶化，从而导致公司退市则给投资者带来的风险更大。如 2001 年 8 月，银广夏股票因造假案曝光，导致股价从 30 余元连续爆跌至 2 元一带，其带来的巨大风险是不言而喻的(图 1-28)。

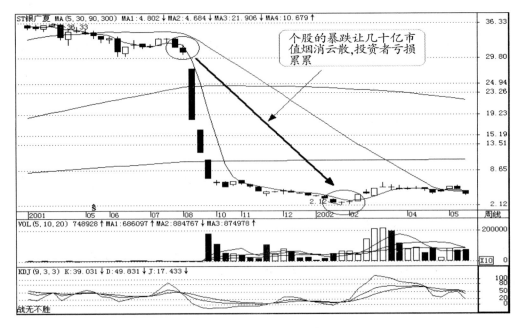

图 1-28 财务状况恶化的暴跌

三、抢反弹的风险控制方法

风险和收益是一种可能性上的相对概念，对应在现实就是亏损和盈利。由于股价波动的客观存在，因此我们一旦持有股票就面临着风险和收益。在股票投资中、交易中出现"套牢"是很平常的事。如果买进的股票套牢在股价大循环周期的底部或上升段的初、中期，解套则很快。但处于下跌的初、中期因抢反弹而"套牢"，解套时间会很长，甚至于解套无期。因此，我们就需要对抢反弹操作中的风险进行相应的控制。

抢反弹风险控制没有固定的模式，一般而言，风险控制都蕴涵在分析和操作策略方法之中。各种方法要解决的问题的共同点是：

(1)如何判断大盘与个股目前趋势的属性及方向。

(2)临盘时的操作策略。

(3)出现亏损时如何补救。

(4)临盘时的心态控制与操作纪律的执行。

反弹操作中不管你是用技术分析中的江恩理论、波浪理论……还是根本不用技术分析，都要对上面的问题进行解决。而股市中没有每战必胜的方法，采取各种方法都有出错的可能，如何纠正错误是每个人在操作中必须面临的重要问题。

我们一般将反弹操作中的风险控制上分为三步：

(1)战略目标层面上。这个层次主要解决投资者当前应该采取何种投资战略的问题，其中主要包括：①对大盘所处运行阶段的分析和判断；②对大盘近期主要市场获利机会和市场风险的分析和判断；③根据上述分析确定今后一段时期的主要操作目标。根据大盘和个股二者之间的相关性程度分析，目标股产生反弹的条件分析，风险与收益、机会关系的分析，就可以制定出不同的战略目标以保证我们在临盘操作时不是盲目、随意地进行买与卖。

(2)操作计划层面上。这个层次主要是根据上述战略目标形成近期的操作计划，如短线操作计划、中线操作计划、长线投资计划、解套止损计划、资金计划等等。

(3)具体操作层面上。按照构建的交易系统和操作原则，建立投资计划书、操作纪律，严格坚决地执行，也就是良好地操作控制。它包括:①买入风险控制。这是股市风险控制的最初始的阶段，在买入时风险就已经开始了。比如说反弹行情中个股出现连续放量上扬，并且出现较大乖离率的时候，此时追高买进的风险是不言而喻的。②持股与卖出风险控制。在买进后就是持股阶段，为了有效地防范由于错误的判断分析带来的风险，设置股价止损位是最好的方法。让止损位跟随股价的上涨移动，而不是固定在一个地方不动，即是浮动止损。通常可将止损位设在某条均线处，或上升趋势线等处。对这个止损位的破位是斩仓离场的最低价格，这样止损不仅仅是止"损"也是止"盈"，是一个保存反弹利润的好方法。

总之，反弹操作风险控制的目标就是保障你的资金不会无谓地消耗和流失，并使手中的资金具有良好流动性。因为在下降趋势中的抢反弹操作并不是股市中最重要的获利方法，别在抢反弹中将资金陷住和流失，要等待上涨趋势形成时再大举入市操作。股价永远是在强与弱之间转换，就像日升日落一样循环往复，"留得青山在，不愁没柴烧"，只要拥有资金，市场就永远有机会。在抢反弹操作当中，做到了风险控制，并能有效地执行，就获得成功的一半。

最后要提醒大家，即便你认识到了市场的主级、次级波动，市场也未必能够让你把握得到。要领会"知道"和"做到"之间的差异，这是一个涵盖了心理控制、资金管理和操作行为能力的实战大问题。懂不等于会，会不等于好！就正如在市场中有许多人明知道要涨，却在临盘时就是不敢买，就是赚不到钱；明知道要跌，却在临盘时就是舍不得卖，就是喜欢抱着股票去亏钱。这些都是人类贪婪和恐惧心理在作怪，而不在于懂与不懂的技术问题了。

第二章

反弹操作的实战准备与前提条件

在专业投资思想里面，熊市或股价处于明显的下降趋势之中，本着顺势而为的专业投资原则，不可随意盲目、胡乱抢反弹，否则，犹如伸手去接往下掉的刀子，一旦接的不是刀柄处，反而容易被刀伤得血淋淋，甚至被断手，如此风险不可不察！要想做好反弹操作，从中取得一定收益的话，必须先对股市有一个客观准确的认识，知道如何展开操作，何时该放弃操作。要做到这些，必须具备正确的专业投资思想，熟悉各种传统经典理论，掌握必备的各种经典的买卖实战战法、战术，建立一致性的操作策略等等。具备了这些前提条件，才有可能在股市调整下跌过程中，或在熊市中制胜，取得成功！

第一节　认识股市本质特征，熟悉传统经典理论

16世纪初，欧洲比利时的安特卫普和法国的里昂有了股票交易，17世纪初，荷兰的阿姆斯特丹成为欧洲的证券交易中心，1896年，美国纽约证券交易所查尔斯·道发明建立道·琼斯指数，至此股票交易已有400年历史。数百年来，无数的投资人通过对股市持续不断的分析研究，使人们对股票这一特殊商品的特点、特征以及股票市场有了比较明确的认识和结论。

前人已经总结出股票市场的股价波动具有高度的流动性、趋势偏向性特征、随机性、跳跃性、周期性、心理性共六大特征，而隐藏在股票市场背后最本质的特征是"零和游戏"，这是研究证券市场的根本出发点，由此可以发现一系列市场特征和基本关系问题。

一、股市最本质的特征

股票投资具有高度的假象，这种假象来源于它的流动性和波动性。几乎所有的投资人都有过偶尔赚钱的经历，往往容易造成投资者"赚钱的经历＝赚钱的能力"的假象。事实上，只有很少的人能够长期、稳定、持续地从股票投资中赚钱。

从博弈的观点来看，股市是零和博弈的竞赛，即博弈的各方所得总和是零，一方所赢的即是另一方所输的，所以在博弈中永远只能有一部分赢家。零和博弈的特点是参与博弈各方之间的利益总是相对立的，是"你死我活"的关系，因而相互之间很难和平共处。为了在博弈中占据上风，多得利益，各博弈方必须让其他博弈方无法摸清自己的对策思路，即不能让他们猜出自己将选择的策略。同时，零和博弈即使重复进行多次也无法改变博弈方之间相互对立的关系。

股市的激烈竞争比零和博弈还严酷，因为在扣除各种"交易税费"以及上市公司发行、增发、配股拿走的那部分资金后，其博弈平衡位实际上是负数，也就是说股市实际上为负和博弈，所以输多赢少乃是必然。

股市是由众多的投资者参与而构成，进入股市的每一个投资者都希望自己能成为赢家，而每个投资者都是互为竞争对手，所以要在激烈的竞争中胜出，首先要学

会的就是不输，保障本金的安全，其关键之处就是不暴露出自己的弱点，不被对手所利用；其次是发现对手破绽给予攻击而取胜。

"零和博弈"是隐藏在证券市场混沌不清表象背后的最根本特征，是研究证券市场的根本出发点，这需要我们时刻牢记。从这最根本的本质特征出发，可以得出具有哲学意义上的结论：股市上没有必胜的绝招与投资方法，也没永远取胜获利的投资方法，只有适宜和恰当的投资方法与策略！

二、怎样运用技术分析

市场上时常会出现一些诸如"技术分析失灵""技术分析是骗人的把戏""基本面战胜技术面""只有投资有业绩、成长的股票才赚钱"等等，我们认为主要是因为多数人的技术分析仍处于入门的水平上，远没有达到正确理解与使用技术分析的程度。

在股票市场中，真正起根本推动作用的是资金的流入与流出。如果我们划分股市分析的"内因"与"外因"，政策面和基本面属于外因范畴，分析市场行为的技术面则属于内因范畴。哲学上的逻辑是外因必须要通过内因起作用，股市中一切外部因素都必须通过实际的买卖盘力量来体现其股价波动和实现其运动轨迹。所以，股市中的"内因"与"外因"，从中国"阴阳即道"的哲学高度来看，应该是同等重要的分析研究范畴，不可偏重于某一方面，或者废弃某一方面。但是对它们之间的相互关系必须有一个清醒而深刻的认识。现在有不少人还在争论技术分析在股市中是否有效、无效的问题，实属于缺乏对世界观和方法论的正确认识、理解。事实上，它们各自都有其适用的外部条件、范围和实战中的制约限制。

如果总是脱离大盘和个股具体的实际状态，就技术而论技术，那么这种投资者犹如瞎子摸象，只见树木不见森林，只能是学习到了一些技术皮毛，也就永远成不了市场上的专业选手和职业投资家。其实，股市中的任何基本分析方法和技术分析方法，都必须要透过现象看到本质，运用科学的思维和哲学思想的辩证方法，全面、灵活地去运用。不同时空、点位的背景条件下，同一种技术分析所描述、表达的含义是不同的。这就是为什么众多的投资者都在用同样的一种技术分析方法，其结果是有的人能判断正确，有的人却判断错误。错的不在于技术分析方法或理论本身，而在于使用的人自己。

在实践中，没有明显的"纯"基本面分析者，存在少部分"纯"市场技术分析者，更多的是两种方法的融合，然后各有侧重而已。

这两种分析方法的目的是共同的：预测价格移动的方向。但这两种分析方法所采用的方法、研究的方向是大不相同的。两者只是因观察的角度不同而引出的不同分析方法，本质上是一致的。基本分析是基础，技术分析是建立在基本分析基础上的各种数学模型。技术分析是对基本分析某一重要领域（主要是价格与成交量资料）的量化处理结果。基本分析主要告诉你投资的方向，而技术分析不但可以告诉你投资的方向，还告诉你正确买卖时机的选择。

虽然技术分析也有其缺点，但单凭人云亦云，道听途说，或者凭直觉在股票市场中闯荡，都是对自己不负责的行为。若要提高你的投资技巧，改善你在股市中的投资业绩，增加利润，减低风险，要做一个成功的投资人士，你必须熟悉、掌握技术分析。在一切都走向专业化的社会里，投资也不例外，技术分析已经不再是专家的独有分析工具，而是每一个投资人士必备的投资工具。

基本分析和技术分析必须结合起来运用，才能达到最佳功效！熟悉技术分析乃大势所趋。

三、熟悉掌握各种传统经典理论

传统的经典投资理论主要包括：道氏理论、江恩理论、波浪理论、相反理论等，而其他一些诸如K线理论、切线（趋势线）理论、形态理论及均线理论等均为它们所派生和繁衍。投资者必须了解和熟悉掌握股市分析、操作必备的基础理论。如果没有这些理论指导实际操作，必将在股市中付出惨痛的代价。

正确的投资要依靠正确的理念和正确的理论指导。道氏理论是每一个想投身于证券（股票）市场人士的必修课。它告诉我们分析市场的正确思想方法是什么，正确的投资理念是什么。因为正确的理论才能指导正确的实战操作。成功的投资人都会强调说，顺势而为是投资操作最基本，也是最重要的理念和原则，而顺应趋势就不能不提及所有市场技术分析研究的鼻祖，也是市场分析的基石——道氏理论。

1. 道氏理论要点

查尔斯·道生于1851年，于1884年7月30日首创股票市场平均价格指数，到了1897年原始的股票指数才衍生为道·琼斯工业指数和道·琼斯铁路指数，道指至今仍是测试股市走势的最权威数据。另外他创立了"道氏理论"。1885年道·琼斯公司把其原先办的《午间新闻通讯》改名为《华尔街日报》，此报被后人誉为"富人的圣经"。道氏在任《华尔街日报》总编的 13 年间，发表了一系列社论，表达了他对股市行为的研究心得。直到 1903 年，也就是他逝世一年后，这些文章才被收编到纳尔逊所著的《股市投机常识》一书中，正是在此书中才首次使用了"道氏理论"的提法。在为该书撰写的序言中，理查德·罗素把道氏对股市理论的贡献同弗洛伊德对精神病学的影响相媲美。后来汉密尔顿出版了《股市晴雨表》一书，将道氏理论系统化，并发扬光大。

道氏理论的基本原则是：

(1)平均价格包容消化了一切因素。

(2)股市具有三类趋势——主要趋势、次要趋势和短期趋势。道氏依次用大海的潮汐、浪涛和波纹来比喻这三种趋势。

(3)各种平均价格必须相互验证。

(4)成交量必须验证趋势。

(5)唯有发生了确凿无疑的反转信号之后，我们才能判断一个既定的趋势已经终结。

道氏理论并不只是道氏个人的创造。道氏理论经历了一个由道氏提出基本框架和基本观点，由哈氏加以丰富、完善和发展，最后由瑞氏加以归纳、总结的漫长过程，其间历时达三十年之久。因此道氏理论可以说是以道氏为首的集体的创造性研究成果。

将道氏理论归纳概括为十五项定理，是瑞氏创造性研究的成果。瑞氏对道氏理论具有高度性的概括，实质上是把道氏理论推向了更加条理化、系统化的高度。具体有：市场效率性定理、非人为操纵性定理、股价波动分级定理、主级正向波定理、次级逆向波定理、日间杂波定理、相互验证定理、成交量与价格运动关系定理、理论自身缺陷性定理、趋势判定定理、熊市定理、牛市定理、线状窄幅调整定理、图形分析定理、个股定理。有关道氏理论十五项定理的详细解读和实战运用请参看作者合著的《投资分析指导与操盘技术提高》一书的上篇"投资基础学习"相关章节，或者参阅相关道氏理论书籍。

道氏理论本身虽然受到一百多年前社会历史条件的制约，但它仍然是投资领域科学化思维的典范之一。对道氏理论而言，其最具历史价值之处仍在于其精确的科学化的思想方法。科学化思维是成功投资的必要条件，而科学化思维加上科学化方法则是成功投资的必要条件。

2. 波浪理论简介

波浪理论是技术分析大师艾略特通过对市场的深刻研究，总结出经常重复出现的市场行为模式，从而发明的一种价格趋势分析工具，因此，波浪理论也叫艾略特波浪理论。这里需要强调的是艾略特波浪是市场波动的根本结构，在分析预测、风险控制等方面均有很高的实战参考意义。

尽管波浪理论或许是现存最好的工具，但它不是一种预测工具，它是对市场行为的细致刻画。不过，这种刻画的确传达了有关市场在行为连续统一体中所处位置，及其随后的运动轨迹。波浪理论的主要价值在于它为市场分析提供了一种背景。这种背景既提供了严密思考的基础，又提供了对市场总体位置及前景的展望。在很多时候，它识别——甚至是参与市场运动方向变化的准确性让人难以置信。人类群体活动的许多方面也显示出了波浪结构，但波浪理论在股市中的应用最广泛。

艾略特认为，不管是股票还是商品价格的波动，都与大自然的潮汐、波浪一样，一波接着一波，一浪跟着一浪，周而复始，具有相当程度的规律性，展现出周期循环的特点，任何波动均有迹有循。因此，投资者可以根据这些规律性的波动预测价格未来的走势，并选择恰当的买卖策略。

波浪理论在实战中具有独特的价值，其主要表现为通用性及准确性。通用性表现在大部分时间里能对市场价格进行预测，人类许多的活动也都遵守波浪理论的波动原理。但是艾略特之研究是立足于股市，因而是股市上最常应用一种传统理论。准确性表现在运用波浪理论分析市场股价变化方向时常常显示出惊人的准确率。

波浪理论的基本要点有：

(1)股价指数的上升和下跌将会交替进行，一个运动之后必有相反运动发生。

(2)推动浪和调整浪是价格波动两个最基本形态，而主趋势上的推动浪与主趋势方向相同，通常可分为更低一级的五个浪；调整浪与主趋势方向相反，通常可分为更低一级的三个浪即 A、B、C 小浪。

(3)八个波浪运动(五个上升、三个下降，或三个上升、五个下降)构成一个循环，自然又形成上级波动的两个分支。波浪可合并为高一级的浪，亦可以再分割为低一级的小浪。

(4)推动浪中 1、3、5 三个波浪里，第 3 浪不可以是最短的一个波浪，第 3 浪总会运动得超过第 1 浪的终点。

(5)假如三个推动论中的任何一个浪成为延伸浪，其余两个波浪的运行时间及幅度会趋于一致。

(6)调整浪通常以三浪的形态运行,绝不会以五浪形态运行。

(7)黄金分割率、奇异数字组合是波浪理论的数据基础。

(8)经常遇见的回吐比率为 0.382、0.5 及 0.618。

(9)第四浪的底不可以低于第一浪的顶。

(10)波浪理论包括三部分:形态、比率及时间,其重要性以排行先后为序。

(11)波浪理论主要反映群众心理。越多人参与的市场,其准确性越高。

有关波浪理论的详细解读和实战运用请参看作者合著的《投资分析指导与操盘技术提高》一书的上篇"投资基础学习"相关章节,或者参阅相关的艾略特波浪理论书籍。

第二节 熟练掌握各种经典买卖实战战术

在股市的投资活动中,无论是政策研究、基本分析,还是技术分析,其方法繁多,但是,归根到底,最终都要落实到如何买进、卖出这些看似简单的实际操作动作。对大多数股民来说,在目前我国只有低买高卖才能真正获取投资收益。如果投资者采取高买低卖,那只能导致亏损、赔本。现实中大多数投资者往往就是这样高买低卖来展开实际操作的,结果年终盘点下来,资金自然缩水不少。

怎样才能做到低买高卖,这需要投资者彻底掌握追涨、低吸、高抛、杀跌、空仓、观望、补仓、止损八大经典战术,这是实战投资取得成功的关键环节所在。有许多投资者在实战中操作失败,很大程度上源于没有深刻去领会经典买卖战术的使用条件、目标锁定、实战布局等操作原则,或者没有坚守八大经典战术的关键原则。对于这些基本的八大经典实战战术,投资者绝对不可轻视而忽略它们,必须经过千锤百炼的练习,待到彻底掌握后,实战中才能很好地运用自如。下面介绍常见的经典战术。

左侧交易与右侧交易图解概念(股价行进方向与行进速度)见图 2-1。

专业与业余的思维和行为方式:

股价处于图 2-1 垂线左边时展开的操作行为,无论是低吸还是高抛,我们通称为左侧交易。左侧交易逆势而为带有极大的主观预测成分。一般情况下属于业余水平的交易。

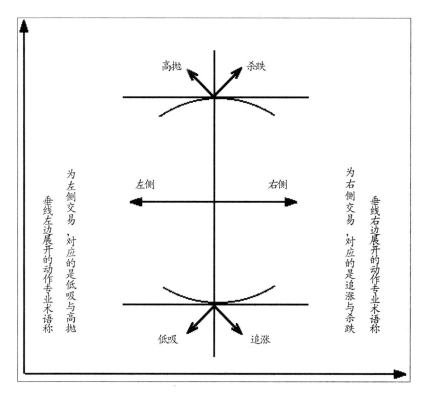

图 2-1　左右侧交易的概念

　　股价处于图 2-1 垂线右边时展开的操作行为，无论是追涨还是杀跌，我们通称为右侧交易。右侧交易顺势而为带着极大的客观追踪成分。一般情况下属于专业水平的交易。

　　当然，对于大资金的操作，因其建仓动作展开时需要其他更加精深的方法来判定股价的底部进场区域和高位出局区域，因此，其对于左右侧交易的方法将会混合使用。

一、擒龙之追涨战术操作要领

　　追涨战术的展开条件：右侧交易用于短线。

　　"追涨不是追高"这句话，现在许多投资者已经比较熟悉。在理论上，我们必须明白追涨绝对不是去追高。这里所指的高，也绝对不是指目标股票价格的高，而是指的目标股票技术状态的高(低的概念也是同理)。

　　追涨即指我们实盘操作的方向是确定无疑的涨升趋势，而不是追入高位。这非

35

常符合顺势而为的经典投资方法，是专业高手实战操作获利的重要投资方法和临盘实战操作手段，要求每一个职业投资者彻底掌握。

追涨，同时也可以回避目标股票涨势不确定时的下跌或横向盘整这两种情况。只要目标股票已经明确无误地涨起来了，就说明有市场力量在大力做多买进，此时我们应该跟随着参与，而不是去自作聪明、逆势而为。

追涨战术的使用前提条件，必须要与大盘背景、热点、板块、个股的上涨趋势中的行进结构密切结合起来灵活运用，绝非简单地看见股票已涨得好，赚钱效应出现了就盲目追进买入，同时，还必须与投资者自己的操作策略、操作周期紧密结合。追涨的时机切入点有涨势确立、标志性K线已产生、起涨点、涨升趋势之中的行进各阶段……。追涨的目标股票技术条件还需要满足多周期、多要素中低位共振。

追涨的目标锁定一般是热点、龙头股票、强势股票。

追涨的时机一般选择低位放量启动、趋势确立、突破时介入。

追涨的实战运用贯穿于即时图、5分钟、15分钟、30分钟、60分钟、日线、周线、月线等各个周期之中，需要投资者仔细去体会。

下面我们用技术图形例子来说明实战操作中的追涨战术是如何具体地进行运用的(图 2-2～2-6)。

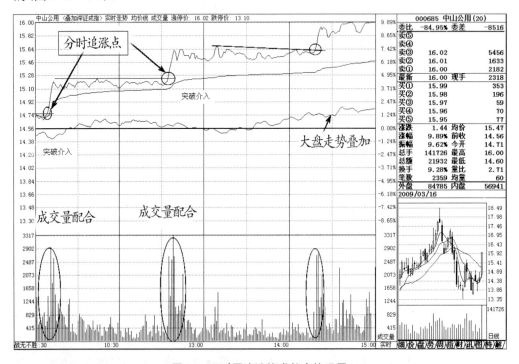

图 2-2 即时图追涨战术的实战运用

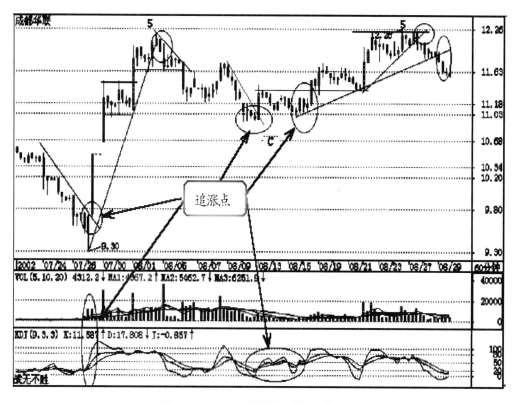

图 2-3   60 分钟图追涨战术的实战运用

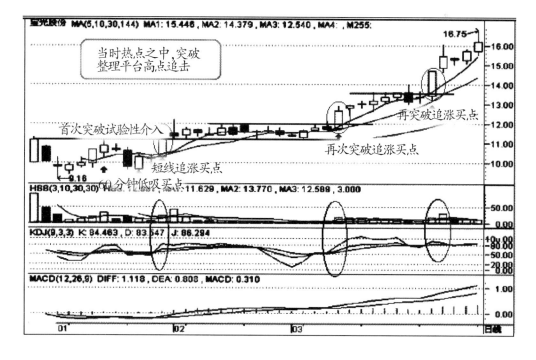

图 2-4 日线图追涨战术的实战运用

图 2-5 周线图追涨战术的实战运用

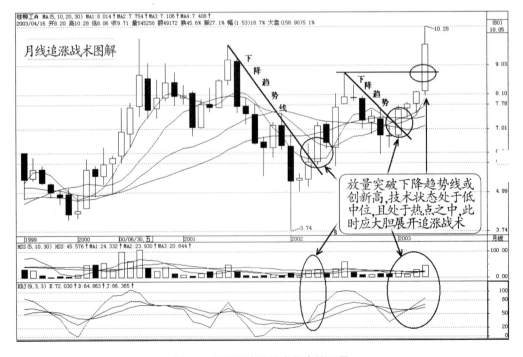

图 2-6 月线图追涨战术的实战运用

二、稳健之低吸战术操作要领

低吸战术的展开条件：股价波动中的调整结束或即将结束。同样必须与大盘背景、热点、板块、个股的上涨趋势中的行进结构密切结合起来灵活运用，绝非简单地看见股票回调就盲目展开低吸，同时，还必须与投资者自己的操作策略、资金管理、操作周期紧密结合方能有效。

一般是目标股票在上涨趋势确立后的上升途中的次级波动回调到关键的技术位置、止跌缩量、并且已经企稳时才能展开低吸战术，从股价的浪形结构上讲，低吸一般只能在2、4、C浪末端结束时展开。

如目标股票在30日、或30周均线朝上的技术前提条件之下，如果盘中股价回调到30日、60日、90日、120日等重要均线处止跌时，临盘实战可以展开低吸。又如目标股票放量突破下降趋势线后回抽确认时，可以展开低吸，以及形态突破后的回抽颈线时，也可以展开低吸。还有追涨的目标个股，因大盘原因突然暴跌后缩量止跌时，可以展开低吸。

对于经历长期下跌后的目标股票，其股价远离技术图表的均线系统，技术指标的周线或月线KDJ指标也处于低位，日线技术系统的KDJ指标两次金叉出现时，可以结合乖离率用短线抢反弹的眼光展开低吸实战。但是，抢反弹临盘实战操作的仓位必须要轻，而且要快进快出，不可恋战。

但是，对于大盘和个股处于下降通道中，股价没有跌透之前，低吸战术的展开必须要谨慎小心，轻仓进出（图2-7）。

图2-7　下降通道中，低吸一定要小心

从技术面上看,目标股票从分时到日、周、月线所有的技术指标均处于低位金叉将形成时可以展开低吸。

下面我们用具体的技术图形来说明低吸战术在临盘实战操作中的运用(图2-8~2-12)。

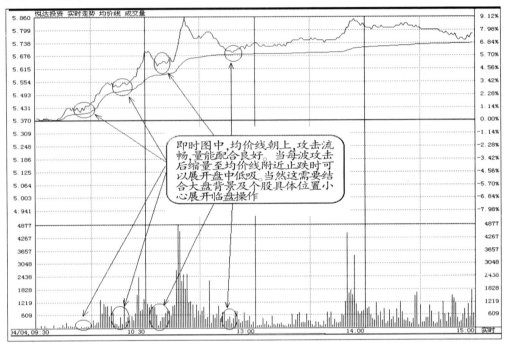

图 2-8 即时图低吸战术的展开

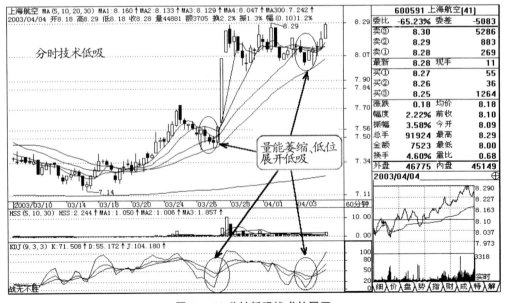

图 2-9 60 分钟低吸战术的展开

图 2-10　日线、C 浪低吸战术的展开

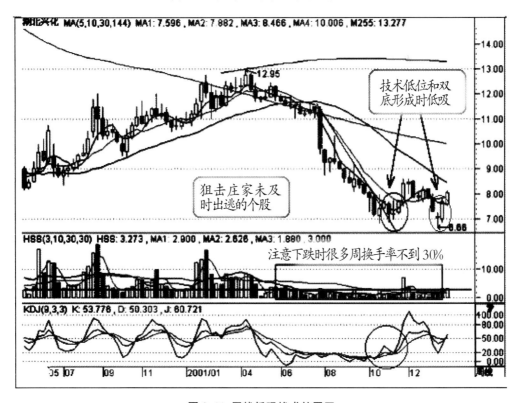

图 2-11　周线低吸战术的展开

常用的低吸战术

放量突破趋势

突破下降趋势
线回抽时低吸

图 2-12 趋势线突破后回抽低吸

三、见机之高抛战术操作要领

高抛战术的展开条件：左侧交易用于中线，或波段操作。同样要与大盘背景、热点、板块、个股的上涨趋势中的行进结构密切结合起来灵活运用，绝非简单地看见股票一涨得快、涨幅大就盲目展开高抛，同时，还必须与投资者自己的操作策略、资金管理、操作周期紧密结合。

上涨趋势中的目标股票应该让其彻底表现，只有等待其向上的整个攻击能力衰竭后才可以判定是否出局。高抛具体主要运用在各个周期，如中期趋势没有扭转前，每次上涨乖离过大，放量过急时进行高抛，或者其中小趋势、短期上升趋势破位时见机进行高抛。

具体从股价的浪形结构上看，一般高抛战术主要运用在 1、3、5 推动浪中股价上涨过急，5 日乖离率超过 8 以上时展开，以及适宜于 B 浪反弹中运用。

在目标股票没有出现技术上的卖出信号之前，我们绝对不能只凭感觉，因恐惧、担心其可能的下跌就随便将该股卖出（这里主要是心态问题，要让利润不断增长），这是非专业投资者的通病。技术指标的超买只能预示风险即将来临，但不表示马上或必须下跌，只是提醒你股价有可能回调，及时注意风险控制。

我们必须指出，高抛战术中的高，在实战中无法确定出客观、定量的可操作性标准，其主观性预测、经验性、感觉的成分较大，因此，不具备专业的操作价值，只能作为临盘实战操作的补充。

下面用具体的技术图形来说明高抛战术在实战操作中的运用（图 2-13～2-15）。

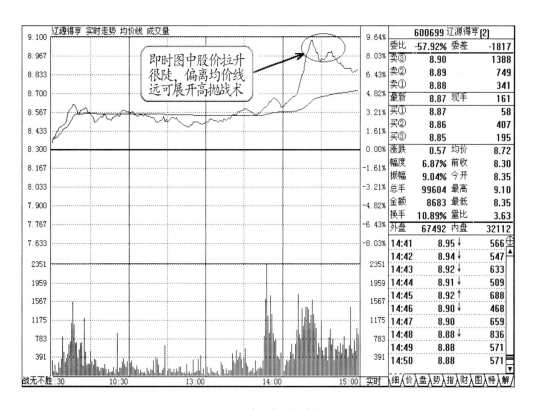

图 2-13　即时图高抛战术的展开

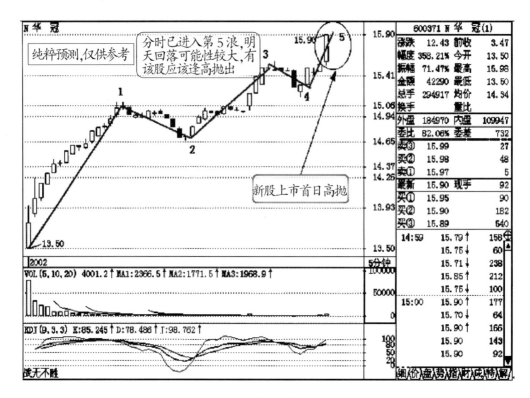

图 2-14 上市首日高抛点位

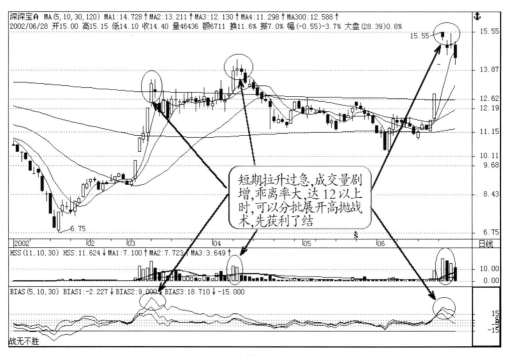

图 2-15 高抛战术的展开

四、顺势之杀跌战术操作要领

杀跌战术的展开条件：右侧交易，可适用短中线的各个周期。

杀跌不是杀低。杀跌杀的是确定无疑的跌势，也非常符合顺势而为的经典投资方法。杀跌，同样也是专业高手实战操作的重要投资技术和临盘实战操作手段。

杀跌战术的展开要与大盘背景、热点、板块、个股的行进结构密切结合起来灵活运用，不能简单地看见股票下跌就盲目展开杀跌，同时，还必须与投资者自己的操作策略、操作周期紧密结合。

准确地讲，笔者认为杀跌战术在上升趋势破位下行、价格破位、形态破位下跌时展开较为准确科学。许多投资者被深度套牢，就是当上升趋势、股价、形态出现明显破位时，犹豫不决，抱有幻想，错失杀跌、减仓出局的机会，导致资金被深深陷住，操作越来越被动。

杀跌，同时也可以避免错失涨势未尽的行情。只要已经明确无误地跌下去了，就说明有市场力量在大力卖出，我们也应该跟随趋势卖出。

下面我们用几幅技术图形来说明杀跌战术在临盘实战操作中的具体运用（图2-16～2-18）。

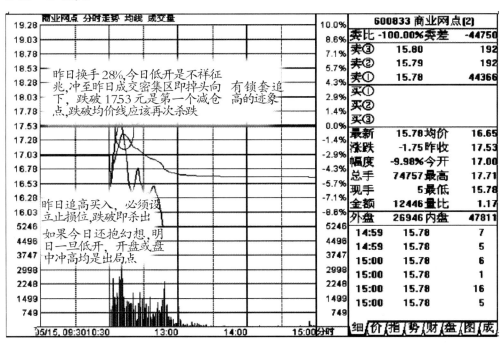

图 2-16 杀跌战术的展开

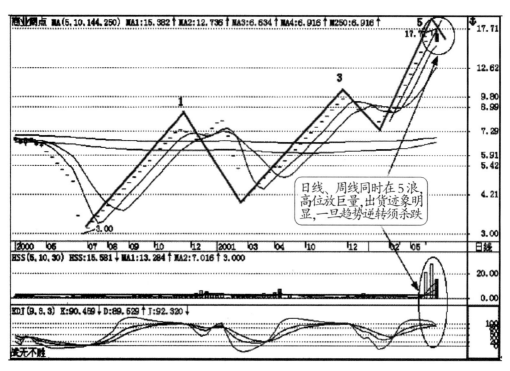

图 2-17 背景及杀跌战术的展开

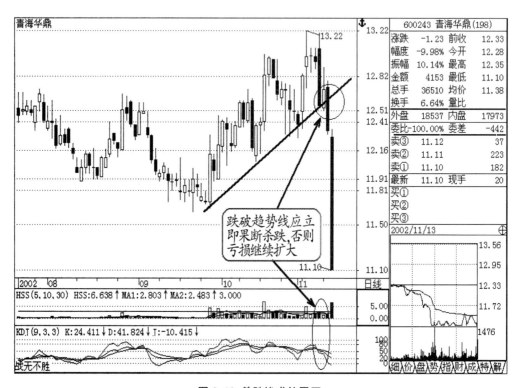

图 2-18 杀跌战术的展开

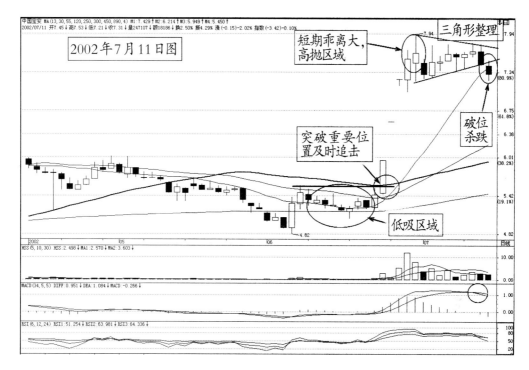

图 2-19　常规战术综合运用

五、耐心之空仓、等待观望战术

可以肯定地说，不会空仓就绝对不是优秀的专业投资者。那种无论市场背景好坏，无论个股技术位置的高低、无论目标股票技术安全度的高低，不管是牛市还是调整市道，一年四季都满仓或重仓持股操作，是众多散户经常套牢、亏钱的业余水平行为。

空仓、观望必须要与大盘背景、热点、板块、个股波动的行进结构密切结合起来使用，同时，还必须与投资者自己的操作策略、思路、操作周期紧密结合。

一般大盘或个股明显处于下跌趋势之中，趋势没有逆转之前；大盘、个股的风险度较高；破位杀跌战术展开之后，大盘背景不具备低吸、追涨战术展开的条件时，采取空仓、观望战术是明智的选择。尤其需要做到不管股价如何波动，只要没有达到自己交易系统的买卖操作条件、机会时，空仓、观望是最好的选择。

观望具体可分为：持股观望和持币观望（即空仓）两种方式。

这里需要强调的是，空仓、观望不仅是一种专业投资的必备战术，而且还是一种高级的专业战术。彻底掌握这一战术需要具备坚强的毅力来抗拒频繁波动市场的利润诱惑。

其实，市场中获利的机会或者说提供给我们进行实战操作的时机是不多的。大部分时间我们都必须使自己处于绝对的空仓状态以便在获利条件具备、市场机会出现时能够更好地捕捉到获利良机。尤其在进行反弹操作时，空仓是我们必须常常采用的战术。我们不要企图抓住所有的机会，需要操作的是必胜的大机会！

在空仓的时候我们有充裕的时间观察市场、锻炼、提高自己的专业本领，静静地等待大好时机的悄然出现。

六、不同技术状态的应对：补仓、观望、止损

在实盘操作中，不同技术状态的应对措施一般有：在技术状态的低位看错，可以采取补仓；高位看错，必须严格止损；中位看错，可以观望。如果是整个操作错了，则必须回头认真检查操作是否规范和操作纪律的执行是否严格、坚决。

救援补仓战术是在实盘操作过程出现失误时为了对资金保护而展开的安全救援措施，其前提条件是资金管理上不是满仓持股操作。

补仓战术的展开只能在股价运动的低位和上升通道的重要支撑处展开，而绝对不是在任何情况下随意乱用的所谓摊低持仓成本这种低水平上的操作行为。

补仓战术的是否展开与当时的大盘背景、热点、板块、个股波动的行进结构密切结合起来使用，同时，还必须与投资者自己的操作策略、操作周期紧密结合。

补仓的技术条件一定是补在股价循环运动的相对技术低位，绝对不允许补仓操作展开后股价立即或很快就再次出现大幅的下跌。一旦出现这种情况，在第一时间先把补仓部分仓位杀跌出来，等待下次补仓时机的到来。

如果股价在下降通道中运动，下方无重要技术支撑时更是绝对不能补仓，只能采用止损措施来进行实战保护。

一般来说，如果补仓并未救援出原有资金，根据高抛、杀跌战术临盘要求，应先以保存资金实力，果断做部分短线差价退出为上策。绝不能越补越套、短线变长线这样的事情发生，切记！切记！

七、果断之止损战术运用要领

止损是投机艺术的基本功，世界上最伟大的交易员都有一个有用而简单的交易法则称为"鳄鱼原则"。它源自于鳄鱼的吞噬方式：猎物愈试图挣扎，鳄鱼的收获愈多。假定一只鳄鱼咬住你的脚，它咬着你的脚并等待你挣扎。如果你试图用手臂挣

脱你的脚，则它的嘴便同时咬住你的脚与手臂。你愈挣扎，便陷越深。所以，万一鳄鱼咬住你的脚，务必记住：你唯一生存的机会便是牺牲一只脚。若以市场的语言表达，这项原则就是：当你知道自己犯错时，立即了结出场！不可再找借口期待、祷告或采取其他任何动作，赶紧离场！

我们必须深刻理解这项原则，这项原则也是来自于上百年来股市中许许多多惨痛的教训。

不论是股市、期市、汇市、期权交易，其交易技巧都是相似的。止损的重要意义只有少数人能"彻悟"，所以也只有少数人能赚钱。止损就像一把锋利的刀，它使你鲜血淋淋，但它也能使你不伤元气地活下去，它可以不扩大你的亏损，使你化被动为主动不断寻找新机会。

在证券市场上生存，有时需要耐心，有时需要信心。但耐心、信心不代表侥幸，不懂得止损真正意义的投资者，就输在侥幸上。侥幸是止损的天敌！

止损战术展开实际上可分为：定量价格止损，资金量损失止损，趋势、形态破位止损，技术指标高位死叉止损，逃命止损几大类，它们在实战中运用是有所区别的。也可以分为进攻性止损，保护性止损。进攻性止损主要含义是大小周期、级别之间主动不断调整仓位而展开的止损，以及随着股价的不断上扬，止损位不断提高，让赢利不断扩大的主动性止损（即止盈的概念）。保护性止损主要是把最大风险锁定而展开的止损。

一般流行（书上提及最多）的止损为定量价格止损。不论是设定价位止损还是百分比止损，需要注意的是股价位置高低、操作策略的不同，设立止损位也不同。如常规操作，可以将止损位设置为买入后下跌5%～8%之间。超级短线操作则将止损位设置在买入后下跌2%～3%之间。

当市场的基本面发生了根本性转折时，或重大系统风险来临，股市出现暴跌时，投资者应摒弃任何侥幸幻想，不计成本地杀出，逃命止损以求保存实力，等待时机东山再起。

在上面的止损分类中，我们认为专业化的止损战术应该以趋势、价格、形态破位止损为主要的实战运用方法。如果能非常好地运用前面讲的高抛、杀跌战术，大多数情况下，我们都能很好找到准确精细化的买卖点位，故而一般较少能用上止损战术，仅仅只是在追高失误时运用或激进重仓短线时运用。

止损战术与其他战术结合的目的就是：把风险锁定，让利润无限扩大。

止损战术的展开必须结合位置、趋势、浪形、操作周期、操作策略、仓位大小进行。

止损操作的关键在于抛掉主观幻想，坚定意志，严守操作铁的纪律。若是跌破自己设定的止损位或出现破位，就应该不管三七二十一止损出局，决不能手软。当然这样有时也会出现止损错误，但也决不能后悔！只要能做到一次赚的够赔三次，则最终都一定会是赢家。

"凡事预则立，不预则废"，在高风险的股市中搏击，投资者若想保住赢家的地位，第一要考虑的是保存实力，控制风险，生存能力的大问题，随时做到"留得青山在，不怕没柴烧"，因此，每次操作前都应制定好周密的操作投资计划，制定各种战术的展开、应对措施，并严格按计划执行，才能保证我们立于不败之地。

我们是人不是神。我们既不能保证每次都看对，也不能保证一次都不做错。对于专业投资者来说，如果是偶然看错了，可以原谅，但做错了就很难给予原谅，因为，做对的操作标准和操作规则已经非常明确。

第三节　建立一致性操作策略

一、投资者的自我定位

投资者应采取何种策略进行操作交易？在进入市场正式开始进行实际操作之前，我们首先要对自己在市场中扮演何种角色进行定位，是投资还是投机？因为任何买、卖行为如果不根据趋势的变化而调整投资策略，都是愚蠢的，并可导致令人沮丧的失败。

实战中许多投资者在投机时并不了解自己在做什么，是否有能力进行投机性操作。投机性操作更多的具体体现方式是超短线操作或短线操作，而非频繁地或随意地买进、卖出。许多人喜欢超短线，但是对于超短线操作需要具备什么条件，适合什么时候展开，它具有什么优点，又有什么制约条件，并不清楚。下面我们简单对超短线操作进行剖析。

超短线操作，是指利用股价的强势涨升趋势和某上升阶段进行操作，通过快速周转资金，始终把资金投放在有快速上涨潜力的股票里面。

1. 超短线操作需要具备的条件

(1)超短线高手是万中挑一，必须经过千锤百炼的实战。要求操作者具有丰富的实战操作经验、深厚的看盘技术功底，非三五年持续的科学化残酷训练，别轻言已成为超短线高手。

(2)对大盘和目标股票短期走势的分析预测具有较高的准确判断，这是前提。

(3)对市场热点、板块轮动具有敏锐的洞察力，行情、个股快速波动时，能第一时间追进。

(4)具备耐心、冷静、果断、大胆、反应力要快的心理素质。

(5)对股价行进结构熟悉，对操作进出点位的精细化把握具有相当高的水准。

(6)执行操作纪律要有壮士断臂的果断、勇敢和决心，风险控制能力很强。

(7)必须经常要空仓等待机会的来临，操作进出迅猛，达到一出手就赢的境界。

(8)不论盈亏，心态平和、稳定，做到胜不骄，败不馁。

2. 超短线操作适合什么时候展开

(1)大盘处于阶段性顶部区域或宽幅震荡，以及横向调整。

(2)大盘处于熊市或明显的下降通道之中。

(3)热点不能持续，板块轮动较快。

(4)目标个股处于高速行进之中。

(5)目标个股本身位置较高，或目标个股处于第3浪、第5浪中段或尾段、B浪反弹之中。

3. 超短线操作的优点

(1)追逐股价涨升的趋势，集中选股，重仓参与，能够最大限度提高资金利用率。

(2)及时追逐热点、转战于强势股票之中，从中获取最大的收益。

(3)不参与股价短期调整，规避风险。能兼顾资金在盈利性、安全性和流动性三者之间达到和谐、统一。

(4)超短线高手能做到赢的次数远大于输的次数，小亏大赚，积少成多，做到一次赚够赔三次亏，最终积小利而成大赢家。

4. 超短线操作的缺陷

超短线操作说起容易，做起来很难，尤其是要出击迅速，脱手干脆利落，做到知行合一难。因此，其实战制约也相当明显。

(1)贪心、优柔寡断之人不适合经常进行超短线操作。

（2）资金管理上不太适合中大资金操作，只适合较小的资金参与。

（3）不适合上班族之类看盘时间少的人，因为超短线更多地是在盘中股价快速波动之时及时做出操作决定。如果没有充足的看盘时间，一旦贻误战机，将承受较大的套牢风险。

（4）由于操作周期很短，容易丢掉原本骑上的大黑马，因此，心态控制也非常关键，不能因此而后悔，影响了正常的操作心态。

（5）超短线操作绝对不是随意追涨，有时候盲目追高的风险也很大，应尽量避免当日被深套的局面出现。

通过上面的剖析，投资者应该清楚自己是否适合经常性展开超短线操作。特别提醒：超短线的交易系统建立、完善之前，超短线操作往往变成了频繁的追涨杀跌，很容易造成较大的累计亏损。另外，根据笔者多年的经验来看，目前股市中90%以上的散户投资者都无法有效使用超短线操作，所以，对此投资者要高度警觉！

同样，对于常规的短线操作、中线波段操作，投资者也需要对它们展开的限定条件、优缺点、资金管理、心理控制等各方面进行认真总结，建立相应完善的实战操作交易系统。

二、建立专业化的一致性投资策略

本章前面我们讲了，市场的本质特征是"零和博弈"，因此，在股市中用各种投资方法获利都是机会均等的，没有必胜与必输的方法，只存在相对的方法。投资者如果能捕捉到市场所提供的机会，并有效地实施其交易方法，就有可能获利。通俗一点说，就是"不管黑猫、白猫抓住老鼠就是好猫"。

目前在许多证券投资书中总结介绍的投资方法，大多偏重于黑马历史图例分析及投资功效的分析，特别对某些机构及个人的胜绩夸大到没有统计意义的地步。而对于专业投资者来说，更重要的是对其所用的分析技术缺陷及其制约条件有相当深刻的理解，才可能形成正确的投资决策及风险控制。总之一句话，建立专业化的投资方法和适时调整的操作策略是持续稳定获利的唯一途径。下面我们引用华尔街经典书籍《专业投机原理》中的一致性成功事业经营哲学观点，相信对你有极大的帮助和启示。

人们在市场中发生亏损，理由虽然很多，但有一项最严重，也是最容易触犯的错误，那便是把过多的风险资本投入到单一的头寸——孤注一掷。这项错误之所以产生，是因为人们在交易之前，并没有为自己设定一种前后一致的交易策略，即证券交易策略的前后不一致性，不统一性，同时没有风险管理的意识。

例如进场交易时，未提前计划好到底是投资还是投机，且盈利与止损没有量化的技术依据。原本准备中长线投资，一旦短期内赚钱了就改为投机，原本准备投机，如果一旦套住了就索性改为中长期投资，我们身边的多数投资者不常常就是这样的吗？

1. 职业交易原则

职业交易原则按重要性排列如下：保障资本，一致性的获利策略，追求优异的回报。这三点是我们的基本原则，是我们所有市场决策的最高指导原则。在我们投资或投机的策略中，每一项原则都有不同的分量，而且彼此之间有衔接的关系。换言之，资本保障将造就一致性的获利能力，后者又使我们可以追求优异的回报。

2. 保障资本

在我们的投资操作策略中，保障资本是最核心的原则。也就是说，在任何潜在的市场活动中，风险是我们最重要的考虑因素。在我们提出能赚多少利润之前，应先考虑"我所能遭受的潜在亏损有多少？"就风险 – 报酬的角度思考，最大的可接受比率为1:3。如果市场的风险 – 报酬情况很差，应持有现金。我们追求的是绝对的报酬，而不是相对的报酬。

3. 一致性的获利能力

市场不会永远位于顶部或底部的附近。一般来说，在任何市场的多头行情顶部与空头行情底部之间，一位优秀的专业投机者或投资者应该可以掌握长期价格趋势的60%至80%。这段期间内，交易重点应该摆在低风险的一致性获利上。

资本要稳定增加，你必须要有一致性的获利能力，而且要必须保障你的获利，并尽可能降低损失。因此，你必须衡量每项决策的风险与报酬的关系，才能增加一致性的胜算。每当有获利，就应将部分获利运用到追加风险资本金上，并将其余获利存入银行，如此，我们不但可以增加获利的潜能，又可以保障一部分的获利。

4. 追求优异的回报

当我们已经获利，仍然运用上面相同的推理程序，就会进一步追求优异的回报。唯有当报酬与风险之间存在着合理关系时，我们才能以更大的风险追求更高的资本回报率。这并不意味着我改变风险 – 报酬准则，我仅仅增加头寸的规模。

保障资本，一致性的交易获利及追求优异的报酬，如果你确实了解其中的精髓，它们将指导你在市场中获利。我们的投资目地是在保障本金安全的前提之下，长期稳定地赚钱，不断实现资本的增长，同时不会承担过大的市场风险。但由于市场中价格走势具有不确定性，因此存在有投资风险，完全回避风险是根本不可能的，无风险的投资也是不可能存在的。所以，投资者获取的利润是对所承受风险的回报。在风险锁定的前提下追求利润最大化，是我们投资的核心原则。

5. 投资者的对手

投资者的真正对手既非市场，也非什么主力机构，而是投资者自我！要想战胜对手，就要先战胜自己，不能战胜自我的人，是不可能在投资市场成功的。投资者对自己要有正确评价，不能假定比对手具有先天优势，而要靠智慧去获取成功，这也是股票市场最公平的一面。这也启示了我们，真正能够赢得最后成功的人，是绝对不会被艰难、困苦的环境条件所限制而无所作为的。投资者若是将自己失败的原因归结于主力机构设置的陷阱，以及外在条件恶劣，是不会赢得真正的成功的，这不过是为了安慰自己寻找的借口而已。

切记，如果你投资股市亏损，决非是因为主力机构的存在，或你所用的电脑设备不好或软件不先进。这些绝对不是你投资失败的真正原因。如果不从自己基本功、看盘实战技能等根本素质的欠缺上寻找失败的原因，哪怕你拥有了世界上最先进的电脑和最先进的软件，最终，你同样也还是会不断地失败和亏损！

第三章

反弹行情研判及大盘实战要点

第一节 反弹行情研判步骤

在对反弹行情进行分析研判时，通常是按以下顺序进行：目前大盘的运行状态、市场上板块、热点的状态、个股运行状态。对其时间分析周期顺序是：年线或季线级别、月线级别、周线级别、日线级别、分时级别、即时盘口图表。在整个分析过程中一定要大盘、个股的多周期、多要素综合分析研判，这样才能力求我们所做的分析研判能尽量客观地描述市场和个股的运动状态，是制定合理正确操作策略的基础。只有这样，才能使我们在临盘操作时心中有数，才不会盲目跟风地随意操作。娴熟地掌握专业化投资分析、操作方法是提高投资者实战投资操作业绩的关键，同时对于专业化投资方法掌握的好坏也直接决定着投资者实战投资操作能力和投资水平的高低。

一、大盘背景研判

自从查尔斯·道在 1896 年创造出道·琼斯指数后，人们才有可能对股市的运动现象进行完整、准确、客观的记录，使我们对股市的描述有了客观的标准，同时也使我们能够以宏观、战略的高度从总体上思考股票市场运动的根本规律，我们的思考也才有了客观的参照系和丰富的实际素材。现今世界各地证券市场中流行的各种股价指数如美国标准普尔指数、拉斯达克指数、香港恒生指数等均源于道·琼斯指数。因此，道氏是所有技术分析派别之鼻祖，道氏理论是技术分析理论的根源基础。

"大盘背景制约个股表现"，道氏的这一理论的科学论断，在现实的市场中表现为个股不敌大势。市场中即便有个别逆势庄股的存在，也并不能从总体上推翻该理论的正确性。多年来国内外无数的统计事实充分证明了该理论在中外股市的正确性。对这一问题的理解需要从哲学、战略和战术高度上进行深刻的认识，道氏明确指出整体市场背景对个股股价表现有着宏观的制约关系，个股不敌大市。顺势而为的投资思想也源于此，市场大势背景健康、良好，这一前提是资金进出股市安全的最根本保证。对此投资人必须要有清醒的认识，动辄满足于抛开大势做个股的浮躁赚钱心态，终将无法走向成功。

1. 大盘背景与个股的关系

大盘反映着所有上市股票的总体统计走势，它代表了市场运行的总体方向，大盘的走势反映了市场上主导力量（多头与空头）对后市的看法。大盘是个股股价运动展开的外在环境，制约着该阶段大部分的个股表现，它对每个股票的具体运动态势都会有不同程度的影响。一般来说，大盘涨个股也涨，大盘跌个股也跌，这种同步行为是市场的正常情况，因而有"个股不敌大势"的说法。

反过来看，由于大盘是由所有交易的个股构成，当绝大数股票处于上涨阶段时，大盘主趋势必然是上升；而当绝大数股票处于下跌阶段时，大盘主趋势必然是下跌。投资者在研判大市时应多加关注大多数股票的运动状态。

在特殊情况下，有些个股的技术走势会与大盘不一致，即大盘涨时个股跌，大盘跌时个股涨，发生技术走势错位。

实战应对上，我们要重点关注与大盘主要运动趋势同步的个股走势，特别关注领涨、领跌股的走势，从而把握市场的热点变化，提前发现大盘未来变化的先兆（图3-1、3-2）。

图 3-1 大盘走势

图 3-2　提前大盘启动

　　通过上面两张图的对比，该股成为 2003 年反弹行情的领头羊特征就非常显著，加之对汽车板块其他股票走势分析，投资者捕捉到该股的几率是很大的。

2.　分析研判大盘要点

　　大盘的各个级别的位置、趋势方向、角度、成交量（投资者参与热情）的变化、热点板块的持续性、浪形、各级别技术状态，分析后市可能的演变模式（时间、浪形）等是我们研判大盘的要点，其目的是准确判断大盘能为我们提供多大的市场机会。

　　大盘能提供多大的机会，我们就做多大的行情，宁肯保守，不可盲目主观，企图比市场更聪明！

　　下面我们展开细化分析（各指标、各要素相互验证）。

　　2.1 股市运行规律

　　图 3-3 揭示的是股市涨跌互换、荣枯循环的基本运动规律。

　　2.2 大盘位置

　　主要指大盘运行的各个级别的循环位置、相对空间位置、技术位置。位置决定安全性，股指处于不同级别的位置有利于我们进行战略、战术各个层面的规划。

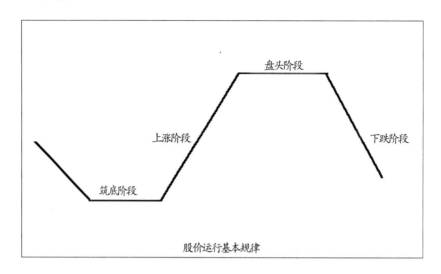

图 3-3 股市运行规律

运用股价运行基本规律图，我们就可以准确找到大盘目前处在哪个周期、级别的什么循环位置之中。而我们寻找的最佳位置是月线级别上涨初中期、周线级别上涨初中期或日线级别的上涨初中期，如果同时处于共振状态就更佳(图 3-4～3-6)。

大盘总是一个循环完成又开始运行下一个循环，周而复始。

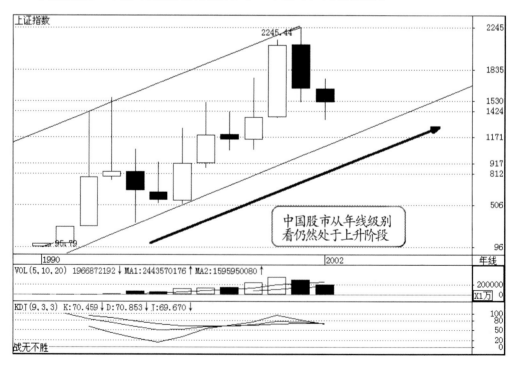

图 3-4 大盘年线示意图

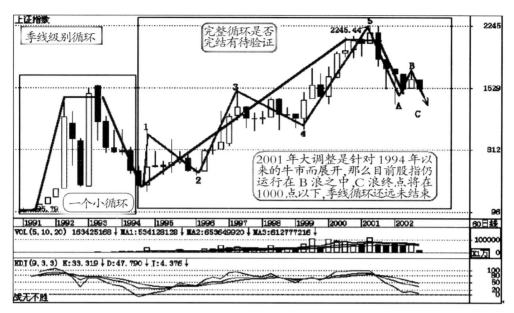

图 3-5 季线循环示意图

图 3-6 日线循环示意图

2.3 大盘趋势的分解

道氏把市场波动分为 3 级构架：主级正向波、次级逆向波、日间杂波三个波动级别，这一观点，为我们在实战中正确地进行战略和战术性投资规模的界定，奠定了可以遵循的理论原则。这不仅仅是指同一时间级别上的波动级别，也包涵了的不同时间周期上的波动级别，同时它们可以在一定的时、空条件下互相制约、转化。

实战中我们不仅要注意识别主级正向波和次级逆向波,更要识别不同时间构架上的波动间的制约和转化。波动趋势在各个周期、级别上的作用大小不同,同时,趋势线的长短,其作用也不同。

在具体趋势分析与实战操作中,大盘处于短、中期的日线级别以上的下降趋势扭转后的上升初中阶段,一般才是我们临盘操作展开的基本前提条件。

下面就以上证指数为例(图 3-7~3-10)。

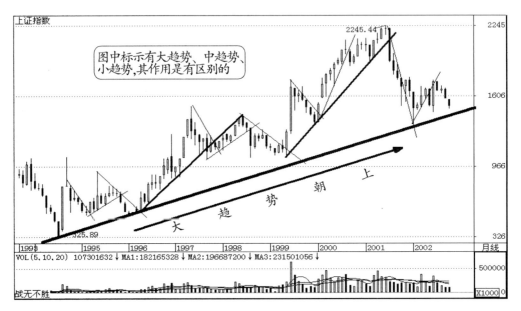

图 3-7 月线趋势图解

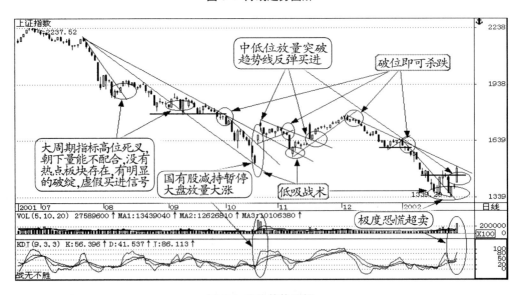

图 3-8 日线趋势图解

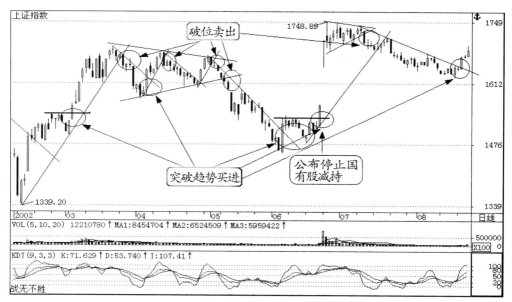

图 3-9 日线趋势图解

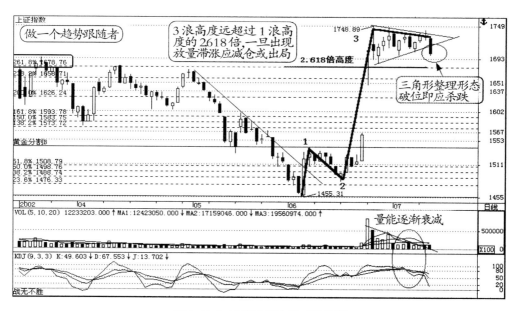

图 3-10 6.24 停止国有股减持行情

2.4 市场要素综合研判

我们知道市场价格运动的内因是市场行为造成的，即就是市场中的买卖行为。市场行为包含了市场中的四大要素：价格、成交量、时间和市场参与者。

所以，在对大盘、个股价格波动的研判上，不能只见树木不见森林，要对上述各个市场要素综合起来进行，才能较正确分析市场价格的波动方向。

(1)价格要素。这里的价格，主要指的是市场成交均价，因为只有成交均价才代表了市场主流参与者的真实意图。而最高、最低、开盘、收盘价等均容易被操纵、做假，从而掩盖了市场主流参与者真实买卖的做盘意图，因而它们的分析研判地位较为次要，并且在实战分析研判时，我们还必须仔细辨别其蕴涵的真实市场含义。价格要素在实战中具有重要的指导意义，因为只有在价格出现波动时，才会引起市场上多数投资者关注，从而参与买卖，市场上的交投因此而活跃，表现出成交量大幅度地变化。

价格运动是有趋势的，当一日以上的股价运动造成方向净改变的幅度大于股价本身的3%时则被称为上升浪或下跌浪。当后续上升浪突破前一高点，且后续下跌浪终止于前一低点时，表明价格处于上升趋势中。相反，当后续上升浪无法超越前一高点，且后续下跌浪突破前一低点时，表明股价处于下跌趋势中。对于大盘的即时波动分析也是同样道理(图3-11)。

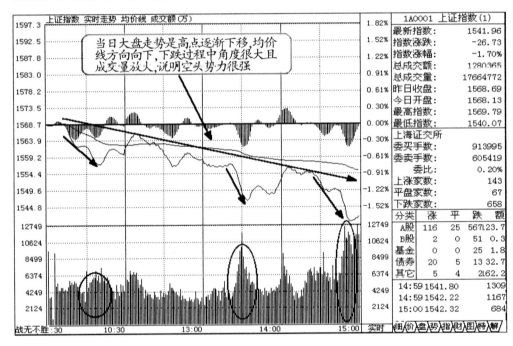

图 3-11 即时波动

同时，我们在观察价格运动的行进趋势时，其运动的角度也是很重要的观察对象。大盘的上涨下跌角度意味着攻击、下降的力度，可以用3日线或趋势线的角度进行度量。45°是江恩理论中最看重的角度线，角度大于45°则表明市场处于强势状态；角度大于70°则表明市场处于极强势；角度大于0°小于45°表明处于弱强势；

角度小于 0°呈现朝下，表明市场处于弱势状态；角度小于 45°呈现朝下，表明市场处于加速下跌的极弱势状态。这其中仍然需要区分不同周期、级别的 3 日线或趋势线的角度大小，以及它们之间的相互协同、背离状态，构建我们的战略、战术、操作策略规划、资金管理安排(图 3-12)。

图 3-12 周线波动角度

(2)成交量要素。成交量积累从能量的角度来说，反映为大盘(个股)后市向某个方向运动所具备的能量，能量积累的大小将在某种程度上决定股价的上升(下跌)空间。但成交量积累后，股价并非会立即开始大幅上涨(下跌)，还与当前价格运动的时间有密切关系。低位成交量的积累，意味着筹码通过长时间有意识的被吸纳而不断集中，集中的程度愈高，对应着价格运动后市必须有足够的上升空间来让这些筹码变现。

成交量放大说明市场对股价的运动方向的强烈认同，市场的量价关系处于和谐的状态；如果成交量的变化与股价的变动方向相反，则说明市场对股价的该种运动方向并不认同。量价配合关系在一般情况下有效，却不一定是在所有情况下管用。如股票暴跌抄底时，有的股票成交量根本没有起作用，指数反弹时也有此现象。冷门股、主力完全独立控盘的股票，不仅经常存在价量背离，而且不管升与跌，成交量几乎没有多大变化，这种价量关系的异常也是我们看盘分析时要注意的。成交量的积累是股价涨升(下跌)的一个必要条件，但并不是充分条件。

在实战操作中，成交量的分析不能孤立地进行，在价格某个运行空间内考察成交量变化，比无价格区间的考察更容易把握成交量对价格在特定空间内运行状态的影响程度。还需要注意的是，由于市场中买卖角色的不确定性，普通投资者根本无法判定到底是谁在买、谁在卖，是否有对倒，因此交易中的许多成交量具有极大的虚假、欺骗成分。

在大盘分析中，成交量的分析与个股有一定差异，个股有实力的主力机构可以操纵股价，也可以控制成交量的变化，也使得成交量常常出现与价格失真的异常量价关系，而大盘则不同，没有任何主力机构或资金团体能控制大盘的中长期走势，因此，正常的量价关系在大盘上表现会更突出。在日线级别以上的大盘中低位，如果大盘要持续上涨，必须要有成交量的温和放大配合，如果量价背离，则说明涨势不能持续，上涨不真实，大盘冲高回落的几率较大。当然这也需要结合大盘的循环位置进行综合研判。

即时行情中大盘盘中涨跌量价关系是：

大盘涨时有量、跌时无量说明量价关系健康正常，实战操作积极展开无碍。大盘涨时无量、跌时有量，说明量价关系不健康，有人诱多，实战操作小心展开(图3-13～3-15)。

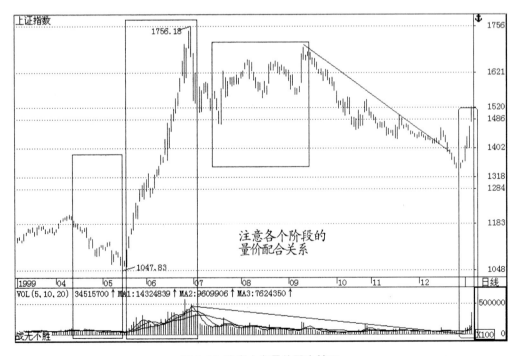

图 3-13 注意大盘量价配合情况

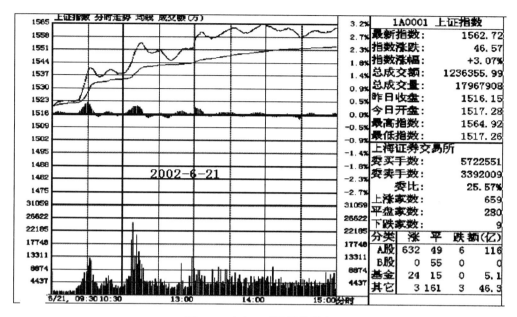

图 3-14　大盘即时图量价配合

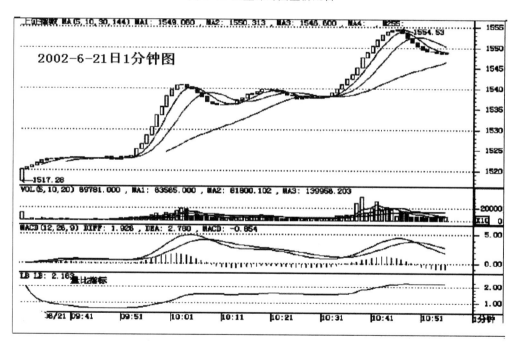

图 3-15　大盘 1 分钟图量价配合

(3)时间要素。它反映市场价格运动趋势已经历了多少时间及未来还可能持续多长时间。我们在分析研判中如果避开价格运动时间来寻找其波动空间位置是没有实战价值的。同时，价格趋势的转折点往往也是时间的"共振点"，表明时间对价格变

67

化的重要作用(图 3-16)。价格趋势的运行往往有一定的时间规律性，如江恩的时间之窗就是对行情的转折点起到宏观上的警示作用。

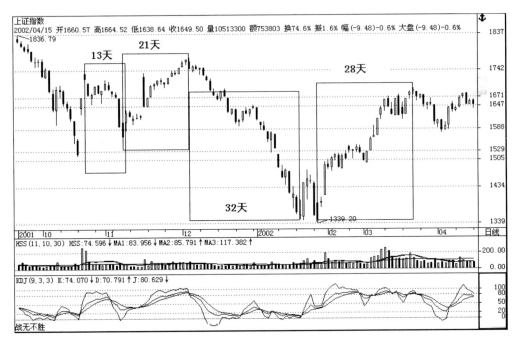

图 3-16　2001 年 10 月至 2002 年 4 月

(4)市场参与者。这一要素直接反映出目前的市场是否活跃，是否存在着有目的、有计划、有组织的投资者进行有序参与。只要一个市场中存在有序投资者参与，就意味着其中隐藏着较多、较大的获利机会。相反无有计划、有组织的资金参与，市场中的买卖就必然清谈，行情性质就会体现为典型的散户行情，获利的机会就微小。所以我们追踪的就是有组织、有计划的有序资金流即市场的主流参与者的动向。

2.5 大盘背景条件是否具备——大盘安全度判定

我们在展开操作时大盘的技术状态：最佳的月线级别上涨初中期，次选周线级别上涨初中期，最低要求是日线级别的上涨。大盘目前所处的位置、安全度、市场信心等要素直接制约着短线操作是否展开，以及明确需要展开多大规模和什么级别的短线出击操作。

2.6 临盘要求

(1)近期大盘的行进方向一定要看对，对操作当日大盘走势判断成功率在 90%以上。具体要求：对大盘盘中的变盘迹象一定要敏锐，热点、领涨股票的启动能及时捕捉。包括对大盘买卖力量的变化，关键点位、时间之窗周期的可能变盘，热点的启动。

(2)操作时要求大盘处于各个级别的上升浪之中(具体分为：周线级别、日线级别、最低60分钟级别上涨)，进场当日大盘最好处于上升攻击之中，最低要求处于盘整阶段，或至少处于平盘态势。出现大跌的当日不能操作，在中期下跌途中要绝对空仓等待(如果大盘中线安全度较高，突然受到利空打击而急跌，在急跌末端可以轻仓介入)。

(3)对应大盘背景不同的级别上涨，其应对措施就需要采取中线、短线或超短线操作策略。

(4)判断大盘的强弱，除了从上面的技术状态分析以外，还需要从成交量进行辅助确认判断，更重要的是要看热点、热点板块效应的持续性。

2.7 分析与实战的差异

首先，从股市的交易规则上看，就注定了绝大多人必须赔钱亏损，交易才能最终不断地进行下去。因为股票市场本身并不是一个生产性领域，其本身无法创造价值，它只是一个利益不断再分配的场所，所有赢家的获利均全部来源于输家的亏损，同时为赢家和输家服务的机构和个人也必须由输家来养活，由于这一消耗，因此输赢永远无法平衡。这就是资本市场的残酷无情，也正是资本市场的零和游戏规则，也就是说股市绝对没有人人赚钱的局面产生，对此任何人都不能产生美好的幻想。

同时，如果市场中没有了输家，市场的游戏活动就无法继续进行，市场也就无法存在。因此，市场必然会有某种机制让输家产生和持续存在，这就是股市的奇妙之处。其具体到资本市场和股价的运动上就体现为，如果人人都能完全认识清楚市场的主级正向波，那么就没有人会成为输家。因此市场总是要使绝大多数的人无法正确认识主级正向波，这包含着对主级正向波的性质、空间幅度、时间长度和规模等的综合认识。这时次级逆向波的效力就发挥出来了，在主级正向波的相反方向上出现新的股价运动，让你无法判别是否是主级正向波动已经运行完毕。市场就是这样不断地重复着主级与次级运动，让投资者常常受骗或总有一次受骗。如果你的分析正确率高被骗的次数就少，正确率低被骗的次数就多或总是被骗。次级逆向波对应的就是上涨过程中的调整，下跌过程中的反弹。这种次级行情不确定的人为因素最多，实战中必须还要采用资金管理进行应对。

与主级正向波一样，无任何一种方法能精确预测次级逆向波的长度。对二者的识别也都不可能分别单独地完成，必须经过二者之间的形态与发展过程的比较研究才可能得出。次级逆向波往往是以多变的形态存在，因此，无法用准确而固定模式来描述。

由此引申出我们在操作次级逆向波（反弹）时的风险控制的极端重要性，要求投资者在实战中时刻保持"小心求证，谨慎操作"态度，随时准备承认分析和操作失误，及时控制好风险。人都会犯错误，勇于承认自己面对市场某些时候是无能为力的，坦然地接受错误，这样才会成为最后的赢家。

二、大盘与板块运动的关系

1. 板块推动大盘

对应着不同的大盘背景时，不同的板快和个股的表现各异，通过对它们的研判，能把握市场资金动向和它们对大盘的影响，极大地提高实战的效率和胜率。

大盘的行情发展往往先以热点板块点燃、引导、推动，而板块、热点的轮动使行情进一步扩散、演化。板快、热点轮动是市场主导力量推高大盘指数、激活市场人气的最有效、最省力的方法。同时，更重要的是板块的连续推动带来的巨大"赚钱效应"对资金具有不可抗的诱惑力，才能吸引更多的主力机构、一般投资者选择积极做多，不断注入新资金，对行情延续起到极为重要的作用，才能维持单边市场趋势的不断延续。

榜样的力量是无穷的。由于"赚钱效应"的示范，投资者、投机者的逐利本质，追涨杀跌的本性难改，因此，热点、热点板块始终成为短线热钱进出的最佳选择。

2. 龙头引领板块

一般情况下，不管市场处于何种态势，大盘每隔一段时间，都总会有热点或热点板块出现，包括昙花一现的短线热点。而市场热点常常以某种题材或概念的形式出现，既然是板块那就有领涨的和跟风的。每个阶段、每个板块中都总会有一个或者几个对市场人气影响较大的个股出现，其出现技术性的走势特征与基本面消息面的新变化即对大盘的趋势演变起到修正与加速作用。总之，大盘需要热点板块来推动行情演变，而板块需要龙头股票的来领涨。

尤其是在大盘反弹初期，市场人气的集聚需要一批龙头股和领涨股带动热点板块的炒作，如经常利用科技股、新股、次新股板块等等，市场信心的增强也依靠于板块热点的形成。但当市场或板块受一定政策面、消息面刺激影响呈现普涨之后，短期也容易转入个股分化炒作的现象，这也反映出各个主力机构对潜在题材和概念发掘的决心、气魄不同，以及对领涨龙头股的认同有所区别，以达到各自最大、最快地获取利润。不管怎样，一些有资金实力的主力机构率先介入的个股，无疑容易成为市场领涨的先锋。它们经常成为市场短期运行、演变的风向标，这样就形成了龙头效应和板块效应。

板块效应就是具有相同地域、行业、题材、概念的股票，它们在走势上相接近，并互相影响。板块联动对于主力机构炒作具有非常大的好处。一个板块，只要有一个领涨股出现，其他股票的主力便会相互呼应跟上，因此只需要轻轻往上拉抬，股价就能在市场合力的作用下上涨。同时，一旦该板块成为市场的明显热点，短线资金会大量涌入，此时主力机构拉升或出货比一般常态要方便、省力许多。对于投资者而言，只要把握住了市场热点板块就把握住了市场的先机(图3-17、图3-18)。

	代码	名称	涨幅↑	最新	量比	涨速	现手	总手	今开	流通A股	涨
1	600231	凌钢股份	9.99%	8.70	3.23		39	212785	7.91	13000.00	
2	600117	西宁特钢	9.95%	6.52	9.62		70	147707	6.02	16000.00	
3	600030	中信证券	9.58%	8.11	2.16	-0.11%	98	735568	7.40	40000.00	
4	600569	安阳钢铁	7.33%	6.15	6.45		34	360130	5.73	27500.00	
5	600036	招商银行	6.62%	11.60	2.42	0.52%	8433	1055396	10.90	107020.00	
6	600005	武钢股份	6.50%	6.06	3.98		159	303185	5.69	32000.00	
7	600221	海南航空	6.43%	6.62	6.26	-0.60%	40	299632	6.23	37195.78	
8	600399	抚顺特钢	6.34%	6.04	10.10	-0.17%	50	83788	5.74	12000.00	
9	600012	皖通高速	6.18%	5.84	2.96				5.50	25000.00	
10	600783	四砂股份	5.92%	7.69	3.17				7.24	6489.60	
11	600395	盘江股份	5.80%	8.39	4.03				7.90	12000.00	
12	600026	中海发展	5.67%	5.96	5.56				5.63	35000.00	
13	600660	福耀玻璃	5.61%	12.80	1.35				12.18	14449.00	
14	600598	北大荒	5.32%	6.73	6.40	-0.15%	208	172180	6.36	30000.00	
15	600894	广钢股份	5.30%	6.96	7.01		84	109645	6.64	16169.03	
16	600050	中国联通	5.25%	3.21	8.99	-0.31%	14386	9367140	3.01	275000.00	
17	600196	复星实业	5.22%	10.68	2.64	-0.28%	15	36972	10.30	14625.00	
18	600581	八一钢铁	5.14%	8.61	4.37	0.12%	28	176189	8.19	13000.00	
19	600001	邯郸钢铁	4.95%	5.72	6.60		2	165210	5.44	49000.00	
20	600317	营口港	4.84%	9.96	3.83	0.30%	36	71624	9.45	10000.00	
21	600307	酒钢宏兴	4.82%	5.87	7.23	-0.34%	10	76436	5.60	20000.00	

框内注记：2003年4月9日大盘向上突破时，以汽车、钢铁、银行等为首的主流板块成为大盘冲关的主要动力，也是当时市场上的主要获利品种

上海A股 \ 深圳A股 \ 投资指数 \ 条件选股结果 \ 自选股 \ 分类板块 \ 一

图3-17　2003年4月9日上海涨幅榜

这里要注意的是，实战操作中当热点板块有较大的涨幅后，成为市场公认的热点，当多数人都知道买进该板块的股票能赚钱时，热点板块的效应就会慢慢消退，板块中个股就会出现分化走势，热点板块也就即将退潮。如果没有新的热点或板块轮动来取代前面的热点、板块，大盘往往就呈现出缩量调整，市场也失去了风向标，同时热点板块的下跌也成为空方杀跌的主要工具，市场将步入弱势状态，直至出现新热点，如2002年初超跌市中反弹龙头股走势(图3-19)。

	代码	名称	涨幅↑	最新	量比	涨速	现手	总手	今开	流通A股	涨
1	000625	长安汽车	9.98%	14.43	1.13	0.49%	19	118113	13.06	16800.00	
2	003030	中信证券	9.58%	8.11					7.40		
3	000959	首钢股份	7.67%	6.88	7.84	-0.86%	50	218257	6.38	35000.00	
4	000825	太钢不锈	6.86%	5.45	4.48	-0.37%	8	667116	5.10	48750.00	
5	003012	皖通高速	6.18%	5.84					5.50		
6	000702	正虹科技	6.00%	16.39	2.88	3.13%	20	30263	15.40	11695.79	
7	000722	金果实业	5.30%	8.12				14939	7.76	13785.41	
8	003050	中国联通	5.25%	3.21					3.01		
9	000569	川投长钢	5.22%	5.01				50278	4.79	14792.94	
10	003581	八一钢铁	5.14%	8.61					8.19		
11	000927	一汽夏利	5.13%	8.81				158844	8.30	23980.00	
12	000039	中集集团	4.93%	16.15	2.98	0.12%	10	21429	15.40	6898.69	
13	000592	ST中福	4.92%	4.02			300	36501	5.49	8730.82	
14	000800	一汽轿车	4.81%	8.94	1.59	0.11%	34	281772	8.49	54600.00	
15	000761	本钢板材	4.79%	6.34	5.26	0.16%	35	50962	6.05	12000.00	
16	000850	华茂股份	4.78%	11.83	1.22	0.42%	255	17765	11.26	12311.35	
17	000550	江铃汽车	4.61%	10.21	1.68	0.20%	43	94136	9.70	11760.00	
18	000823	超声电子	4.58%	6.85	5.97	0.15%	1	37507	6.56	13520.00	
19	003591	上海航空	4.45%	8.47					8.10		
20	000708	大冶特钢	4.40%	5.46	4.84	-0.55%	50	52591	5.23	16704.00	
21	000401	冀东水泥	4.23%	5.42	6.36	0.37%	13	51194	5.22	26995.02	

2003年4月9日大盘向上突破时，以汽车、钢铁、银行等为首的主流板块成为大盘冲关的主要动力，也是当时市场上的主要获利品种

◀▶ 上海A股 ∖ 深圳A股 ∖ 投资指数 ∖ 条件选股结果 ∖ 自选股 ∖ 分类板块 ∖ ◀▶

图3-18 2003年4月9日深证涨幅榜

该股在2002年初的反弹行情中，在1月23日见底强劲反弹，并带动ST板块大幅上扬比大盘在1月29日见底回升提前了5天

图3-19 2002年初超跌股反弹龙头

第二节　反弹行情之大盘实战要点

一、大盘实战研判

股市是国民经济的晴雨表，股指走势提前反映了经济运行状态的变化，股指的涨跌也反映了市场大多数参与者对后市的心理预期，直接体现在多空双方力量对比上面，而市场中的能量总是向阻力较小的方向爆发，即当多头力量强时，股指上涨，反之下跌。

深、沪两个市场互相影响，相互印证，而其中的分类指数则是对板块、个股涨跌最直接的反映，它与大盘走势可能同步也可能超前或滞后，但总体上趋于一致。所以对大盘分析的着眼点要站在全局的观点上来进行，这是具有战略地位的，而对个股的分析只不过是战术上的行为。分析大盘首先要观察当前大盘多空力量的对比，从空间(位置)、时间(周期)、量能(动量)等各方面进行综合分析研判。

在前面第一节我们已阐明了大盘和个股之间的关系，那么如何在反弹操作的实战中正确研判大盘的走势，是我们能成功操作的基础。对应不同的大盘状态，也就对应了不同的抢反弹操作策略。

无论我们是对个股的主升浪操作还是反弹操作，首先我们都要对大盘的波动趋势做出一个较为准确的分析判断(参看前面大盘趋势分解章节内容)，并搞清楚它们在不同时间结构上的关系，才能制定出我们的实战操作策略和应对措施(风险控制措施)。本书专门针对大盘处于中短期下降趋势中，如何展开反弹操作进行阐述。

1. 研判要点

对构成市场各个要素(价格、成交量、时间周期、空间等)进行综合研判才能使结论更贴近市场本身的走势，用运动的眼光观察、分析市场。实战中更重要的是根据市场走势来不断修正过去的判断，从而调整操作策略，以便最大限度地防范风险。

投资者根据各种不同的理论来分析市场，无非是侧重点、角度不同而已，但都是为了描述大盘的运动趋势与状态。我们提倡使用自己擅长的方法来进行分析研判最好，简单、明了。具体分析思路如下：首先，分析判断大盘目前中期以上的趋势与波动状态，一旦确定了，那么其后的工作就是对短期走势做出分析，最后就是对盘口即时走势进行分析，从中寻找获利的机会。

2. 常用分析方法

(1)应用常规指标：对应 MACD、KDJ、RSI、指标。

我们可以应用常用的一些指标来对大盘进行快速研判。MACD 指标：用于辅助判断趋势运动方向及转折；KDJ 指标：灵敏度高，通常用于辅助判断趋势转折点；RSI 指标：用于辅助判断价格动量的强弱变化(还主要用于寻找背离状态)(图 3-20～3-22)。指标具体详细的原理与使用方法，请参见相关投资书籍。

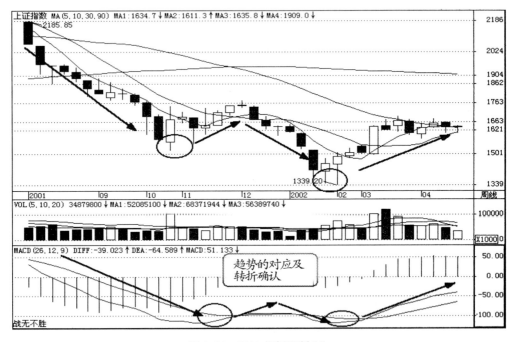

图 3-20　MACD 指标研判(a)

(2)浪形结构。指数的波动具有一定的规律性，运用波浪理论能有效地寻找到抢反弹的时机、区间(图 3-23)。

(3)趋势线。用于研判当前趋向的行进以及趋势延续与被突破，在实战应用中是非常有效并且简单的方法(图 3-24)。趋势线的实战运用可参看第六章第十一节"反弹操作中趋势线运用精要"相关内容。

(4)黄金分割。用于规划、预测大盘指数及个股可能运动的空间，寻找支撑与阻力位。实战操作中，一般需要与其他方法综合起来运用，才能提高分析的准确性(图 3-25)。

(5)乖离率变化。用于寻找指数的过度下跌区间，是抢反弹操作中运用最多的方法之一。反之对指数头部判断运用也是同样原理(图 3-26)。

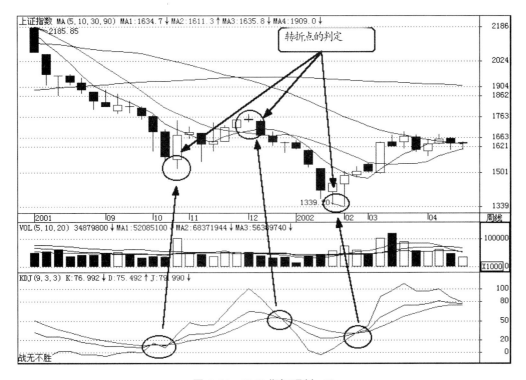

图 3-21　MACD 指标研判　(b)

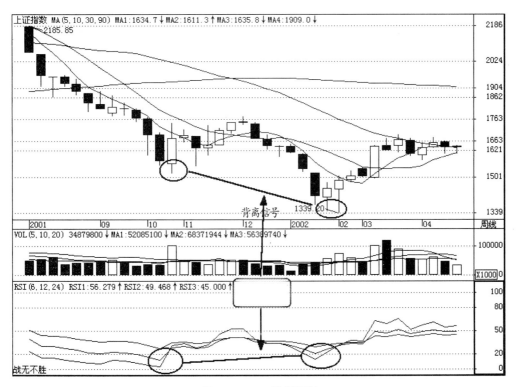

图 3-22　RSI 指标研判

图 3-23 周线浪形

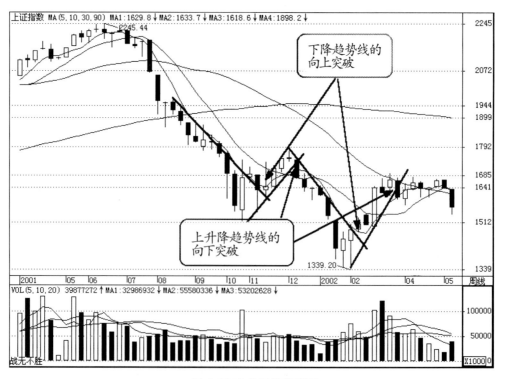

图 3-24 大盘周线趋势图

图 3-25 运用黄金分割位

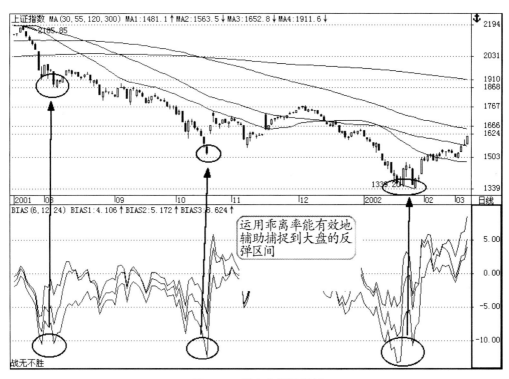

图 3-26 乖离率指标研判

3. 大盘时间之窗的运用

江恩是第一个将自然的时间要素引入市场分析和投资实战之中的人。他认为：时间是证明一切事物最重要的因素。在江恩的理论中，他不但采用费波纳奇数列中的数字，即1、2、3、5、8、13、21、34、55、89、144、255……，将它们作为股价走势转折的时间之窗，而且还认为"7"是一个非常重要的数字，江恩在划分市场周期循环时，经常使用"7"或"7"的倍数，他认为"7"融合了自然、天文与宗教的理念。

以日、周、月为单位的时间循环分析方法，是江恩非常重视的方法之一，也是投资者应该熟悉掌握的分析方法。

一般来说，从每波行情的低点或高点作为零起点开始数，一旦股价运行的时间到了"时间之窗"数字8、13、21、34、55、89、144、255……或"7"的倍数时，应该引起我们的高度关注，极有可能产生变盘，结合其他分析方法，从而尽早做好应对措施。当然，需要说明的是，"时间之窗"在风云多变的市场中存在有一定的漂移性，只能作为分析预测的参考，不能作为实战操作的依据。

下面，我们举几个图例进行说明（图3-27～3-30）。

图 3-27 2001 年 6 月至 2001 年 10 月

图 3-28　2002 年 1 月至 2002 年 6 月

图 3-29　2002 年 6 月至 2003 年 3 月

　　在过去十年时间里，除了 1994 年外，基本上每年年底 12 月至年初 1～2 月都是年内最低点，是构筑中期底部的时期，是投资者进场吸纳的好时机。一般只要在年底进场，相信都会有较好的投资收益。

　　每年大盘筑底、年内高点如图 3-31：1995 年 547～524 点筑底，年内高点为926 点；1996 年 512 点底部，年内高点为 1258 点；1997 年 855～871 点筑底，年内高点为 1510 点；1998 年 1025～1110 点筑底，年内高点为 1422 点；1999 年 1064～1047 点筑底，年内高点为 1756 点；2000 年 1341～1361 点筑底(1～5 月)，年内高点为 2125 点；2001 年 1893 底部，年内高点为 2245 点；2002 年 1339 点底部，年内高点 1748 点，2003 年 1311 点底部，上半年最近高点 1650 点。

图 3-30 2002 年 11 月至 2003 年 4 月

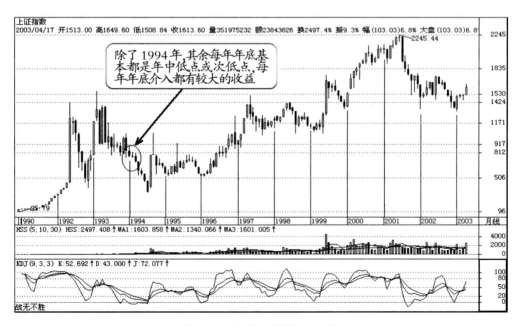

图 3-31 年初基本都是年内底部

4. 大盘下降趋势中的实战应对

判断大盘的趋势与强弱，除了从上面的技术状态分析以外，还需要从成交量进行辅助确认判断，动量的变化反映了市场上涨和下跌动力的变化与转换过程。并观察热点、热点板块效应对大盘的影响。

大盘的运动分为上涨、平盘、下跌几个状态。其中平盘分为头部盘整、上涨(下跌)中继盘整、底部盘整几种情况。其中大盘处于中期上涨趋势的状态下对个股操作提供了良好的背景。这里我们重点探讨的是抢反弹，着重介绍大盘在一个中期下跌趋势下的分析方法，也包括了常规动态盘口的分析研判。

大盘处在中期下降趋势下的操作要分为：短期同步下跌、短期盘整、短期上涨三种。第一种情况是不能抢反弹操作的，其风险度太大。第二、三种情况是我们进行抢反弹操作的基本保障。

那么，我们就先对市场基本走势作出相应的分析，下面以上证指数为例：

(1)长期趋势(年线)。到 2002 年底为止，中国股市的上升主级正向波还没运行完成，若已运行完毕，则还需要对头部再次确认。实战应对：长线仍可谨慎看多，寻找较好的介入机会。见第一节图 3-4。

(2)中期趋势(月线或季线)。到 2001 年 7 月，上证指数出现了该级别上的重大拐点，到目前为止，仍运行在下降通道之中。实战应对：中线看空，观望为主。见第一节图 3-6。

(3)短期趋势(周、日线)。在该级别上的运行受制于月线或季线级别下降通道的制约，其中出现的反弹也给我们提供了一定的赢利机会。实战应对：短线抢反弹。见第一节图 3-7。

参考我们上面的分析思路，不同级别的上涨与下跌趋势，对应着不同的风险／收益比，从而调整自己的操作策略与应对措施。只有确定处于日、周线下降趋势逆转后的时段中，临盘反弹操作才能谨慎展开，而其他时段则空仓观望。

二、大盘即时盘口研判

1. 即时波动图研判

投资者都知道买卖股票要顺势而为，即所谓"看准大势赚大钱，看错大势赔大钱"。正确研判大盘的趋势变化是实战操作前提。市场的多空力量对比、市场人气及热点板块等均会在当天的即时波动图中表现出来。我们可以通过对每日大盘走势的分析，提前发现大盘中期变盘的征兆，及时调整操作策略规避风险和发现赢利机会。

无论是观察大盘或个股的走势，对每日全天即时波动走势图的分析是最基本、也是最困难的一关。市场波动的随机性导致了分析研判的难度，我们只是对一些具有一定规律性的走势做出分析，而要成为真正的市场高手，对盘口的准确判断就是要过的第一关。这里我们根据多年的看盘经验，给读者提供一些看盘思路。

2. 看盘的要点

大盘成交量、均价线及波动态势、黄线、白线位置、涨跌比率等，均是看盘中要注意观察的要素。

(1)大盘成交量：一看总量大小，二看量价是否配合良好。价升量增与价跌量缩是经典的股价运动态势，如果出现不匹配的走势，说明当前走势出现了问题。

(2)均价线及波动态势及力度表明了多空双方力量上的较量，而均价线的方向直接指明了股指运动的方向。

如股指一直运行在均价线之上，而且上涨时放量、下跌时缩量，上升时角度大，下跌时平缓，说明当前多头力量占绝对优势。

均价线的支撑与阻力作用是可以互相转化的，当指数向上突破均价线后，其阻力反过来成为支撑，表示多头占主导地位；反之，当指数向下突破均价线，支撑反过来也就成为阻力，表示空头占主导地位。

(3)上涨个股数量与下跌个股数量比率更能显示出大盘内在的强弱。如当大盘上涨时，而大多数个股出现下跌，说明市场上只是少数权重较大的个股在上涨，市场分歧仍很大，此种上涨不会持久。

(4)沪、深两市及B股走势的同步。从股价运动的相互印证来看，只是一个市场在上涨而其他市场在下跌，说明这种上涨的真实性值得推敲，而真正的上涨是各个市场的同步上涨，反之亦然。而且在看盘中要随时关注分类指数的走势，一来可以观察到大盘上涨或下跌的主导板块，二来辅助判断大盘涨跌的真实性。图3-22、3-23为大盘即时行情走势。

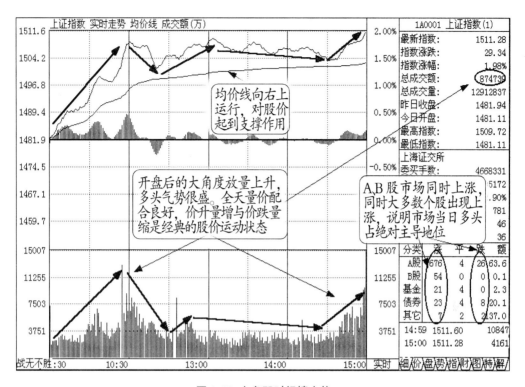

图 3-32 大盘即时行情走势

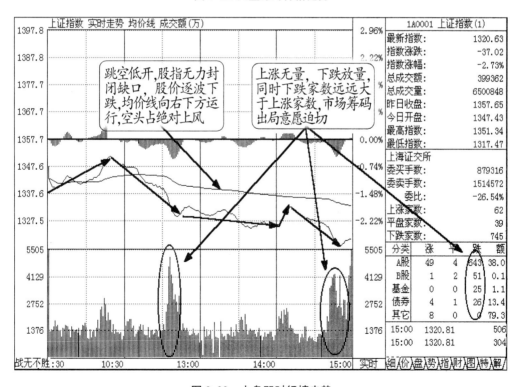

图 3-33 大盘即时行情走势

又如 2001 年 6 月底上证指数开始的大调整，实际上从深、沪两市及 B 股市场的指数走势可以比较看出，几个市场的指数周线的一些技术指标如 KDJ、MACD 等均先后有提示减仓出局信号，显示股指极有可能进入中级调整，相互印证更确认了本次调整的有效性(图 3-34～3-36)。

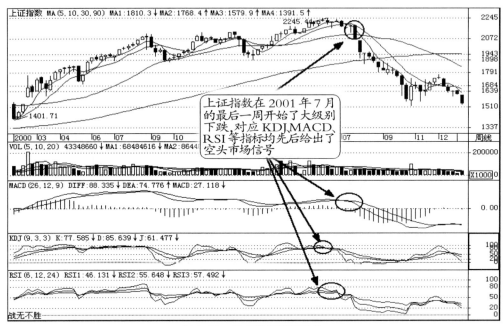

图 3-34　技术指标提示风险

图 3-35　两市场相互印证

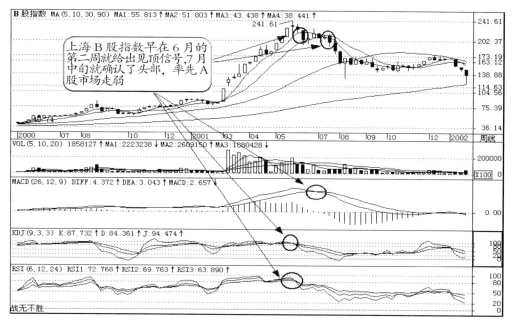

图 3-36　A、B 股市场相互印证

3. 大盘即时盘口综合研判

一般说来大盘走势可分上涨、下跌、平衡市 3 类，如果我们能够熟知每种市况的变化特点，并能有的放矢地制定出相应的交易策略，才能跨入股市大赢家的行列。

大盘常见的类型有以下几种。

(1)高开高走，量价齐升。多头占据绝对上风，是实战操作的最佳背景(图 3-37、3-38)。

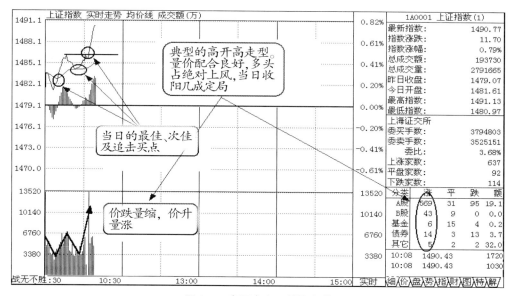

图 3-37　高开高走，量价齐升

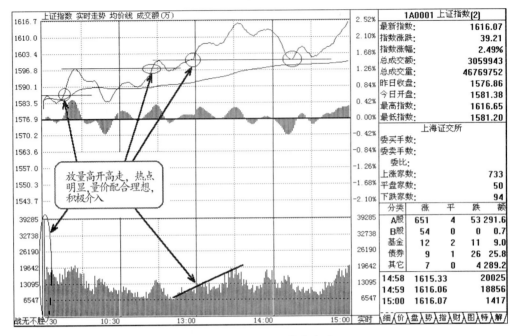

图 3-38 高开高走，量价齐升

(2)平开、低开高走，量价齐升。多头占据上风，实战操作可以展开(图 3-39～3-42)。

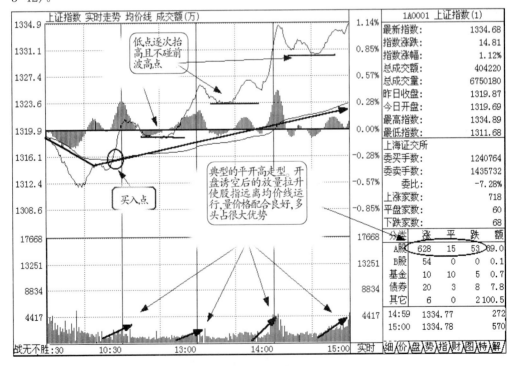

图 3-39 低开高走

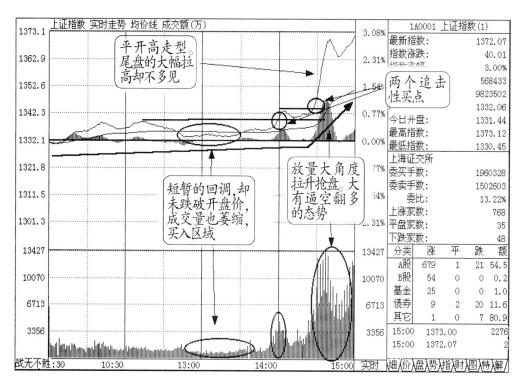

图 3-40　平开高走

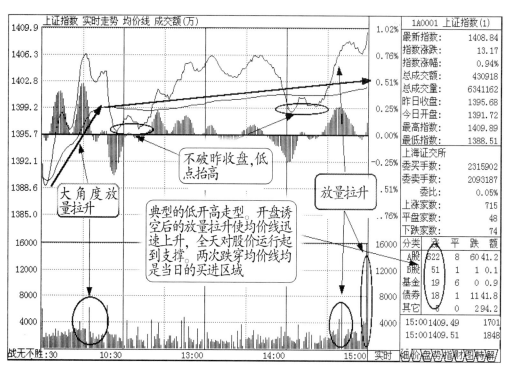

图 3-41　低开震荡走高

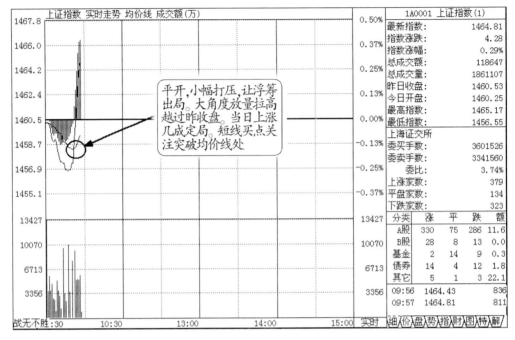

图 3-42 低开后放量拉抬

(3)低开低走，且下跌放量，空头占绝对上风，当日宜逢高减磅，买进不宜(图 3-43、3-44)。

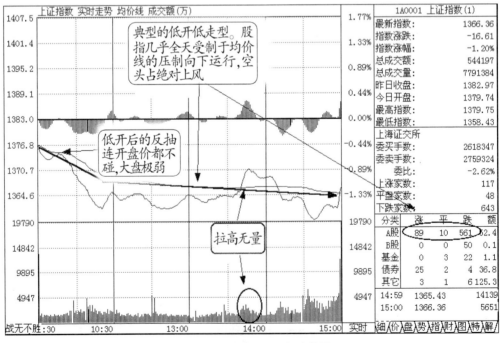

图 3-43 低开低走，且下跌放量

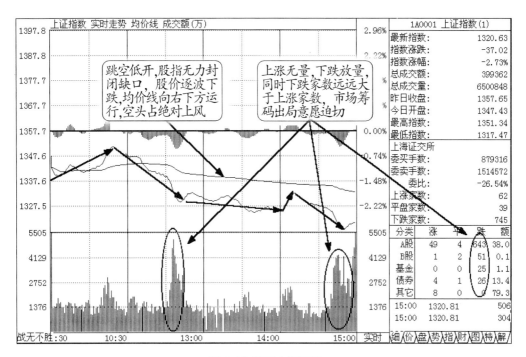

图 3-44　低开大幅下挫

(4)高开、平开低走，且下跌放量。空头占主导地位，当日操作宜逢高减磅，谨慎买入(图 3-45、3-46)。

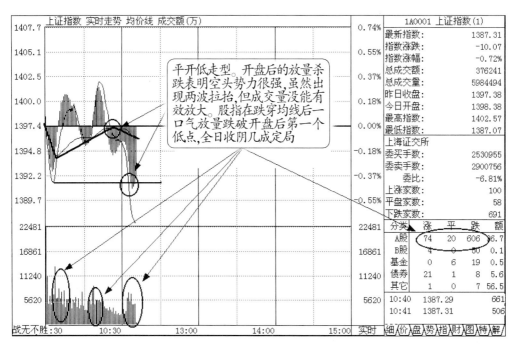

图 3-45　平开低走

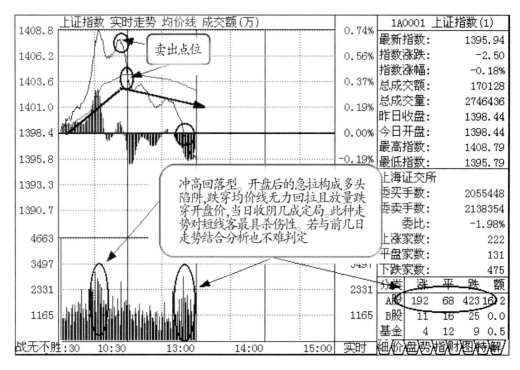

图 3-46 冲高回落

(5)平开、低(高)开。全天窄幅震荡,短线操作可谨慎展开(图 3-47~3-49)。

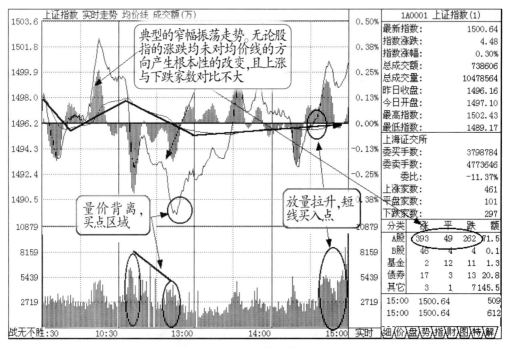

图 3-47 震荡行情

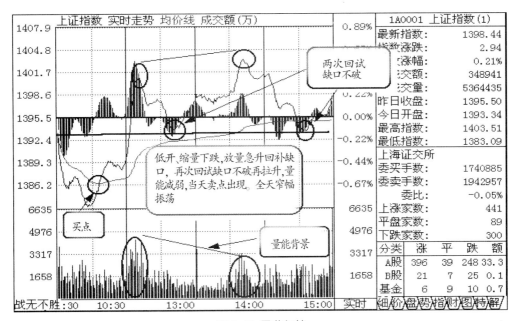

图 3-48 震荡行情

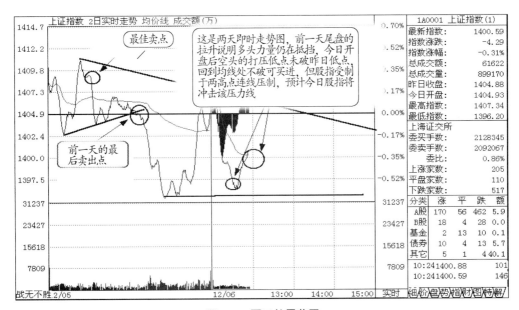

图 3-49 两天的震荡图

　　我们这里只不过是对一些较典型的图例进行分析，其他走势投资者可自行总结。看盘中需要特别注意的是即时图分析一定要与前期走势相结合，才能提高准确率。同时要对昨日收盘、今日开盘价、成交量、板块动向、股指向上、向下攻击力度、幅度仔细观察，最后得出结论。在上面举出的几种类型中，第3、4种走势的当日一般不能进行买入开新仓操作，而需要观望或逢高减仓。

从图 3-50 中我们可以看到，从开市到收市的时间内，多头完全控制大局，形成明显单边上涨走势。从当日即时波动走势图上看，当日价格形成了一波高于一波的上升形态走势。

该种市道有时在开盘后的半小时内价格就能创出当日新高，而全天价格完全在前日收盘价以上，并且维持较高的成交量水平。

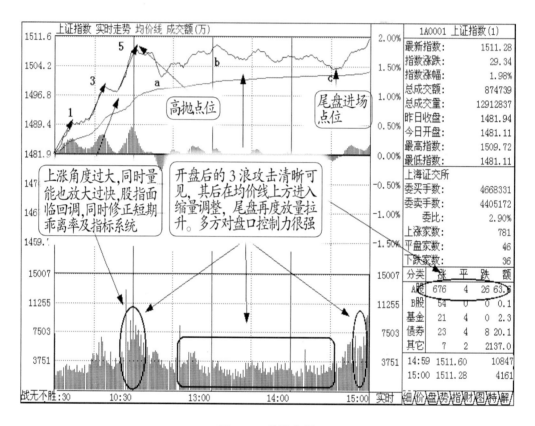

图 3-50 单边上扬

对于单边上涨市，要抓住每次的回调机会，果断对目标股进行买进或补仓。

需要强调的是，动态即时盘口的研判是经验性的总结，是一种技巧，而不是规律。到目前为止还没有一套完整的理论能对它进行彻底正确的研判，它是股市中不确定性最大的一个部分。对此，大家必须有清醒的认识。在实战应对时，需结合各级别循环阶段、多周期、多要素等综合研判，准确性才高。

还要注意，在对个股的选择上，尽量选择当前热钱追逐的板块个股，才能提高盈利率。个股的研判上就还要观察个股与大盘同步、与板块同步、异动（价、量异动）、窗口数据的变化等等，同样也都必须结合该股循环阶段和位置。

4. 81、83 综合排名窗口的研判

对该综合排名窗口的研判能辅助判断大盘目前的运动状态，发现对大盘涨跌影响较大的板块、个股，从而提高对大盘走势分析的准确率。关于 81、83 窗口的实战研判其他股票投资书籍上介绍较多，这里就不再展开，请参看盘口方面的相关书籍。

第三节　板块、市场热点的分析

一、板块、市场热点的定义

在股票市场中，每一波行情的上升，都会有一个炒作热点，而与炒作热点密切相关的一些股票会产生连动效应，成为领涨股而带动大盘的上扬，且涨幅一般会大于大盘和其他个股的涨幅。依据这些股票在某一方面的共同特性(如行业、地域、题材、概念)，将这些股票统称为"某板块"。

板块按基本面一般有如下几种划分形式：

(1)按上市公司所在地区划分，如山东板块、海南板块等。

(2)按上市公司的行业划分，如汽车板块、医药板块等。

(3)按股本大小划分，如小盘股板块、大盘股板块等。

(4)按上市公司业绩划分，如绩优股板块、垃圾股板块等。

(5)按股票上市时间划分，如次新股板块。

(6)按股本结构特性划分，如 H 股板块、三无板块股。

还有按其他特性划分的，如成分股板块、30 板块、、购并板块、180 指数板块等等。

股票的板块划分，是与股票本身诸多因素息息相关的，它们之间存在着或纵向或横向关联和一些共同特性。投资者只要熟悉上市公司的基本情况，就容易区分出股票的板块属性。

当市场主导力量激活市场某板块，进行连续推动该板快股票价格上扬后，在"赚钱效应"的示范下，就会吸引更多投资者注入新资金，当短线热钱进出增多，引起市场的广泛观注时，就形成了所谓的热点和热点板块。

二、市场板块、热点的捕捉

1. 看盘要点

对板块、热点的捕捉一般可以通过以下几方面进行研判捕捉：

(1)资金。由于市场热点板块是市场该阶段万众注目的中心，就不可避免地吸引大量场内外的跟风资金进场，这样就使我们很容易从资金流向及成交量总量的角度发现和追踪该板块的动向。只要某板块中的个股资金流向排名不从81、83排行榜的窗口中消失，无论该板块是处于上涨或下跌期间，市场中的热钱就没有完全从该板块中撤出，直至有新的热点板块产生为止。进而综合涨跌幅榜窗口研判就能即时捕捉主流资金现阶段的动向。需要注意的是，某个板块资金流向一定要连续上榜，否则极可能是短期热点。

(2)涨幅。在每轮牛市上涨行情中，领涨龙头股一飞冲天，天马行空的走势总是令许多投资者热血沸腾。龙头股强烈的示范效应将有效刺激市场流动资金向龙头所在的板块或龙头股引发的概念群体倾斜，进而形成一个领涨板块，成为行情发展的主要推动力。在这个阶段，热点板块中的个股都会持续出现在两市的涨幅榜前列。往往在领涨板块中总有一两个领涨龙头股出现，而且龙头品种的涨幅会远远大于其他同一板块个股的涨幅。一般来说，每一轮中、大行情中总有一个或一个以上持续性的领涨板块。

(3)量比。在热点板块开始起动的初期，其量比一般会急剧放大到3以上，而且整体起动后会保持相对稳定的状况，从81、83窗口上我们会经常看到它们活跃的身影。

(4)整体技术状态。最佳的情况是板块的个股月线级别处于下跌末期或上升初中期，最差也要求周线或日线级别处于低位。板块的整体技术状态的高低直接决定了该热点板块的持久力和涨升力度。如果月、周K线技术状态处于高位，其形成的热点板块就容易很快消失。

(5)连动效应。某一热点板块走强过程中，当其中的龙头股率先上涨后，市场上是否出现相关个股同时遥相呼应，这可以通过61、63、81、83窗口观察5分钟涨速榜就能轻松发现。如果某只个股在进行拉抬时没有同类个股跟涨，说明板块效应没形成，仅仅只是个别股票主力的单独行为。一般来说，热点板块通常有大资金介入背景，有实质性题材、时髦概念或业绩提升为依托。如1999～2000年在上海梅林领涨龙头股的带领下，整个网络、科技股出现了大幅飙升的行情。又如2003年长安汽车带领着整个汽车及相关产业的个股走出了大幅上涨的行情。

2. 热点及龙头股的捕捉

无论在抢反弹操作或阻击主升浪中，我们要求投资者应尽量参与龙头股和热点板块中个股。当一个板块成为市场热点而逐渐得到市场认同、投资大众响应时，我们仍然要求最好跟进那些走势最强的龙头股——尽管龙头股的涨幅已比其他股票涨幅都大，即便是在热点板块中还有其他待补涨的股票可供我们选择参与。道理很简单，只要热点板块没有炒过头，龙头股往往是启动得最早，而且行情持续的时间最长，涨幅往往超过技术上的理论升幅，跟进筹码的出局也比较容易。如果龙头股都见顶回落了，那么其他同一板块中股票的行情一般来说也差不多走完了，也会跟随其回落。

因此，投资者在选股的过程中应尽可能抓龙头股，除了对热点板块、龙头股的概念、特征熟悉外，我们还必须随时注意正处于拉升期的个股与板块效应；注意市场成交量最大（资金流入最大）的这类板块后续演变，判断其主力机构的意图；同时，密切跟踪板块的切换，即在一个热点板块呈现明显的疲态后，不应再放主要精力关注该板块，应立刻退出，耐心等待下一个热点板块出现。所以，要对目前市场正在炒作的热点板块股进行研判，这个热点能维持多久，潜在的朦胧题材是否被充分挖掘，这样进退自如地介入热点板块常常能收到较好的效果。

在实战中如果龙头股票迅速封涨停，除了可以用一部分资金等候排队外，应迅速寻找同一热点中技术状态较低的热点板块股票及时参与（图3-51、图3-52）。如大盘在4月9日起动时的涨幅榜，其龙头长安汽车牢牢封在涨停板上，该板块的其他个股机会也容易把握。

2.1 热点板块的捕捉

资金是股市的原动力，一旦有大资金持续流入某板块或个股、提前领涨大盘及抗跌的股票，在大盘反弹、反转或走强时往往会成为领涨先锋。

一般来说，强势市场热点板块具有持续性、有规律的轮动性，弱势市场却表现出热点散乱、短暂，轮动迟疑性。因此，看盘的目的最重要的是看热点、板块的运行态势，从而决定适当的操作策略。需要注意的是，老热点不退潮，即热点板块龙头股主力机构资金没有能够有效退出，那么新热点将难以形成。正所谓："强势股不低头，弱势股难抬头"。因此，一旦新热点诞生，老热点就将步入调整，发生强弱转换，这时，切忌固执己见，企图比市场更聪明，乱猜测新热点，而是耐心做完一波行情，在热点接近尾声时先退出观望，耐心等待下一个热点的产生。

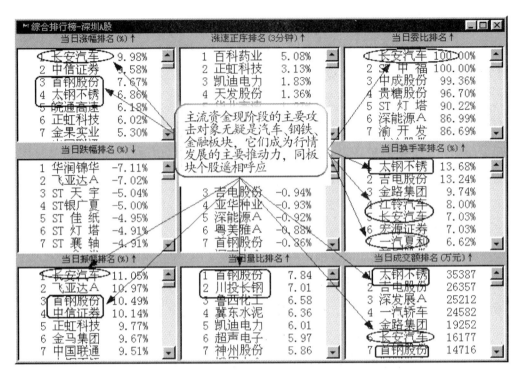

图 3-51 捕捉热点窗口(a)

	代码	名称	涨幅↑	最新	量比	涨速	现手	总手	今开	流通A股	涨
1	000625	长安汽车	9.98%	14.43	1.13	0.49%	19	118113	13.06	16800.00	
2	003030	中信证券	9.58%	8.11					7.40		
3	000959	首钢股份	7.67%	6.88	7.84	-0.86%	50	218257	6.38	35000.00	
4	000825	太钢不锈	6.86%	5.45	4.48	-0.37%	8	667116	5.10	48750.00	
5	003012	皖通高速	6.18%	5.84					5.50		
6	000702	正虹科技	6.02%	16.39	2.88	3.13%	20	30263	15.40	11695.79	
7	000722	金果实业	5.30%	8.12	3.59	0.49%	27	14939	7.76	13785.41	
8	003050	中国联通	5.25%	3.21					3.01		
9	000569	川投长钢	5.22%	5.04				50278	4.79	14792.94	
10	003581	八一钢铁	5.14%	8.61					8.19		
11	000927	一汽夏利	5.13%	8.81				158844	8.30	23980.00	
12	000039	中集集团	4.93%	16.15				21429	15.40	6898.69	
13	000592	ST 中福	4.92%	5.76	4.02		300	36501	5.49	8730.82	
14	000800	一汽轿车	4.81%	8.94	1.59	0.11%	34	281772	8.49	54600.00	
15	000761	本钢板材	4.79%	6.34	5.26	0.16%	35	50962	6.05	12000.00	
16	000850	华茂股份	4.78%	11.83	1.22	0.42%	255	17765	11.26	12311.35	
17	000550	江铃汽车	4.61%	10.21	1.68	0.20%	43	94136	9.70	11760.00	
18	000823	超声电子	4.58%	6.85	5.97	0.15%	1	37507	6.56	13520.00	
19	003591	上海航空	4.45%	8.47					8.10		
20	000708	大冶特钢	4.40%	5.46	4.84	-0.55%	50	52591	5.23	16704.00	
21	000401	冀东水泥	4.23%	5.42	6.36	0.37%	13	51194	5.22	26995.02	

| ◀ ▶ | 上海A股 | 深圳A股 | 投资指数 | 条件选股结果 | 自选股 | 分类板块 | | ◀ ▶ | | |

图 3-52 捕捉热点窗口(b)

在 2003 年汽车、金融、低价大盘股板块涨升一定高度后，由于进入这三大板块的主力机构未能及时退出，因此，市场迟迟不能产生新的持续性领涨板块，导致市场成交量不断减少，指数也不断回落(图 3-53、图 3-54)。

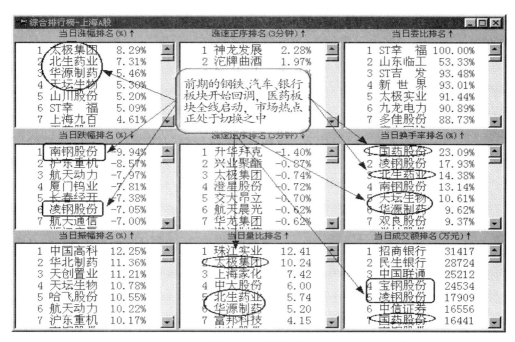

图 3-53　板块切换

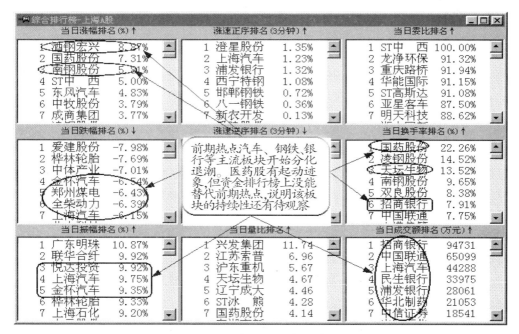

图 3-54　药业板块切换不成功

如果热点转换太过于频繁，说明目前主力机构资金不充沛，或各自为阵，或者市场没有新资金介入，纯粹是场中老主力利用存量资金，为了激发盘面活跃不得以为之的举措，我们经常可看到，市场弱市中，会有上海本地小盘股、小盘庄股纷纷出来表现。因此，我们在跟风炒作时一定要注意："短线热点，来得快也去得快，不宜恋战"。

在实战操作中，为了及早抓住机会，寻找最佳介入点位，经常会遇到难以提前判断目前热点是否是短期热点，甚至类似于一天行情的短暂热点。其判断要点可参考以下几点：(1)大盘背景，成交量配合情况。(2)近期主力操作手法状况。(3)能否形成持续性板块攻击放量，市场资金持续向该板块倾斜。(4)热点板块是否有题材、重大利好支持、市场的认可程度。(5)龙头股的内部子浪是否有破绽。(6)热点板块的整体技术状态高低。

2.2 龙头股的捕捉

所谓龙头股，即在某一热点板块走强的过程中，上涨时冲锋在先，回调时又能抗跌，能够起到稳定军心作用的"旗舰"。其特征是：涨时易涨，跌时抗跌。上涨时，涨幅大，远远领先于其他同板块股票，而下跌时往往等同板块股票已经出现明显的头部时，它才开始破位下跌，因此操作龙头股是收益大风险小。切不可以降低风险为由回避龙头股，而操作同板块其他股票，这样舍本逐末则是风险大于收益。

龙头股对于整个板块的走势起着决定性作用，其上涨带动板块中其他成员上涨，其调整导致板块其他成员的调整，它能通过对板块的影响而间接影响大盘指数的涨跌，是行情的风向标。这样的股票通常是集团化资金大举介入的股票，对大盘走势起着举足轻重的作用，因此有主力的特别关照，往往风险小，而涨幅很大，是实战操作中的上佳品种。操作领涨龙头股也是任何市道下的一种有效的投资技巧。

在实战中，我们要把握龙头股的脉搏，用以辅助判断大盘是走强还是走弱。龙头股领先大盘创新高，大盘强；龙头股未创新高或调整，大盘弱。通过热点板块的轮动格局等综合研判来分析大盘正处于哪一种状态，实际上热点板块和龙头股的走势反映了主力的真实意图，同时也是市场综合因素的反映。

龙头股捕捉的简单技巧如下：

首先对龙头股的概念和特征有一个清醒的认识，同时我们可以借助 83、81、63、61 窗口找到线索。其特征有：

(1)龙头股启动时，往往会伴随着跳空高开的明显迹象，向上突破意图很强。体现在形态、趋势突破或提前已突破。

(2)往往最先出现在龙虎榜涨幅前列,具有良好市场形象,有号召力。

(3)成交量呈现放大迹象,量比一般在 3 以上(早盘 5~15 分钟就会达 1.5~2.0以上)。

(4)成交金额、量比、涨幅一般都会在 83、81 窗口中出现。

(5)龙头股会带动同一板块的其他股票涨升、回落。在 61、63 中一定会有明显反映。

(6)在 83、81 窗口中龙头股展开每波上攻时,往往会在涨速比窗口上排在最前列,同时,同一板块的其他股票也会出现在涨幅比窗口中,形成板块连动反应。

(7)在即时图上,龙头股有连续性放量攻击,且图形流畅,当日收盘一般在均价线上方。

(8)如果把龙头股与大盘即时图重叠,会发现分时上一般均会领先于大盘展开上攻(图 3-55)。

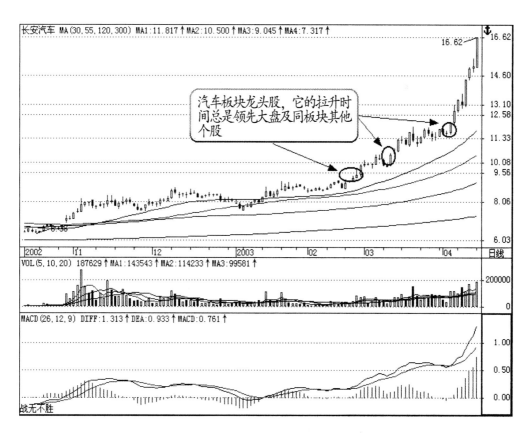

图 3-55 汽车龙头股

第四节　反弹目标股的锁定

在具体的实盘操作中，除了对大盘的运动状态有一个准确的分析，并根据走势变化不断对前期分析做出修正，做好实战应对措施外，对反弹目标股的监控捕捉选定更显重要。尤其要捕捉到某个时段的市场热点时，在买进前期和盘中分析的准确率直接影响到反弹操作的成功率。

2010年4月我国股指期货正式登场，大盘指数进入直接获利性操作做多和沽空阶段，修订本书暂不对此展开，以后将出专著进行探讨。

通常，反弹目标股的锁定分为两大步骤：盘后(静态)选股与盘中动态选股。二者不能截然分割，而是有机地结合在一起的整体。前者为后者打下基础，后者是对前者的细化和对结论的再次确认，而整个过程都是为临盘操作做准备。

一、盘后(静态)选股步骤

这也是我们通常所说的看盘内容之一，是对收盘后图表上静态系统进行观察分析的过程。如何在沪、深两市3000多只个股中选出能为我们带来赢利而风险相对较小的反弹操作目标股，同时，也为了与盘中及时出现的反弹热点、龙头不至于失之交臂，对于目前阶段哪些个股存在有强烈的反弹要求及反弹的时间、区域、可能运行的轨迹等，在临盘操作之前，一定要做到心中有数，做好进场的细致准备，以确保打有准备之仗。

具体的分析步骤与前面的大盘分析一致，即在分析周期上也是从年线－月线－周线－日线－分时顺序依次展开进行。

对个股来说，还有些不尽相同之处。具体来说盘后(静态)选股要对以下几方面进行研判。

1. 股价目前波动趋势研判

如果股价目前是处于牛市上涨阶段，那么其实战应对就不在本章节探讨范围，参看其他相关书籍，我们这里主要探讨的是股价处于大级别的下跌浪中。在研判时，重点是要确定在各级别之间波动趋势是否和谐一致。例如，个股在年线级别上还是上涨，但在月线上却经历了局部的下跌浪，那么在月线级别进行下跌浪时，周线、日线、分时上如何进行反弹操作就是我们所要做的工作。一般来说，由于我国的证券市场历史很短，很多个股的年线级别的运动时间不够长，在实战操作中，我们主要针对月线和月线级别以下的时间周期进行操作。

2. 股价各时间循环位置、下跌幅度、时间周期的研判

主要是研判目前股价处于下跌阶段的位置，以及在不同时间结构上的浪形结构，以确定操作的风险 / 收益比。要对各时间级别上的位置进行确认，这样对可能出现的反弹级别才能作出较准确客观的判定，从而制定恰当的操作策略。而下跌运动的周期分析有助于研判股价后市还可能下跌的时间及时间之窗对其拐点出现的警示作用。

下跌初期(A 浪)末段的反弹(B 浪)与下跌末期(C 浪)末段反弹的不同之处见图3-56～3-58。

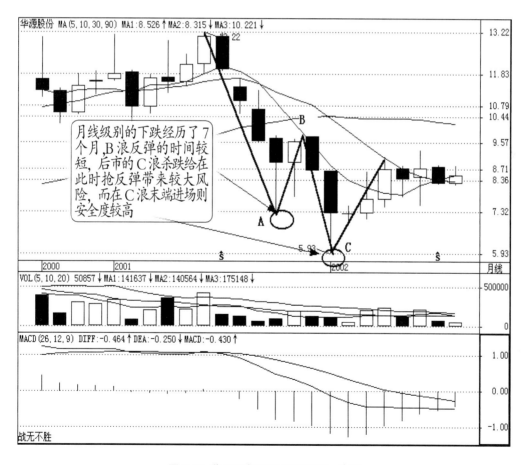

月线级别的下跌经历了7个月，B浪反弹的时间较短，后市的C浪杀跌给在此时抢反弹带来较大风险，而在C浪末端进场则安全度较高

图 3-56　华源股份下跌月线初期、末期

101

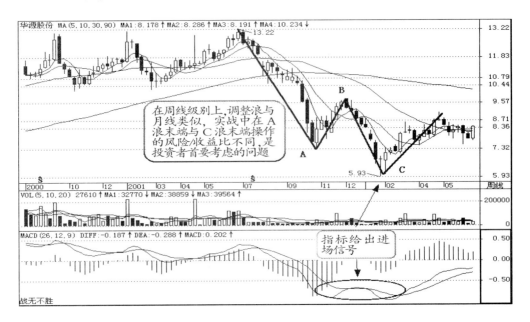

图 3-57 华源股份周线图

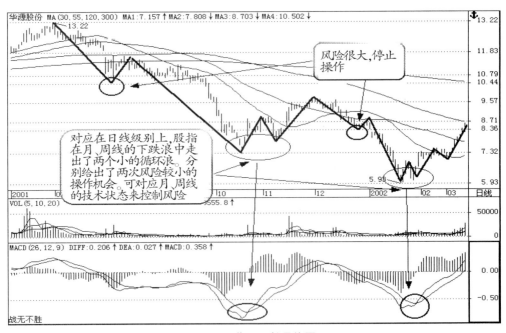

图 3-58 华源股份日线图

3. 股价其他技术状态研判

通过对股票各市场要素的分析，配合各种常用技术指标对股价运动趋势的变化进行辅助判断，进行确认。并通过它们的变化，及时发现股价波动的变化，同时为我们制定操作策略提供定量化的进出依据。

4. 公司的基本面分析

这点在目前各种资讯系统都比较完善的情况下，通过证券公司提供的咨询服务系统都能快捷地找到所需信息。特别要注意对公司发布的公开信息资料的分析，以发现公司未来可能在经营上、业绩上发生的变化，以及国家相关政策对行业的影响等等，从中发掘潜在的炒作题材。

二、盘中(动态)捕捉机会步骤

在做好静态选股的基础上，还需要在即时动态盘口上对目标股进行监控、确认，以及捕捉新的市场热点，也就是对每日交易的即时动态系统进行观察分析的全过程进行监控。盘中指数(股价)即时变化代表激烈地多空搏杀的过程，而透露的信息也是盘后技术分析最重要的第一手资料。

由于在盘口上所反映的实时行情是主力、一般投资者以及市场上诸多因素交织而留下的痕迹，如果不能从盘口的动态行情中提取重要的信息，只是在盘后进行分析，则分析的正确性及有效性则会大打折扣。当行情发生重大转折或剧烈波动时，投资者需要在短时间内迅速做出反应并进行买进或卖出操作，机不可失，时不再来。临盘实战中一丝一毫的优柔寡断往往会令你错失良机，从而直接导致整个交易计划的失败。因此，学会看盘、读懂盘口语言是每个投资者成功进行盘中(动态)捕捉反弹个股的前提。

在动态捕捉反弹目标股之前，要关注大盘的走势，大盘背景平稳、温和上涨是反弹操作的首要前提。在实战中，我们一般要求做到判定大盘未来中短期运动趋势不能大跌，至少需要判定的是，当今天买进股票后，要估计明后两天大盘状态是否能够上涨或平盘，最差也要保证大盘明日不能大跌，这就给我们提供了一个风险度较小的市场背景。

否则，就算有再好的股票也最好不要买入，实在想买也必须严格控制仓位，因为"个股不敌大势"。需要提醒投资者的是，抢反弹的操作比在上升波时操作的实战条件要求更高。临盘实战中我们一定要学会一段时间绝对地空仓，等待机会的来临，"现金为王"就是说的这个道理。

盘中(动态)捕捉要从以下两方面进行：动态分析和捕捉，二者是有机结合在一起的。

1. 动态看盘分析的内容

这部分内容在相关书籍上介绍很多，我们在这里就不过多地展开阐述。

看盘内容包括：

(1)图表内容：开盘价、即时的买卖成交价、该时刻前累计的成交均价、即时成交量、收盘价、最高价、最低价以及由它们形成的即时走势波动图形。

(2)数据内容：分时成交明细(辨别对倒、大单情况)、买卖盘数据、内外盘、涨跌、委比、量比。

二者从动态的角度忠实、直接地记录和描述了市场的交易情况，是投资者研判市场(股价)趋势最为重要的根本性依据，其他所有技术指标均是由此推导和派生出来的，是属于第二位的辅助性依据。对此投资者必须要有清楚的认识。

(3)分时技术系统。它包含三个要素：价格(K线)、成交量(换手率)柱状图、时间。体现为两个方面，即均线系统和时间之窗，是投资者首要的分析研判和操作依据。但它们的客观真理性在理论上存在缺陷，所以技术指标系统在实战中只起到有限的辅助作用，最多达到使投资者临盘进出能够有一定的参考依据。

2. 动态看盘的步骤

2.1 开盘：通常，在 9:25 集合竞价完成后，投资者可以迅速通过 61、63、81、83 综合指标排名表进行快速浏览所有个股开盘价、成交量及其他要素情况，以迅速发现股价的异动，寻找抢反弹的机会。例如：开盘价是在经历了平静一夜后第二天市场各方共同预期的结果，它在当日的即时波动走势及股价的后续发展中有极大的预示作用。这是实战看盘的第一着眼点。首先，在开盘时要看集合竞价的价格和相应的成交量(换手率)，观察是高开、平开或低开，它表示出市场的意愿，预示今天的股价可能是上涨还是下跌。成交量(换手率)的大小则表示参与买卖人数的多少，它往往还对一天之内交投的活跃度有很大的启示。具体的个例在其他章节详述。

2.2 盘中：观察股价全天走势，重点放在以下几方面：即时图均价线及波动态势、量比变化、涨跌幅、是否处在市场热点中等等。盘中迅速通过 61、63、81、83 综合指标排名表进行切换观察，快速浏览所有个股情况，主要盯住 5 分种或 3 分钟涨速，上涨、下跌前后 5 名，量比、资金流向等几个窗口。通过上面的步骤，这样我们首先就能发现价格趋势发生明显变化的个股(或板块)。

即时图表中的均价线是多空双方盘中攻守的重要防线，其运行的方向表明了当日股价运行的未来结果，这是即时盘中看盘的第一关键，也是把握进出场机会的重要参考线。

（1）均价线的方向朝上表明多方在当日处于控制盘面地位，当日 K 线收报阳线几成定局，持股者不必在意盘中股价的上下波动起伏。

（2）均价线的方向走平表明今日多空双方力量达到平衡：如果股价运行在昨日收盘价和今日开价之上，预示着多方今日处于相对有利的地位；如果股价处于昨日收盘价和今日开盘价之下则表明空方今日处于相对有利的地位。这两种情况的后续走势均取决于股价目前所处的循环运动阶段的位置：如处于低位则总体上对多方有利，若处于高位则总体上对空方主力有利。

即时股价处于盘中均价线的上下方是另一看盘关键：股价处于均价线上方多方占优，股价处于均价线下方空方占优。

（3）均价线是多方攻击基地和防守据点，同时也是空方阻击多方的有力武器和的上攻压力地带。均价线是盘中多空双方誓死必争的生命线。

通过开盘半小时后均价线走势分析，可以对当天价格波动态势作出一个判断。

要做到对均价线当日走势较为准确分析，在分析中要注意的是：其一要结合过去一段时间分时 K 线进行研判，它能反映股价近期的总体的波动态势。其二要结合盘中量价配合关系，它表明了多空双方是否投入真正的实力。上攻有量表明多头投入资金用实力展开真正攻击（图 3-59）；上攻无量表明多头采用控盘技巧而非使用真正的资金实力进行攻击。其具体情况要看多头的控筹程度：控筹程度高表明缩量上攻，筹码安定，筹码锁定程度好，多头无出局迹象；控筹程度低表明多头实力有限只能靠使用操盘技巧来弥补其资金实力不足，我们对其股价未来的走势不能过于乐观。

量比数据在看盘中至关重要，量比其定义为此时的成交量与前 5 日均量此时的比值，它表明了市场中资金的进出和筹码的吐纳情况。在股价运动循环低位量比明显放大表明成交量产生质变，有增量资金在注入该股，我们可以跟随主力进场；在高位量比放大表明筹码有可能质变，表明有存量资金在抽离，我们应果断出局。

涨跌幅表明盘中多空力量搏杀的力度和结果。股价上涨表明多方的买进力量大于空方的卖出力量，当日走势看好，后续走势和当日涨跌的真假要看股价目前所处运动循环阶段的位置。

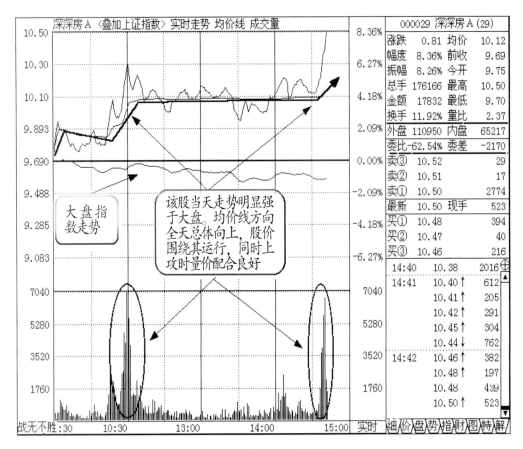

图 3-59　重点关注均价线角度

2.3 收盘：经过全天 3 个多小时的多空争夺，往往会在 2：30 至 3：00 出现白热化，股价这段时间走势将对明天走势有很强的预示作用。因此，通过分时图走势可以确定是买入还是卖出。

收盘价是多空双方力量当日搏斗的结果：阳线表明当日多方取得胜利，阴线表明当日空方取得胜利，十字星表明多空双方当日力量均衡需要次日确认走势。收盘价的实战参考价值较大，它对次日的股价运动走势具有一定的预示意义：当日大阳线收盘则次日应有更高点可寻，欲出货可等次日冲高乏力时；当日大阴线收盘则次日必有更低点出现，欲进货可等次日低点企稳时。

当日成交量通常可用换手率代替。换手率即成交手数与流通股数的比率。其市场含义为：换手率高，说明该股票买卖的人多，筹码流动快；换手率低，说明该股票买卖的人少，筹码流动慢。对于换手率大较好或换手率小较好的问题，要具体问题具体分析。

3. 目标股捕捉要点

反弹目标股捕捉这里只给出要点，在后面章节有详述。在大盘背景条件满足的情况下，把握价格、时间、成交量等要素变化。

(1)发现异动：包括价、量异动。通过 61、63 窗口数据的变化及时发现异动，比如：低开长阳，高开高走等等。

(2)攻击力度：即股价的动量描述。通常可以用即时均价线和 3 日均线上升角度、5 分钟股价涨速、全天涨幅等进行判定。要特别关注分笔成交中的连续大单攻击数量和通过重大阻力位时的盘口表现等，以判定股价未来的涨升力度。

(3)股价面对前日高、低点的进退情况：以前收盘价为例说明。如今日开盘时低开，表明此时空头力量占上风。在股价反弹过程中，一方面会随时遭到昨日收盘时套牢盘的打压，另一方面在接近前收盘时，在前收盘价位参与竞价交易积累的获利卖盘也会涌出，使得多头轻易越不过此价位。

如果多头力量能迅速将股价推过前收盘价，表明多头力量较强，此时往往是盘中较好的买入点。如果股价不能过前收盘价，空头将股价打压至前日低点处，多头反击而不破底点，表明空头势力较大但多头仍有力量反击，可以再等待时机买入。如果今日越过前收盘价向上跳空开盘后再走高，表明多头气势非常强大，往往股价稍向下回落至前收盘价处时，遇很强支撑，是盘中很好的买入点。

(4)量比和即时放量：以判定市场对股价运行的认同、参与程度。注意盘中隐性买卖盘与攻击时的持续放量情况。

(5)综合静态分析研判股价运动趋势改变：结合循环阶段和位置，判断反弹性质与级别，从而判定股价反弹空间与操作时风险度大小，个股与大盘、热点板块同步与异步状况。市场提供多大的机会就做多大的行情，这是最为重要的。

4 临盘操作要求

短线反弹操作要买进的目标股票最好是热点，这标志着有大资金在运作。有了这一点就能确保我们买进的目标股票至少能够持续走强几天，以便保证我们短线进出的获利空间足够和资金进出的充分安全。选中的目标股必须满足抢反弹的严格相关条件，否则宁肯放弃，绝对不能勉强、冲动进场操作。赚钱的机会有的是，一定要强调操作质量而不是操作数量。具体临盘展开反弹操作的方法、获利模式请看第四章、第五章和第六章相关内容。

短线反弹操作临盘买卖的操作速度非常重要，只要我们的目标股票符合买、卖条件就一定要果断出击，尤其是在卖出时更要果断。具体的临盘实战中，持仓目标股票一旦发出卖出信号就必须果断坚决出局，临盘绝对不允许犹豫不决，错失理想卖出点位。有的人甚至更加错误地随意将抢反弹操作改变为中线持仓而惨遭套牢。每次抢反弹操作你都必须严格坚守以上的操作纪律，它是保证股海中长久生存的不二法门。

无论市场条件好坏，无论个股技术状态高低，无论目标股票技术安全度究竟如何，在一年四季都满仓操作是业余投资者的行为。在大盘（个股）风险度较高时，空仓等待是能够快速抢反弹操作成功的前提，也是投资过程中风险控制手段之一。

在调整市道中，提供给我们进行实战操作的时间与获利的机会并不多，大部分时间我们都必须使自己处于绝对的空仓状态，以便在反弹操作获利条件具备、市场大机会出现时自己能够更好地捕捉良机。同时，在空仓的时候我们有充裕的时间观察市场，并学习、提高自己的专业投资本领。

请牢记：机会是等出来，而不是去盲目找出来的。

第四章

各种反弹操作获利模式实战精要(上)

前面第一章我们已经就反弹的定义、反弹操作的风险性、反弹操作的分类作了简单阐述。第二章就如何做好反弹操作，在锁定风险基础上，获取更大投资收益，提示投资者需要做哪些准备工作，其中具体要求投资者具备正确的投资思想，熟悉各种传统经典理论(经典理论详细解读请参看作者合著的《投资分析指导与操盘技术提高》一书的上篇"投资基础学习"相关章节)，熟练掌握各种经典买卖实战战法、战术，以及建立一致性操作策略，才能保证在风险较大的反弹行情之中做到保障本金，具备一致性获利能力，最后达到能够立于不败之地。

第三章主要就反弹行情中如何进行专业化的分析研判，大盘(股指)详细的实战技法要点，以及对目标股票的圈定等实战性极强的相关内容，均做出了细致完善的展开阐述。

我们投资于证券市场获取收益，均需要通过具体的股票或其他证券品种的买卖操作才能得以体现。如果要想在反弹行情中真正操作获利，我们有必要对目标个股的精细化操作做进一步的展开，试图通过本章各种反弹操作获利模式的介绍，能够精确掌握具体的临盘实战操作要点，以便让读者活学活用，尽快转化为自己的实战操作能力。

第一节　绝地反击——反弹 1 浪实战操作精要

一、1 浪推动的特点

在波浪理论的定义中，1 浪推动是整个 8 浪完整波浪循环的开始。这段行情的上升往往出现在恐慌气氛还在蔓延的空头市场跌势后的反弹或反转之处，此时买方力量并不强大，市场中还存在有一定的做空释放能量。但需要注意的是，此时做空动力已接近衰竭之中，成交量已极度萎缩，往往出现地量特征。一般市场上大多数投资者并不会马上就意识到反弹上升波段已经开始，所以在实际股价波动的走势中，大约半数以上的第一浪属于修正下跌趋势、筑底形态的一部分，因此，此类第 1 浪推动一般上升力度较弱、上升速度较慢。1 浪上升之后出现第 2 浪调整回落时，其回档的幅度往往很深，60%的第 2 浪调整会达到介于 1 浪的 0.618～1 倍之间，当然不能再创新低，否则，前面的 1 浪推动将不复存在。

另外，约半数的第 1 浪推动出现在股价止跌企稳的长时间盘整完成之后，或者借助于某些利好消息而启动，在这类 1 浪推动反弹行情中，其上升幅度一般较大，甚至出现"井喷"行情。但从经验看来，一般第 1 推动浪的涨幅通常是上升 5 浪之中最短的一段上涨行情。反弹中第 1 推动浪的常见结构如图 4-1。

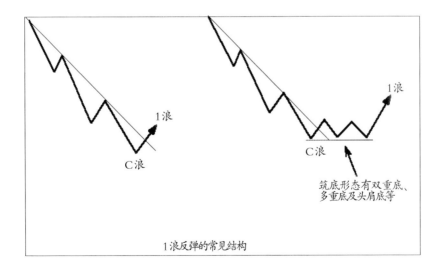

图 4-1 反弹 1 浪的常见结构

二、1 浪推动的确认

上面介绍 1 浪的一些主要特点，说起来是比较容易的，但实际运用却并不那么简单，因为，在实战操作中有一个关键问题，就是如何确认个股 1 浪已经开始展开？

首先，根据数浪规则，界定目前清晰的 1 浪是处于哪个级别、周期上。其次，确认 1 浪是否即将展开或已经展开。确认 1 浪必须先界定前一个波浪循环的 C 浪是否终结，而要判断前面 C 浪终结与否，可以从以下几个方面来综合观察。

(1)观察前一个完整循环的 8 浪是否完成。(2)按照波浪的时间、空间比例关系，观察 C 浪是否接近终结。(3)观察目前股价空间位置是否处于某个历史低点附近。(4)观察 C 浪的末端位置是否处于极度的超卖区域，具有较强的技术反弹要求。(5)观察 C 浪末端的成交量是不是已经持续地量，杀跌动力已极度衰竭，如个股的周换手率持续在 2%—3% 以下。(6)观察 C 浪末端股价与常用技术指标 MACD、RSI 或 KDJ 是否存在明显的底背离状态。(7)观察股价 C 浪末端是否处于抵抗性下跌的态势，且 K 线组合有明显止跌的迹象。(8)观察短期下降趋势已盘出，或有一根放量阳线已突破。(9)观察大盘背景是否也同时处于 C 浪末端或终结，有较强的技术反弹要求。(10)盘中已开始有领涨大盘的热点板块出现，有板块提前大盘止跌企稳，率先开始反弹(注意目标个股与大盘是同步还是异步？是继续领跌大盘，还是率先止跌企稳，展开反弹)。最后，从风险控制的角度，制订详细的操作计划、资金布局以及操作策略。

三、绝地反击实战操作精要

下跌之中抢反弹犹如刀口添血，风险极大，稍有不慎，很容易被套，因此不是所有的下跌途中都能进行反弹操作，尤其是在大盘暴跌之初、中期阶段，大趋势明显加速下跌的途中，K 线组合没有止跌企稳的迹象出现之前，盲目、随意展开反弹操作非常危险，对此，投资者应有清醒的认识。

我们所有的反弹操作前提必须是大盘能够提供大级别以上，最好是周、月线级别的强烈反弹要求，同时具备有较大把握获利机会的情况下，才谨慎地展开反弹操作。具体实战要点如下：

(1)大盘至少目前处于日线浪形循环的 C 浪末端，或 1、3 浪展开之中；如果目标个股与大盘同时也处于周线浪形循环的 C 浪末端，或 1 浪展开就更好了。分时或以下级别的反弹,提供的反弹操作机会较小,一般不参与。

(2)大盘的量能严重衰竭,乃至连续出现地量,或者开始出现持续温和放量收阳,大势反弹开始到来。

(3)大盘已开始有明显的板块连动走强的迹象,明显有新增资金介入板块个股迹象,热点板块开始显现。

(4)目标个股日线、周线或月线的浪形十分清晰,目前正处于1浪推动上升之中。如果个股浪形结构不清晰,建议放弃。

(5)目标个股与大盘同步,均处于1浪行进之中,或者抗跌性强,提前于大盘止跌企稳,构筑底部,正温和放量展开1浪推动。如果是连续攻击性放量展开就更好了。

(6)如果选择的目标个股处于热点板块之中,就比较理想;如果是热点板块中的龙头股、领头羊、焦点股票那就再好不过了。

(7)买点的选择:如果是准备做某级别的反弹(如月线、周线),则在次级别或即时图之中寻找介入机会,具体可采取低吸或追涨战术。同时,也可以综合辅助参考常规技术指标:如MACD、KDJ指标低位金叉朝上,MACD指标的绿柱翻红;或RSI指标形成低位双底、三底,RSI指标突破震荡下降的RSI趋势线;成交量较5日或10日均量放大3~4倍以上等均是介入的好时机。

(8)试验性仓位的建立可选择股价放量突破短期、中期下降趋势线之时,或者底部形态完成突破之时,此时风险较小。根据未来的反弹行情大小,资金布局30%~50%即可。保护性仓位和追击性仓位根据行情、个股走势的演变及时准备跟进展开。

(9)出局选择:反弹操作出局根据超短线操作、短线操作、波段操作出局原则,可选择60分钟、日线、周线技术高位死叉出局,或者按照高抛、杀跌战术展开的技术依据出局了结。

(10)由于原来预测的1浪推动的展开均带有一定的主观性,因此,在应对措施上需要注意:一旦出现2浪回调破1浪低点,说明1浪推动成立的结论不成立,股价仍处于上一个波浪循环的C浪之中或延长浪之中,预先设立好止损价位非常重要。

图4-2~4-10为宏源证券000562在2002年6月4日反弹初期技术图解。

图 4-2 2002 年 6 月初的大盘背景

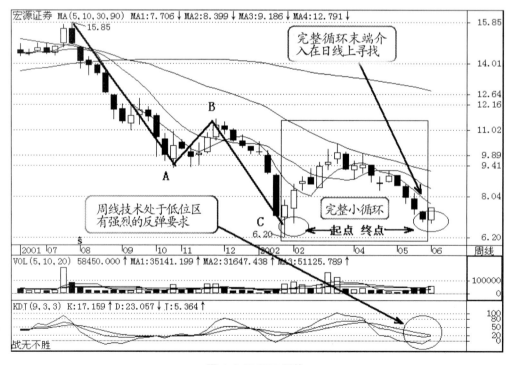

图 4-3 000562 周线

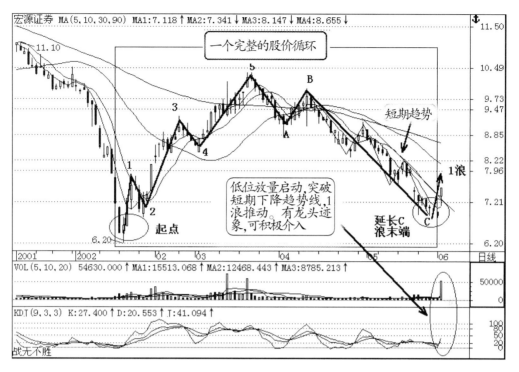

图 4-4　000562 日线

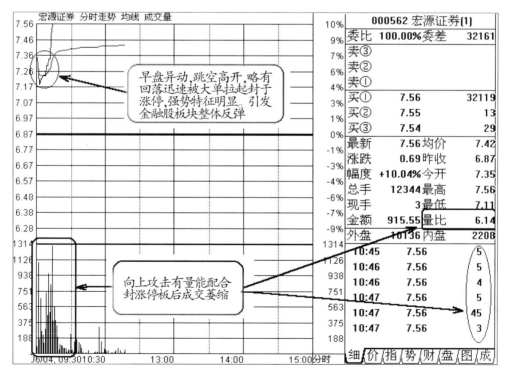

图 4-5　6 月 4 日早盘即时图

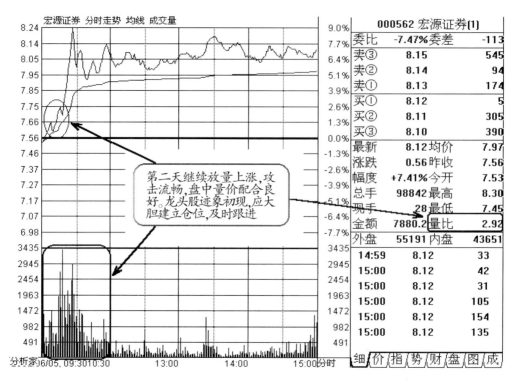

图 4-6 6月5日即时图

图 4-7 000562 出局图解

图 4-8 周线 1 浪

图 4-9 日线图

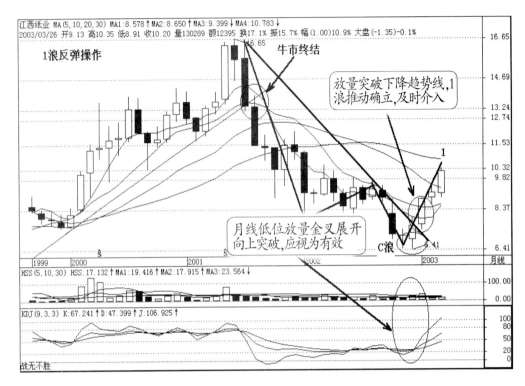

图 4-10 月线 1 浪反弹

第二节　乘胜追击——反弹 3 浪实战操作精要

一、3 浪推动的特点

在波浪理论的实战运用之中，能给我们提供最具操作价值的是第 3 推动浪，即操作爆发力最强、获利性最高的第 3 浪向上推动，也就是说我们运用波浪理论时重点应放在寻找股价 2 浪调整即将结束或正处于推动 3 浪之初的股票。

一般情况下，股价经过长时间下跌之后的 1 浪是修正下跌趋势，多少带有"修复"图形的意思，只有当随后的 2 浪调整明显出现量缩、止跌迹象之后，市场才开始警觉股价可能真的开始见底了。此时一般利空消息已经基本出尽，市场内投资者的信心恢复，逐渐买进的投资者开始增多，成交量大幅度上升，逐步推动股价上涨，尤其是那些其投资价值被低估了的股票此时最容易受市场追捧，成交量明显放大，甚至可能出现连续放量涨停。

所以，第 3 浪的涨势可以确认是最大、最有爆发力的一浪。人们常说的主升浪就是指的第 3 浪，而部分投资者概念混淆不清，将 5 浪或 B 浪反弹也称为主升浪，其危害性极大。3 浪推动行情持续的时间与行情幅度，经常是最长的，所以第 3 浪经常出现"延长浪"的情况。在走势上，这段 3 浪行情的走势非常激烈，一些图形上的重要技术关口，轻易地被放量突破，甚至产生多方逼空，出现狂飙的行情。如果第 3 浪和第 1 浪长度相等，那么其后的第 5 浪便可能成为延伸浪。一般在实战操作中，一旦第 3 浪确定之后，应该立即增加仓位顺势展开操作。

一般来说，3 浪的目标升幅与 1 浪的幅度呈黄金分割比例关系，如图 4-11 所示。

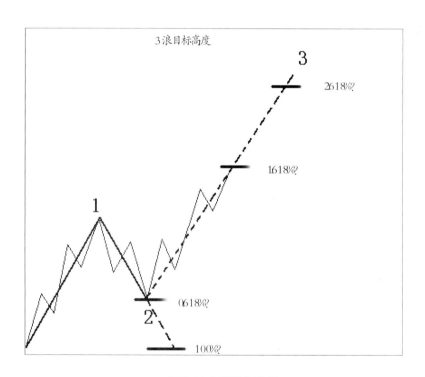

图 4-11　3 浪目标升幅

二、3 浪反弹实战操作要点

只要前面已准确界定本轮循环浪形的起点，即第 1 推动浪确认，第 3 推动浪确认就比较容易，从而展开 3 浪反弹操作，具体要点如下：

(1)大盘背景：至少大盘处于平稳或上升趋势，技术位置不高，这样给我们参与目标个股3浪反弹操作提供了一个良好的背景基础。如果目标个股与大盘同时也处于3浪之中就最好了。

(2)大盘趋势朝上，成交量温和放大，盘中有明显的板块连动走强迹象，持续性热点已显现。

(3)选择的目标个股尽量同处热点板块，最好是热点板块中的龙头股、领头羊或焦点股票。

(4)目标个股的日线或周线浪形十分清晰，根据波浪理论的数浪原则，确认目前正处于3浪推动上升之初、中阶段。如果不同周期的3浪同时共振，其爆发力将会更强。

(5)根据波浪理论的时间、空间比例关系，实战中操作时我们可以适时概算、判断收益与风险是否存在着合理的比例关系。

(6)介入3浪的反弹操作，不一定非要等到3浪过1浪高点才追涨介入，可以采取低吸、追涨战术二者相结合的策略展开，同时，也可以辅助参考常规技术指标发出的多头买进信号配合，寻找较好的介入点。

(7)低吸战术的展开可以选择2浪调整至重要的技术关口、量缩止跌企稳后，在近期首次放量之当日，建立试验性1/3仓位，待股价放量过1浪高点或持续性攻击放量时建立追击性1/3仓位。

(8)出局选择：3浪反弹操作根据短线操作、波段操作出局原则，一般可选择日线、周线技术高位死叉出局，或者按照高抛、杀跌展开的技术依据出局了结。如果是追入位置较高，应提前建立锁定风险的止损战术计划，因为我们一般不参与反弹4浪的调整。

(9)根据股价走势的演变，一旦发现原来判断的3浪确认有误时，就必须及时应对，调整操作策略，或者减仓、止损。如可能展开的3浪高点并没有创出1浪的新高就回调，根据数浪原则说明目前可能还处于构筑底部之中，那么原先预测的3浪推动还未真正向上展开。

图4-12～4-21为民生银行2003年3月走势技术图解。

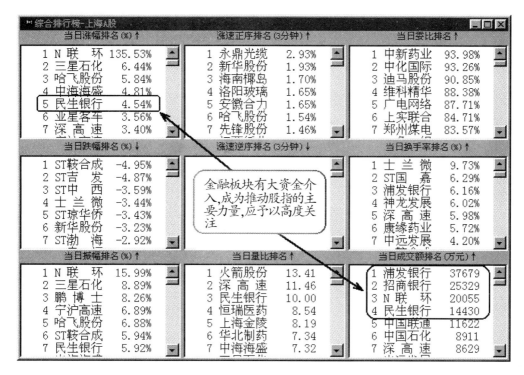

图 4-12　2003 年 3 月 19 日 81 窗口

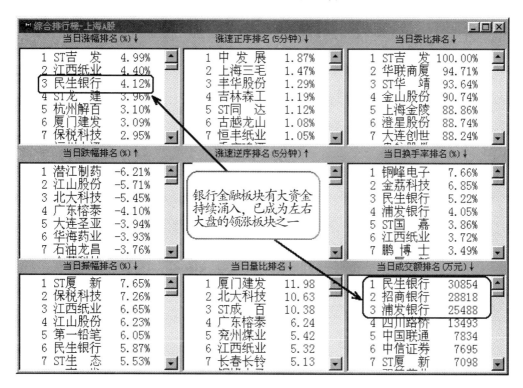

图 4-13　2003 年 3 月 26 日

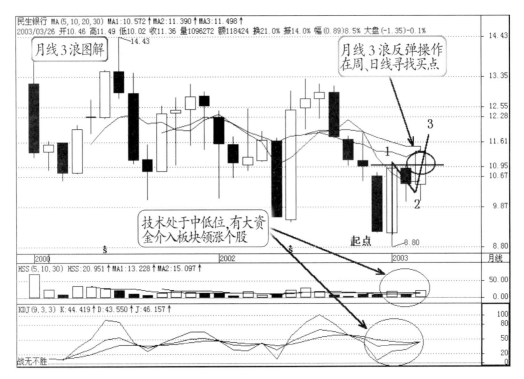

民生银行 MA(5,10,20,30) MA1:10.572↑ MA2:11.390↑ MA3:11.498↑
2003/03/26 开10.46 高11.49 低10.02 收11.36 量1096272 额118424 换21.0% 振14.0% 幅(0.89)8.5% 大盘(-1.35)-0.1%

月线3浪图解

月线3浪反弹操作
在周、日线寻找买点

技术处于中低位,有大资
金介入板块领涨个股

起点

HSS(5,10,30) HSS:20.951↑ MA1:13.228↑ MA2:15.097↑

KDJ(9,3,3) K:44.419↑ D:43.550↑ J:46.157↑

战无不胜

图4-14 月线3浪反弹操作

民生银行 MA(5,10,30,120) MA1:10.592↑ MA2:10.505↑ MA3:10.909↓
2003/03/26 开10.89 高11.49 低10.81 收11.36 量497251 额55358 换9.5% 振6.3% 幅(0.52)4.8% 大盘(17.28)1.2%

周线3浪反弹

周线3浪确立,板块
效应明显,大胆介入

1浪介入点

HSS(5,10,30) HSS:9.503↑ MA1:4.689↑ MA2:4.590↑ MA3:3.003↑

KDJ(9,3,3) K:77.816↑ D:68.298↑ J:96.852↑

战无不胜

图4-15 周线3浪反弹操作

图 4-16 日线 1、3 浪反弹操作

图 4-17 "6.24"行情前大盘指数浪形

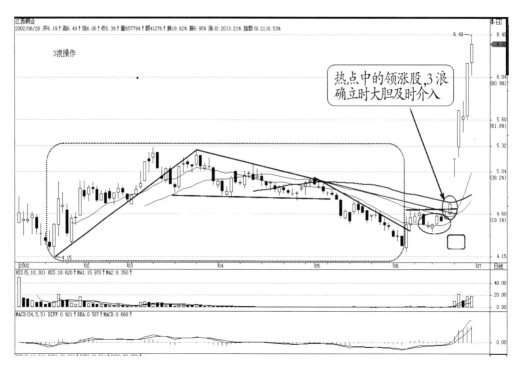

图 4-18 江西铜业(600362)在"6.24"中的 3 浪推动

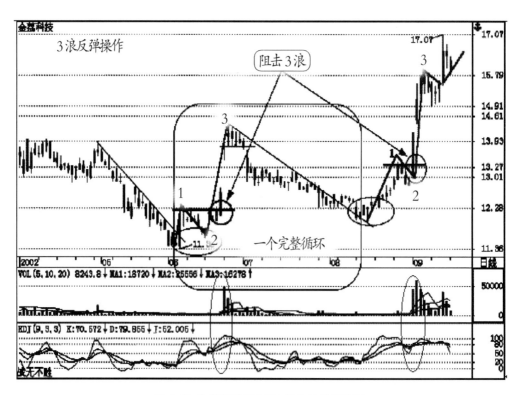

图 4-19 金荔科技在 2002 年中的优异表现

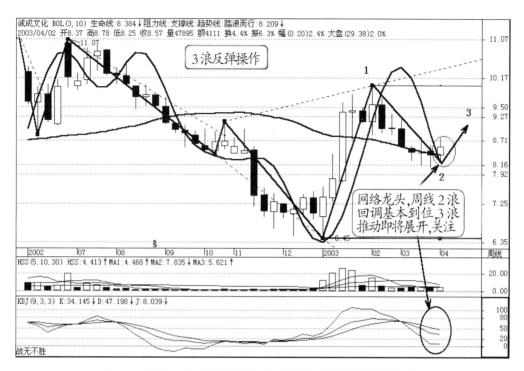

图 4-20 诚成文化 600681(现为 S*ST 万鸿)即将展开的周线 3 浪

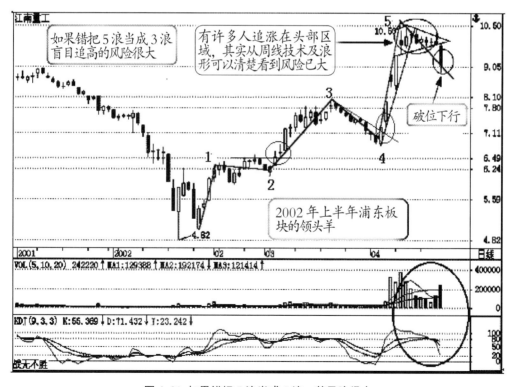

图 4-21 如果错把 5 浪当成 3 浪，其风险很大

第三节　反弹中涨停板实战操作精要

一、涨跌停板的助涨助跌作用

在股价向上推动过程中，涨停板是我们可以经常看到的市场现象，是个股表现最强烈的一种运动形式，它是股价上涨过程中的极限状况。涨停板可以出现在低位，也可以出现在高位；它经常出现在行情火爆之时，也可能出现在行情低迷之时；它经常出现在第 1 推动浪和第 3 推动浪之中，也可能出现在第 5 推动浪或延长浪之中。

涨跌停板制度推出的目的是证券监管部门为了防止市场过度投机，防止市场价格过度波动，但也有不利的一面，就是不利于市场资金的合理流动。如它的助涨助跌作用，有时候涨跌停板不但不能抑制投机，反而会加剧投机行为。主要体现在当有突发重大利好消息、大盘超跌反弹或反转时，不管股价具有多么强烈的上涨要求，只能在上涨 10%时被迫停住。这就给当日想买卖股票的双方产生明显的心理影响：当日在涨停板想买也买不到的人，会不惜在后市更高的价位追高买进；对于当日本想卖出股票的人来说，他会提高心理预期，改为想在更高的价位卖出，造成当日抛压减少，股价有继续上冲的动能。所以，这就给我们提供了参与涨停板操作获利的机会。

二、涨停板的短期收益与风险

根据我们长期对涨停板股票次日走势的研究，我们用涨停当日涨停价买入，从 1996 年 12 月 26 日实施涨停板制度开始，6 年的时间里，研究结果是：涨停后次日最高点平均涨幅为 5.67%，但按次日收盘价计算平均涨幅则为 1.78%，因此，超短线介入涨停板，实际上就是利用股票继续上冲的动力，次日可以获取平均收益 2%～3%。积少成多，年收益率也将在 50%以上。

下面我们将涨停买入写成选股公式进行测试，看看在涨停当日买进后按照常规测试 20 天内收益达到 10%的成功率：

公式编写为：CLOSE>=REF(CLOSE,1)*1.0995

测试时段：1996 年 12 月 26 日至 2002 年 12 月 31 日

测试结果：涨停当日以涨停板价买进后 20 天内收益达到 10%的成功率为 56.53%（图 4-22）。持股 20 天时间应该属于较长的短线周期

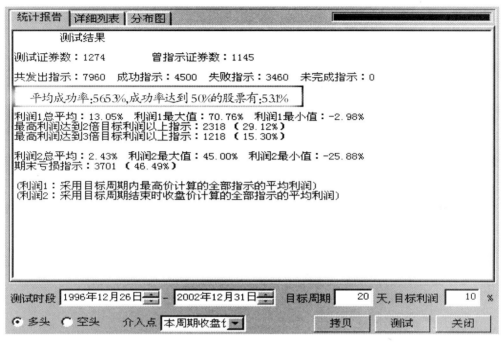

图 4-22 测试结果

如果是在涨停之后的第二天买入，以次日中价作为买入价测试，我们同样按照上面的测试时段、买入后 20 天内能达到 10%涨幅的成功率降低到仅仅为 46.23%，低于赌博 50%的概率。

下面我们以超短线的操作思路，分涨停当日涨停价买入和第二天中价买入，之后持股 3 天，涨幅能达到 5%（扣除税费实际上也只有 3%多一点）的成功率进行测试（图 4-23、图 4-24）。

如果有人想急于短期内暴富，即欲在 3 天内赚取 10%的超短线投机暴利，下面我们将上面测试的目标改为 3 天获取 10%，测试的结果如下：

从实施涨停板开始至 2002 年底的 6 年时间里，涨停当日以涨停价追入，3 天内能获取 10%暴利的成功率仅为 31%。

如果涨停板第二日再介入，不管是以开盘价买进，还是以中价买进，按照持股 3 天内能够获取 10%暴利的成功率，经过长达 6 年时段的测试，最后结果均为 17%～18%之间，成功率极低图（4-25）。

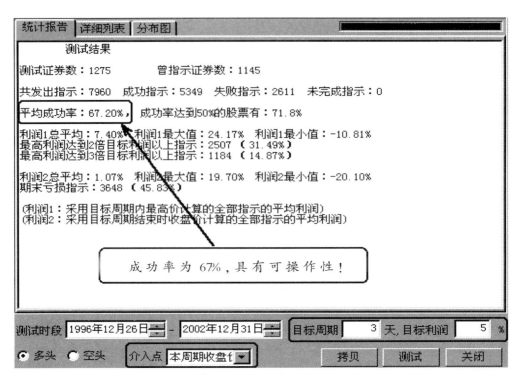

图 4-23 涨停板当日买进的超短线测试结果

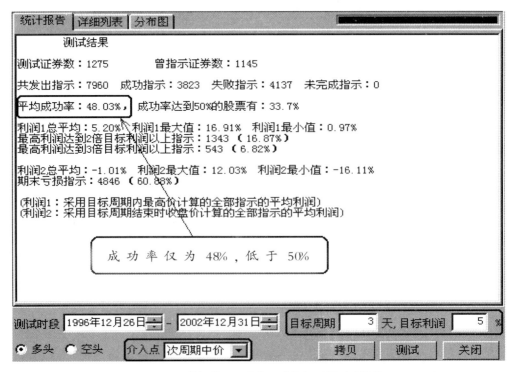

图 4-24 涨停板第二日中价买进的超短线测试结果

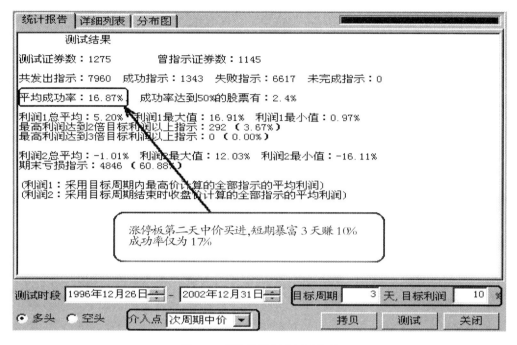

图 4-25 超短线暴利的测试结果

上面我们根据不同的要求进行统计测试的结果显示：不是所有的涨停板，我们都可以随意展开短线追涨，有一半以上的涨停板追涨风险很大，尤其是超短线追涨停板，想获取暴利的成功率极低，投资者切不可掉以轻心！实战中需要对涨停板的不同位置、展开操作的前提条件及实战制约有一个清醒的认识，这样才能做到有的放矢，一出手就赢，发挥极限追涨战术的威力。

三、涨停板追涨实战要点

大盘的运行、行情发展往往先以热点板块点燃、领导、推动，板块的轮动让行情进一步扩散、演化。激活和凝聚市场人气的最直接、最有效的方法就是制造涨停示范效应。尤其是在大盘反弹初期，市场信心的增强也依靠于板块热点的形成，市场人气的集聚需要一批龙头股和领涨股带动热点板块的炒作。主力最常用的操盘手法是先来一个涨停板，以此激活板块，激发市场人气。

如果读者能把笔者经过多年失败、成功经验所总结出来的方法，即严格界定的涨停板追涨要点铭记于胸，灵活运用，相信能够取得较好的收益。

1.大盘背景

大盘处于下跌末端，趋势有放量扭转迹象，或上升初、中阶段，具体如：在 C

浪尾段、1 浪和 3 浪，近期首次放量的第一个涨停追买风险较小，而 3 浪和 5 浪尾段、B 浪反弹阶段，追买涨停风险较大，而在大盘 A 浪下跌、C 浪下跌之初、中期追买涨停风险更大。从技术位置看，大盘的位置一旦较高时风险也较大。

2.板块轮动

如果个股处于热点板块之中就较好，尤其是领涨龙头股，第一个涨停追入获利机会大，如果板块持续性强，则涨停板追入获利机会更大；如果板块轮动快，持续性差，其追买涨停获利机会较小，这种往往表现在大盘上攻无力、处于较高位置盘整、缩量盘升时，主力机构借助于板块快速轮动，维系市场人气。

3.个股涨停前的位置

从个股的浪形结构看，如果个股在涨停前处于 C 浪下跌末端，1 浪、3 浪上升初中阶段，涨停板追买风险较小，获利机会相对较大；如果处于 3 浪、5 浪尾段，B 浪反弹阶段，追买涨停风险较大；而在个股处于下 A 浪下跌、C 浪下跌初中期，追买涨停风险很大。下降趋势扭转时的放量涨停追涨风险较小，而股价处于加速上扬，连续涨停时追涨风险较大。

从技术形态和技术状态上看，如果个股处于较好形态的突破涨停，本身技术位置不高，后市还有一定上涨空间，则涨停追买的风险较小；如果个股技术形态不好，本身技术位置偏高，后市上涨空间受到制约，则此时涨停追买的风险较大。

4.注意区分涨停的性质

对于热点中领涨股的涨停，有跟风涨停、无跟风独自涨停、利好题材刺激涨停、庄股自救涨停、低位涨停、高位涨停、突破性涨停、中继性涨停、脉冲放量涨停、持续性放量涨停、涨停吸货、涨停出货等等不同性质、不同类型的涨停，它们之间是有很大区别的，风险与获利机会也大不相同，请投资者认真观察、体会、区分它们的不同点。

5.涨停时盘口动态分析

通过盘口分析，我们可以看出即时图上主力机构向上做盘意愿的强烈程度，如第一个涨停比第二个涨停好，风险较小；有跳空缺口的涨停比没有跳空缺口的涨停要好；早封上涨停比晚封上涨停要好，尤其是在 10：30 前封上涨停一般比较好，尾市封涨停主力机构则比较勉强，一般风险较大；即时图上是一波、两波、三波流畅上攻封涨停比多波攻击封于涨停要好；涨停封死比涨停后再打开好；打开次数少比打开次数多要好。

6.涨停时量能分析

涨停时封单量大比涨停时封单量小要好，封单越大越好，最好是数百万股或上千万股封单；封停前成交量大而封停后成交急骤萎缩，比封停前成交量小而封停后成交密集要好；低位放量涨停比高位放量涨停要好，尤其是高位涨停防止主力借机出货。有经过蓄势之后的涨停比拉旗杆式的突然暴量涨停要好。

7.买入技巧

在反弹中，个股封涨停时一般呈现向上攻击速度很快，稍有犹豫就会错过及早介入的机会。如果能在启动之初，即开盘跳空过重要阻力或关口、连续大单向上攻击、涨幅在4%～5%时、板块连动效应已体现、个股本身技术低位、安全度较高、同时是近期首次放量时，只要运用好追涨、低吸战术可以在涨停前及时建立试验性仓位；一旦封住涨停，要及时敢于排队建立追击性仓位。但也要注意，有许多股票往往还差几分钱就掉头回落，因此，不能在上攻至涨停位前追击，一定要看清楚主力攻击的气势，刚封住涨停板的刹那才及时下单追买。

我们经常会碰到这种情况：涨停封住后被打开，甚至多次打开，此时要区别对待，追买涨停是否展开。如果个股的位置较高，封于涨停后，出现连续大卖单砸盘，主力有将大封单撤掉的迹象，即将撤完之前，迅速将排队的买单也撤掉，看看打开后回落的幅度，如果只回落到涨幅8%以上，再向上去封涨停之时，我们可以再次挂单追击买进。如果回落幅度较大，成交放大，说明再次封死涨停的可能性较小，应放弃涨停追买。尤其是多次打开涨停，成交量放出过大，再追涨风险较大，此时，也应该放弃。

如果大盘同时配合，个股技术处于较低位，同时该股又能带动同板块股票连动上扬，此时打开涨停正是我们买入的机会，不管打开次数多少，后市涨升的可能性较大，可大胆建立试验性仓位。尤其是反弹行情中的涨停一定要注意只能在大盘、个股均处于中低位，而且是当热点板块启动之初、领涨个股的首次放量涨停介入胜算最大。

追买涨停板最大的风险就是早盘涨停贸然追入，尾市回落当日被套，或者第二天大幅低开这两种情况，尤其是在大盘处于弱市之中，会经常遇到这种情况。这需要投资者对当时的大盘背景、短期走势、板块连动效应、个股的持续攻击态势有一个比较准确的把握，以及具备丰富的盘口实战经验。

8.第二天走势的应对

如果作为超短线操作或短线操作的思路追买涨停板，那么对第二天涨停个股的盘口变化和走势，及早做好各种应对措施就非常关键，以保证锁定控制风险、及时获利了结。

昨日涨停的股票盘口观察很重要，必须清楚昨日的成交密集区或价位。如果昨日涨停板处的成交量很大，那么该位置是今日盘中股价走势的重要支撑位或压力位，第二天的开盘、走势与偏离昨日涨停价位的远近，可以窥测主力机构的一些真实意图。

(1)第二天跳空高开：如果昨天涨停未被打开，第二天出现涨停跳空，继续封住涨停，这是最好的走势；如果跳空高开3%以上，随即迅速有连续大单向上攻击，这也是较好一种走势，可以持股待涨，待即时图上B浪不创新高，可寻机卖出，获利了结；也有一种常见情况，跳空高开后股价迅速在连续大单的推动下，呈90°向上攻击，成交剧增，给人感觉主力攻击态势十分凌厉，但此时需注意主力的诱多陷阱，一旦冲高7%~8%以上回落后，再次展开攻击时成交急剧萎缩，且不能创出盘中新高，应先获利了结为宜；如果大幅高开7%以上，伴随着大的密集成交量，量比数值过大，在30以上，那么，今日高开低走的可能性较大，早点获利出局较好；如果是跳空高开，回调不破昨涨停价位，随后窄幅震荡，或逐波震荡上行，应属于强势，可持股观望；如果略有高开，随后回调，只要回调幅度较浅，也应属于较强势，在锁定控制风险、设立好止损的前提下，可谨慎持股观望。

(2)第二天跳空低开：这种往往会出现在昨日涨停多次打开、成交量剧增、涨停封单小、尾市封涨停等情况。一般情况下，一旦出现开盘跳空低开，应高度警觉：如果大盘背景不是很配合，个股本身技术状态较高，低开或回落幅度一般不能超过3%，一旦超过3%，说明个股调整迹象比较明显，此时应锁定风险，逢盘中高点先止损出局为宜(除非个股循环位置和技术位置处于中低位，先观望，如果回调到重要技术位置，可以展开补仓救援战术)；如果早盘低开，经过一段时间浅幅回档或窄幅波动之后，再次展开盘中放量上攻，涨幅超过3%，此时应观察盘中量价配合是否正常，股价是否沿上翘的均价线震荡向上攀升，如果是则持股待涨，如果不是，可寻机逢盘中高点及时了结；如果低开后早盘横向整理或下跌幅度不超过3%，且成交活跃，换手积极，此时说明主力震荡洗盘的可能性较大，结合个股位置和板块的连动状况，决定是否持股观望。

（3）第二天平开：涨停之后的第二日平开开盘，首先透露出的盘口语言是主力早盘没有立即展开连续上攻的意图，此时，需要密切关注早盘成交量的变化和上攻、回档幅度的大小：如果早盘横向整理或下跌成交稀少、量比萎缩小于1，而昨日成交量大，今日难以形成持续攻击性放量，结合个股位置和板块的连动状况，可以比较准确地判断调整是否展开，从而决定是否先逢高出局。

小结：从上面的详细阐述可看出：我们要求的参与涨停板追涨，主要是指在领涨龙头个股、热点个股封停前及早试验性介入，或涨停后即排队寻机介入，因此，对于阻击涨停的条件限制和要求非常严格，尤其是对大盘背景、运行态势、板块热点、个股的行进态势、技术状态、形态、位置、攻击态势、运行速度（角度）、实战中的资金布局、介入时机、风险控制等方面有非常熟练的把握方能运用，绝不是某股一封住涨停马上就介入这么简单。因为，在熊市中，主力机构往往也可以利用涨停来达到减仓、派发的骗线目的，对此，投资者不能不慎重(图4-26～4-47)。

	代码	名称	最新	量比	涨幅↓	昨收	现手	外盘	总手	涨速	总额
1	000856	唐山陶瓷	8.89	2.25	+10.02%	8.08	20	37026	41269		3641.22
2	000058	深赛格	9.38	3.41	+9.96%	8.53	4	43492	61873		5664.14
3	000735	罗牛山	5.74	3.80	+9.75%	5.23	41	88048	137591		7744.67
4	000059	辽通化工	5.86	2.52	+7.33%	5.46	87	45114	74888		4381.47
5	000758	中色建设	7.22	1.46	+7.28%					+0.28%	3236.22
6	000837	秦川发展	7.74	2.79	+7.05%					+0.13%	10587.67
7	000416	健特生物	18.72	2.91	+6.67%					+0.43%	2628.92
8	000553	沙隆达A	8.80	1.43	+6.28%						756.88
9	000997	新大陆	21.86	1.79	+6.01%					+1.67%	2239.14
10	000521	美菱电器	6.10	1.17	+5.72%					+0.16%	2150.47
11	000507	粤富华	6.47	2.16	+5.72%	6.12	39	7333	11133	+0.47%	711.01
12	000090	深天健	14.85	2.73	+5.46%	14.08	20	1972	2846	-0.34%	416.59
13	000505	珠江控股	8.33	1.43	+5.44%	7.90	15	21986	37974	+0.12%	3135.03
14	000056	深国商	10.60	2.69	+5.37%	10.06	20	11636	21786	+0.08%	2327.79
15	000590	紫光古汉	9.27	2.34	+5.23%	8.81	10	15040	23337	+0.32%	2167.33
16	000042	深长城A	12.06	2.65	+5.14%	11.47	2	3024	4858	-0.01%	579.84
17	000011	ST深物业	7.13	1.48	+5.01%	6.79	2	5092	7502		527.20
18	000656	ST东源	6.75	1.56	+4.98%	6.43	10	26516	39738		2659.25
19	000021	深科技A	13.75	2.15	+4.97%	13.10	14	25917	46690	+0.88%	6390.01
20	000616	大连渤海	10.23	2.00	+4.92%	9.75	10	3130	4738		483.79

> 6月18日深圳本地股整体启动，板块效应已开始显现，应高度关注。从大到小各周期进行研判领涨股票的技术态势，寻找介入的时机

图4-26 2002年6月18日深圳本地股板块连动效应

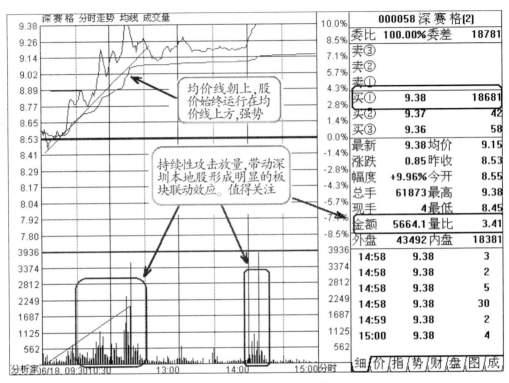

图 4-27 6 月 18 日 000058 涨停图

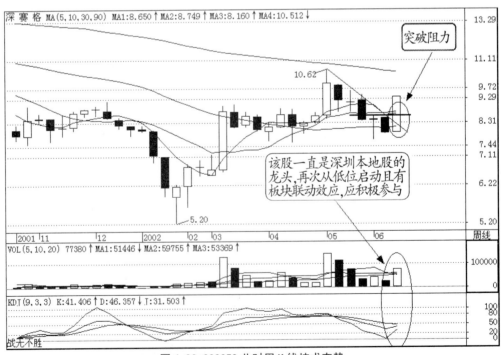

图 4-28 000058 此时周 K 线技术态势

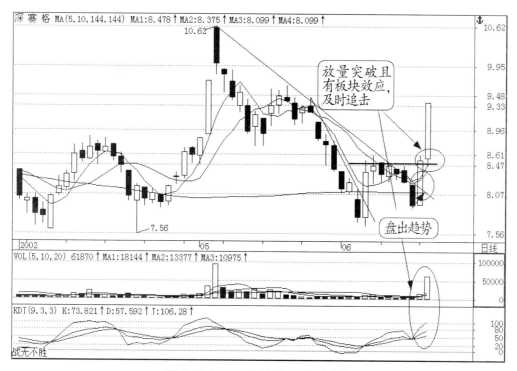

图 4-29　000058 此时日 K 线技术态势

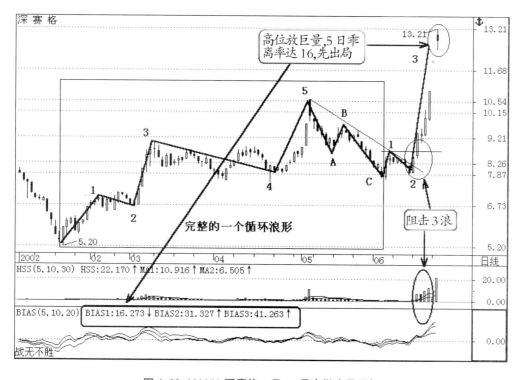

图 4-30　000058 深赛格 6 月 25 日高抛出局图解

	代码	名称	最新	量比	涨幅↓	昨收	现手	外盘	总手
1	000040	深鸿基A	7.01	3.98	+10.05%	6.37	10	91205	106593
2	000058	深赛格	9.93	1.89	+6.20%	9.35	61	48604	87675
3	000005	世纪星源	5.29	2.91	+6.01%	4.99	14	47202	82031
4	000659	珠海中富	7.74	3.56	+5.45%	7.34	40	22014	34983
5	000405	ST鑫光	5.36	2.58	+5.10%				49141
6	000752	西藏发展	15.05	2.63	+5.02%				6081
7	000656	ST东源	6.91	1.09	+5.02%				28447
8	000033	新都酒店	8.88	2.65	+4.85%				39559
9	000036	华联控股	7.07	2.53	+4.59%				21769
10	000635	民族化工	9.41	1.20	+4.32%				5529
11	000007	深达声A	9.40	2.15	+3.87%	9.05	6	13053	21720
12	000618	ST吉化	5.39	1.98	+3.85%	5.19	5	72997	117384
13	000828	福地科技	9.87	2.93	+3.79%	9.51	273	14317	15558
14	000042	深长城A	12.19	2.09	+3.74%	11.75	4	4295	6663
15	000019	深深宝A	11.68	1.98	+3.63%	11.27	6	5961	8878
16	000009	深宝安A	5.43	2.34	+3.63%	5.24	1	50641	84423
17	000034	深信泰丰	8.94	2.39	+3.59%	8.63	10	10897	19080

6月20日深圳本地股的板块连动效应继续显现，说明该板块具有一定的持续性

图4-31 6月20日本地股板块连动效应

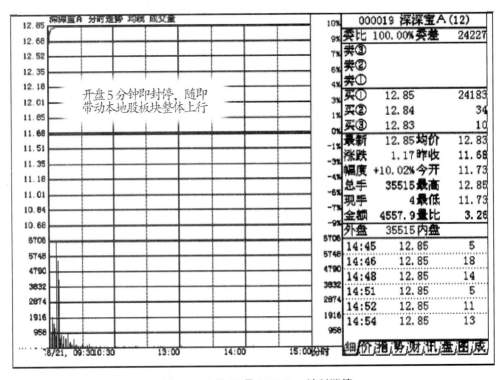

图4-32 6月21日 000019 一波封涨停

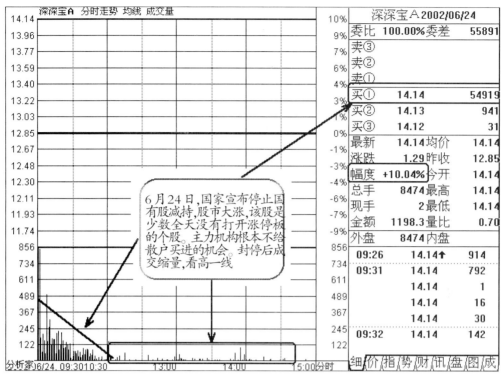

图 4-33　6 月 24 日 000019 涨停未打开

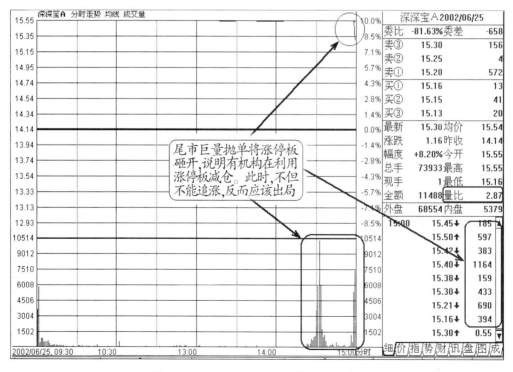

图 4-34　6 月 25 日 000019 巨量砸开涨停板

图 4-35 6 月 26 日 000019 日线图

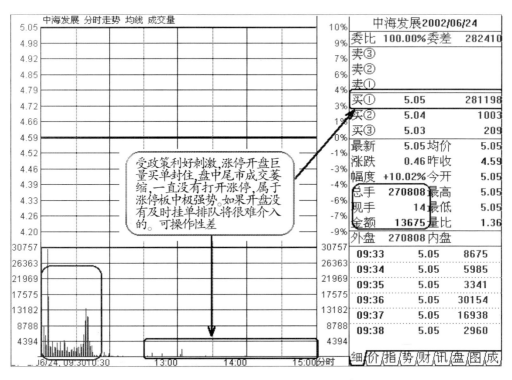

图 4-36 6 月 24 日 600026 中海发展涨停

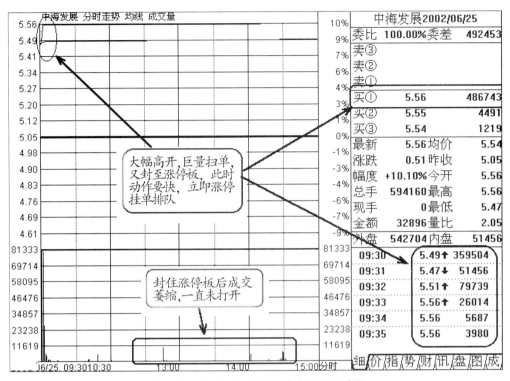

图 4-37　6 月 25 日 600026 中海发展即时图

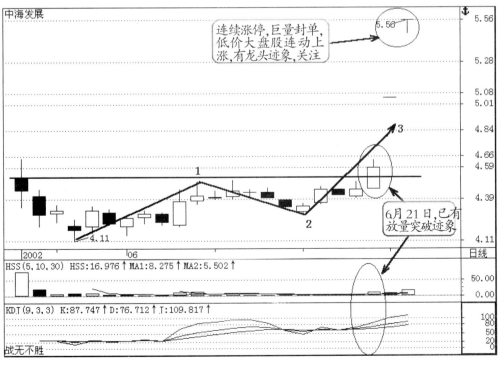

图 4-38　6 月 25 日 600026 中海发展日线态势

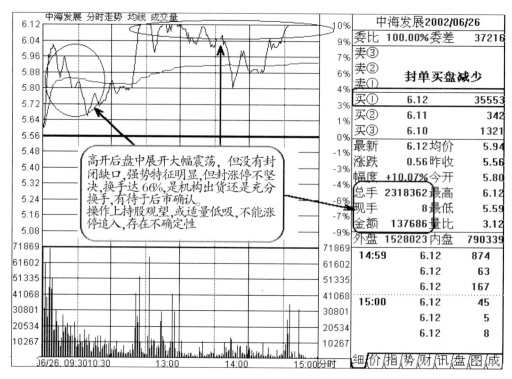

高开后盘中展开大幅震荡,但没有封闭缺口,强势特征明显,但封涨停不坚决,换手达66%,是机构出货还是充分换手,有待于后市确认。
操作上持股观望,或适量低吸,不能涨停追入,存在不确定性

图 4-39 6 月 26 日 600026 中海发展即时图

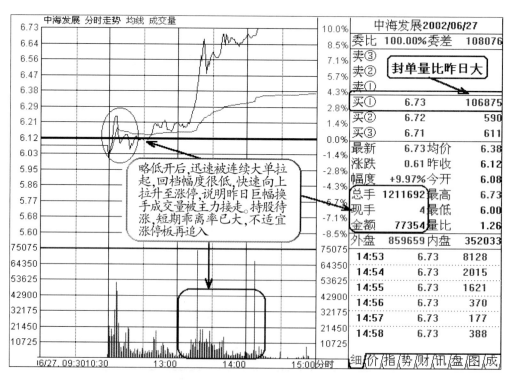

略低开后,迅速被连续大单拉起,回档幅度很低,快速向上拉升至涨停,说明昨日巨幅换手成交量被主力接走。持股待涨,短期乖离率已大,不适宜涨停板再追入

图 4-40 6 月 27 日 600026 中海发展即时图

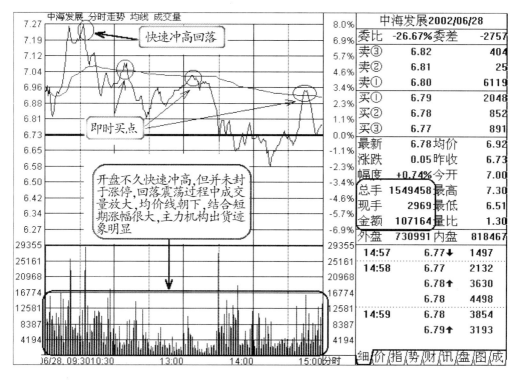

图 4-41　6 月 28 日 600026 中海发展即时图

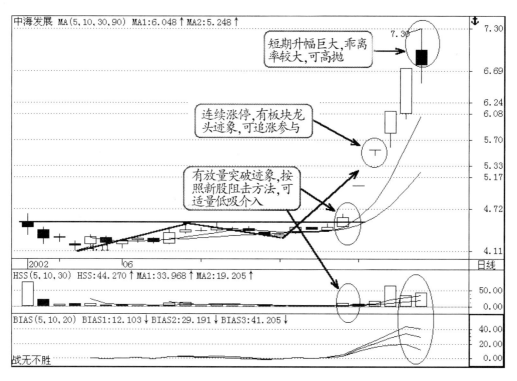

图 4-42　6 月 28 日 600026 中海发展日线图

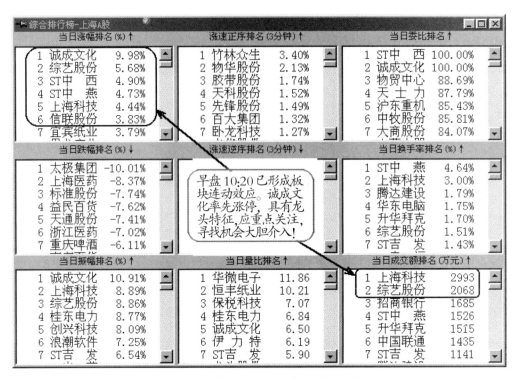

图 4-43 2003 年 1 月 2 日 10 点 20 分 81 窗口

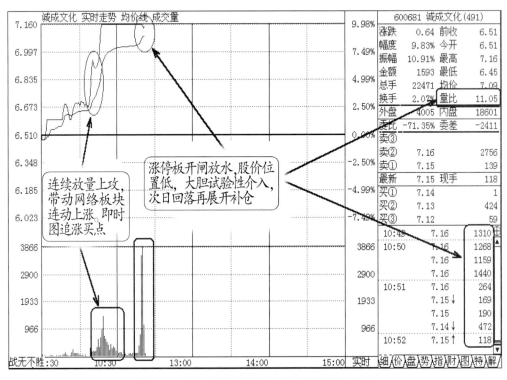

图 4-44 1 月 2 日诚成文化低位涨停板开闸放水

图 4-45 1月3日诚成文化早盘态势

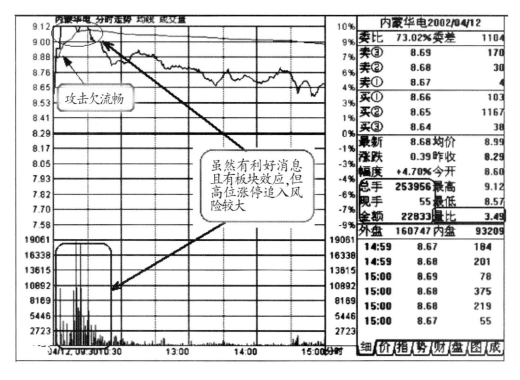

图 4-46 2002年4月12日高位涨停

图 4-47 高位涨停追入容易失败

第四节 穷寇少追——反弹5浪实战操作精要

一、5浪推动的特点

传统经典的波浪理论中的推动浪形划分定义，除了前面章节介绍的1浪推动、3浪推动以外，还有第5浪推动（另外极少情况出现的无界定延长推动，这里不做讨论），也是最后一浪向上推动，然后股价波动进入A浪调整、B浪反弹、C浪调整。

在股价波动过程中，虽然第5浪也是三大推动浪之一，但其涨幅在大多数情况下比第3推动浪要小，而且成交量也往往比第3推动浪要小。第5推动浪的特点是市场人气较为高涨，领涨热点板块已经有较大幅度的扬升，其赚钱示范效应往往令市场中充斥着乐观情绪，各个板块不断轮动上涨，同一板块中滞后的个股也紧跟上扬，连市场的冷门个股也普遍涨升。但是，第5推动浪却往往露出明显的破绽，即在成交量、常用技术指标上存在着背离状态，如图4-48所示。

从其完成的形态和幅度来看，经常会以失败的形态而告终，尤其是在反弹行情中，5浪走出失败浪几率较大，许多股票只走出了1、3浪推动上升即步入熊市调整。因此，在反弹操作中我们郑重提醒投资者，对待反弹5浪操作一定要谨慎小心，不可盲目追高，否则参与风险很大。如果在反弹行情的实战操作中，错过了 1 浪、3 浪的强劲反弹，股价已经进入了 5 浪运行，而且技术指标已处于高位，应以观望为主或只轻仓短线参与，正所谓"穷寇莫追"(图 4-49、4-50)。

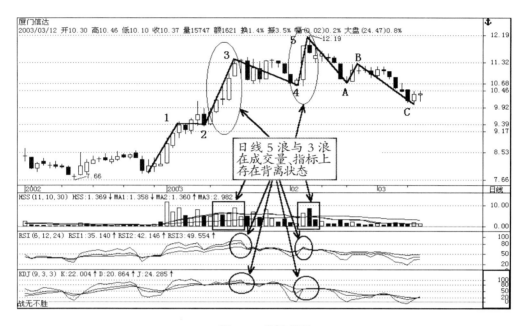

图 4-48　指标背离

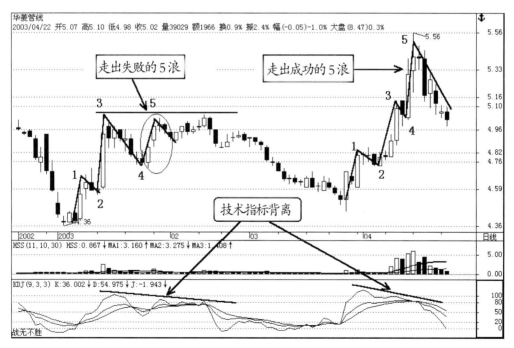

图 4-49　失败 5 浪

图 4-50 反弹行情中只走出 1、3 浪反弹多

在反弹行情中，对于股价波动运行浪形清晰的个股，一旦确立 4 浪调整结束，开始展开 5 浪推动，可以在第一时间的有利价位适量参与 5 浪反弹，展开顺势操作。这里自然引申出：如何先确认 4 浪调整的结束。

第 4 浪是第 3 浪推动行情大幅扬升之后随之而来的调整浪，从形态的结构来看，通常以较复杂的形态出现，经常出现"倾斜三角形"的走势，所以，第 4 浪的运行结束点常常比较难以准确预见，一般常用研判方法有：

(1)根据交替规则，如果第 2 浪是以简单的形态出现，则第 4 浪多数会以较为复杂的形态出现。反之，如果第 2 浪是以复杂的形态出现，则第 4 浪多数会以较为简单的形态出现。

(2)可以利用第 4 浪调整形态完成突破时，作为 4 浪调整终结的信号。

(3)通常第 4 浪的回撤幅度介于第 3 浪的 0.38～0.50 之间。同时，根据成交量的极度萎缩可判断确认 4 浪的结束。

(4)根据第 4 浪的子浪基本运行完结，综合短期下降趋势线的有效突破，可以判断确认 4 浪调整的结束。

(5)第 4 浪的底部(除非在倾斜三角形即楔形内)，一般不可以低于第 1 浪的顶部。但是，在实际的交易中，也能见到一些例外的情况，所以，遇到这种情况不能完全拘泥于规则限制。

二、5 浪反弹实战操作要点

只要前面已准确界定本轮循环浪形的起点，确认第 4 调整浪基本完结，即将展开 5 浪推动，结合大盘背景、热点板块状况，我们就可以谨慎展开 5 浪反弹的操作，具体要点如下：

(1)大盘背景：大盘处于平稳或上升趋势，技术位置不高，这样给我们提供参与目标个股 5 浪操作一个良好的先决条件。如果大盘处于强劲的 1 浪或 3 浪行进之中就更好了。

(2)大盘量价关系配合比较理想，盘中有明显的板块连动走强的效应，而且持续性领涨热点已显现。

(3)选择的目标个股尽量同处于热点板块，最好是热点板块中的龙头股、领头羊或焦点股票。如果是非热点板块的个股，则反弹 5 浪的操作应谨慎又谨慎。

(4)选择目标个股的日线、周线或月线浪形必须十分清晰，而且最好选择 4 浪快速调整幅度较大的目标个股。根据波浪理论的数浪原则，确认目前循环浪形的 4 浪基本完结，或正处于 5 浪启动上升之初。如果个股处于 5 浪中、后期，则最好观望。

(5)根据波浪理论的时间、空间比例关系，实战中操作时我们可以适时概算、判断收益与风险是否存在着合理的比例关系。

(6)介入 5 浪的反弹操作，不一定非要等到 5 浪过 3 浪高点才追涨介入，可以在 4 浪调整基本结束时采取低吸战术，再等 5 浪放量启动确认时采取追涨战术二者结合的策略展开，同时，也可以辅助参考常规技术指标发出的多头买进信号配合运用，寻找介入点。

(7)低吸战术可以在 4 浪调整尾段展开，如调整至重要的技术关口、量缩止跌企稳、形态完成或短期趋势线突破，且技术处于低位时建立试验性仓位，不超过资金的 1/4。待股价再次放量启动上扬时建立追击性仓位，也不超过资金的 1/4，保护性仓位一般不建立。

(8)出局选择：5 浪反弹操作最好根据短线操作的出局原则进行，一般可选择日线、周线技术高位死叉出局，或者按照高抛、杀跌展开的技术依据出局了结。如果是追入位置较高，或走势最终与预测相左，应按照提前建立锁定风险的止损战术计划，切不可犹豫不决，让重大亏损或套牢产生。因为，一旦 5 浪上升完结，追高被套，要承受 A 浪的下跌套牢，而且 B 浪能反弹多高还不确定，如果再错过 B 浪反弹高抛的机会，将再次承受 C 浪的下跌，后果十分严重。

(9)根据股价走势的演变,一旦发现当原来判断的5浪确认有误时,就必须及时应对,调整操作策略,或者及时止损出局。如果可能展开的5浪高点没有创出3浪的新高就回调,也就是说5浪走出失败浪,则必须按照预先设置的止损价位果断出局,以控制好风险。

(10)再次提示,反弹5浪的操作难度及风险极大,投资者应十分谨慎,绝不能重仓参与,只能是轻仓展开。同时,必须建立好止损战术计划,采取快进快出的短线操作策略,切不可恋战。

下面我们贴出几个图解说明:见图4-51～4-57。

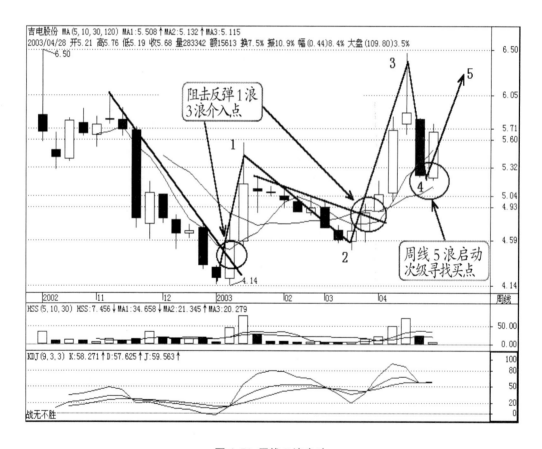

图 4-51 周线 5 浪启动

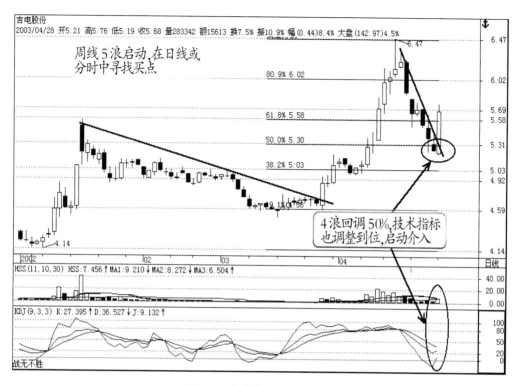

图 4-52　在日线上寻找介入点

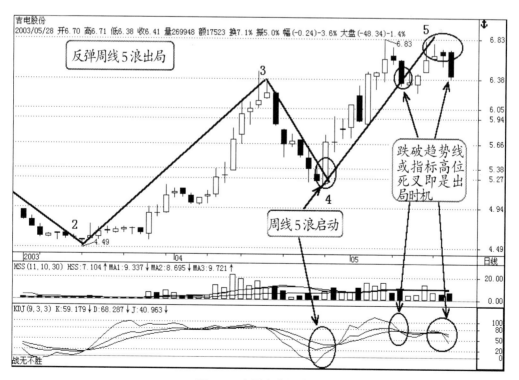

图 4-53　出局点位的选择

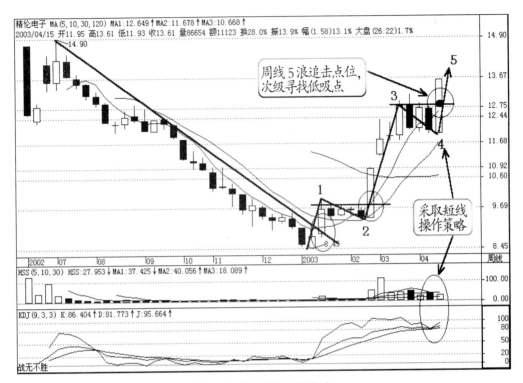

图 4-54 阻击周线 5 浪启动

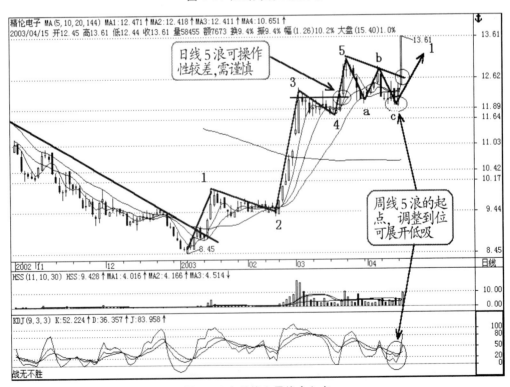

图 4-55 在日线上寻找介入点

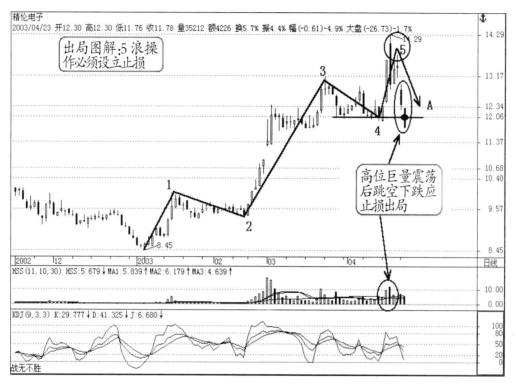

图 4-56　出局时机选择

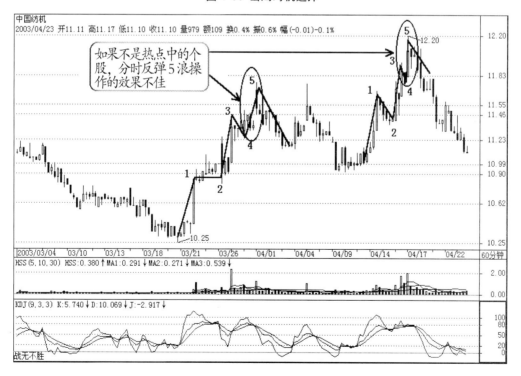

图 4-57　分时反弹 5 浪短线操作难度较大

151

第五节　虎口夺食——B浪反弹实战操作精要

一、B浪的特点

　　虎口夺食反弹操作，这里是我们所特指的常规B浪反弹操作。B浪反弹常常是多方的单相思反弹行情，走势也较为情绪化，有可能简单，也可能较复杂，这主要是因为市场中的大多数人仍沉浸在牛市的上升情结中，还没有从牛市的市道中醒悟过来，以为A浪下跌只是一个回档，上升行情尚未结束，很容易让投资者误以为是新的一波涨升行情的开始。但从成交量上看，成交已开始稀少，出现明显的价量背离现象，上升动能已较主推动浪大为减弱。

　　对于主力机构来说，5浪、A浪均早已开始减仓、出货，B浪只不过是主力利用反弹再次减仓、出货所展开的自救式行情。虽然有时走势表现出反弹极为强劲，甚至创出新高，或图表运行比较复杂，让人难以识别，事后却常常发现B浪反弹是主力诱多的"牛市陷阱"。

　　对投资者而言，B浪反弹是多头的逃命机会，B浪的行情性质决定了反弹随时都有可能终结，因此，B浪是持股者高抛出局的良机。许多技术功底差的投资者由于不能准确识别B浪，在B浪反弹时贸然追涨买进，结果惨遭套牢。

　　所以，参与B浪反弹操作风险极大，我们一般建议投资者轻易不去参与，除非是较大周期、级别上的A浪下跌幅度很大，至少能产生日线、周线以上级别的B浪反弹，方能非常谨慎地轻仓(30%以下小仓位)介入，而且只能在锁定风险的基础上，短线快进快出。切记：60分钟及以下级别的B浪最好回避，不参与此反弹操作。

二、B浪的确认

　　要做好B浪反弹操作，前提条件是准确识别A浪下跌。在前面波浪理论使用要点中，我们反复明确一个观点：根据数浪规则和各浪的特性分析，我们只操作浪形清楚的股票。一旦数浪不清楚，应回避参与或非常谨慎地参与。

　　在股价浪形结构中，当前面清晰的5浪推动完结后，一般会紧接着有一个A浪下跌。其实，在第5推动浪浪终结前一般会有这样一些技术现象出现：5浪成交量一般小于 3 浪，呈现明显的价量背离现象，同时从常规技术指标上，3 浪、5 浪的 MACD、KDJ、RSI 等指标也常常处于背离状态，因此，当 5 浪终结时，紧随着 A 浪下跌调整就展开了。

在 A 浪中，市场参与者大多数认为上升行情尚未逆转，还没有引起足够的防备警觉，认为此时仅仅是上升行情中一个暂时的回档现象。A 浪的调整形态通常以两种形式出现，即平坦形形态与"之"字形(锯齿形)形态，且 A 浪形态与后面的 B 浪形态经常交替展开。有时，也有个别 A 浪调整的展开表现出极其凶悍的下跌，技术上极具杀伤、破坏力，可以一口气跌破 5 浪的起点，跌幅相当大。

能够给我们提供有限的 B 浪反弹操作机会，主要来自于 A 浪调整表现出比较凶狠、迅猛的大幅下跌之时。如果 A 浪调整幅度较小，以平坦形形态展开，此时，往往 B 浪反弹的操作机会较小，稍有不慎，一旦被套在 B 浪高点，后面将承受跌幅较大的 C 浪下跌的折磨，对此，希望投资者应予以高度的警觉，这也是我们把 B 浪反弹操作称之为虎口夺食的缘故。

三、B 浪反弹实战操作要点

(1)大盘背景：大盘处于平稳阶段或处于上升初、中阶段，没有暴跌的风险，或者大盘处于仍有极其强烈的向上反弹要求。

(2)我们一般只操作大级别的 B 浪反弹。分时以下小级别根本不用考虑是否参与的问题。

(3)目标个股的浪形清晰，A 浪连续迅猛下跌，且跌幅巨大，至少有 20%~30%以上的跌幅。有时一旦所谓的 A 浪跌幅较小时，可能仅仅只是 A 浪延长中开始的一段而已。

(4)判断目标个股主力在高位减仓、出货不畅，A 浪处于无量下跌，或者在下跌 20%后成交逐步放大，容易引发"V"形 B 浪反弹。

(5)目标个股短期技术状态处于极度超卖，有强烈的反弹要求；6 日短期乖离率最好达到 -10%以上。

(6)目标个股最好属于热点板块，或是板块中的领头羊。因为主力难以在高位一下子全部出局，在经过大幅 A 浪下跌后，往往会设法借助 B 浪反弹的时机进行进一步减仓、出货，此时，正是我们介入的机会。

(7)介入 B 浪反弹，不能凭感觉采取低吸战术，必须等到 A 浪下跌有止跌企稳的迹象、指标低位放量金叉、突破短期下跌趋势线时才可以轻仓介入 1/4 左右的仓位。一般不需要再建立追击性仓位和保护性仓位。

(8)如果 A 浪下跌终结时，构筑平台横向整理，可等待放量突破小平台时轻仓介入，因为，该平台很可能是下跌途中的中继性整理平台。一旦反弹失败跌破平台，必须杀跌止损出局。

(9)B 浪反弹操作的出局一般采取高抛战术。因为，B 浪反弹何时终结，很难提前准确判断，所以，在锁定风险的前提下，要及时锁定赢利。如果 B 浪反弹属于较大级别，则可以采取高抛战术或杀跌战术，获利出局。

(10)最后，笔者再次提醒投资者：B 浪反弹的风险极大，一般建议放弃，轻易不参与；如果 5 浪或 A 浪下跌初期没有来得及出局，借助 B 浪反弹良好机会，寻机逃命出局；如要参与 B 浪反弹，仓位必须很轻，总体控制在 30% 以下，而且只能采取周、月线级别波段操作，或日线级别快进快出的短线操作策略。下面我们举出几个图解说明(图 4-58～4-61)。

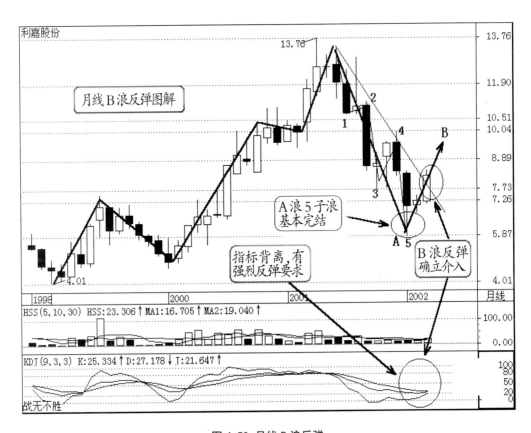

图 4-58 月线 B 浪反弹

图 4-59　周线 B 浪反弹

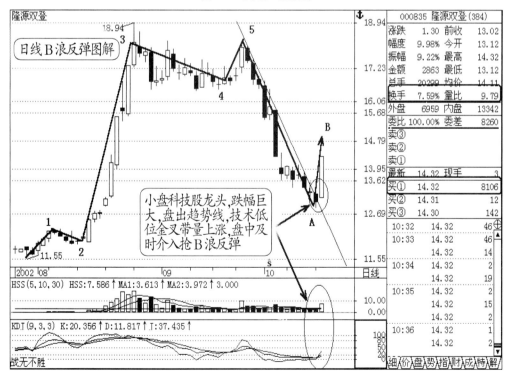

图 4-60　日线 B 浪反弹

招商银行

熊市中大多数日线或以下级别的 B 浪反弹,短线可操作性较差

如果 A 浪跌势缓慢且跌幅不大,而介入 B 浪反弹操作将收效甚微

HSS(5,10,30) HSS:0.929↑ MA1:0.743↓ MA2:0.807↑

KDJ(9,3,3) K:61.104↓ D:59.382↑ J:64.547↓

战无不胜

图 4-61 日线 B 浪反弹

第五章

各种反弹操作获利模式实战精要(中)

第一节　最后一跌——C浪低吸反弹操作精要

一、C浪的特点

所谓"最后一跌"是泛指在波浪运行结构中的C浪调整末端，或C浪下跌延长末端。从波浪理论中知道，紧随B浪反弹终结之后的是C浪下跌的调整。如果说B浪反弹，投资人还没有从牛市的市道中醒悟过来，一旦B浪反弹终结，许多市场中投资人才开始醒悟，一轮多头上升行情已经结束，继续上涨的希望彻底破灭，所以，此时一般大盘开始向下回调，个股也呈现全面下跌的特征。从C浪的性质上说，C浪是一段破坏力较强的下跌浪，而且跌势较为强劲，跌幅较大，是持续时间较长久的一段修正浪。

从A浪与C浪运行的特点来说，A浪和C浪走势的形态经常呈现交替展开，如果A浪调整的跌势较缓，跌幅不大，且B浪也表现出反弹无力、步履蹒跚时，则C浪调整经常呈现大幅下跌，而且容易演变成延长浪格局。如果A浪调整态势表现出极其凶悍的下跌，常常是持续下跌，轻易击穿5浪上升的起点，那么C浪跌势常常趋缓，呈现失败的走势，即C浪调整下跌的幅度小于A浪，一些双底、三重底的形态一般就是这样产生的。

在C浪下跌阶段，从基本面来讲，利空消息不断，各种谣言、传言纷纷接踵而来，即便是利好消息，人们也容易视而不见，对利好麻木，导致指数、股价连跌不断，杀跌盘不断涌现，市场做空的能量不断释放出来。更有甚者，骇人的下跌气势，凌厉的杀伤力，往往让市场中的恐慌情绪大面积蔓延，极容易形成多杀多、连续暴跌的局面。可以说在C浪调整阶段，利空不断和混乱的谣言、消息是推动C浪加速下跌和向下拓展下跌空间的主要心理因素。

从技术特征上看：C浪下跌阶段，短期均线系统呈现空头排列，股价受到均线的压制不断向下调整，短期技术指标常常呈现超卖又超卖状态。一旦C浪下跌趋势终结，新的上涨即将到来，此时正是我们低吸介入抄底的最佳时机。

二、C浪终结的确认

在C浪末端展开低吸反弹操作，最关键的是如何确认C浪的终结。这里再强调几点：

(1)不管是哪种波浪运行模式，只要是一个完整的浪形循环结束的末端，在这里我们均称之为"C浪"末端。

(2)根据波浪理论各个浪形之间空间与时间上的比例关系，我们可以大致判断C浪在什么位置可能终结。例如C浪调整的幅度通常为A浪调整幅度的1.618倍或其他黄金分割系数比例关系。只要先计算出A浪调整的幅度，就能计算出C浪调整将可能运行到该位置终结。

(3)从成交量上分析，在C浪下跌末端，往往会连续出现地量之后再次地量的量能变化，说明市场中做空动能已接近衰竭。或者在C浪末端加速下跌时，市场最后的恐慌杀跌盘涌出，成交量急骤放大，如果此时C浪下跌幅度已大，且符合波浪理论C浪终结的位置，说明该位置有人悄悄在承接抛盘，股价见底、变盘的可能性极大。

(4)从技术指标状态上分析，一般C浪末端往往是处于技术超卖状态，具有强烈的反弹要求。更重要的标志是常规指标如MACD、KDJ、RSI等呈现十分明显的底背离迹象。

(5)有时候，比较难以判断C浪是否演变为延长浪。一旦C浪下跌呈现出有演变为延长C浪的迹象，我们的操作策略必须随之而改变。在真正C浪延长末端来临之际，大胆分批吸纳，低吸操作及时展开。

三、C浪末端低吸反弹操作要点

(1)大盘背景：大盘处于某段C浪下跌末端或短期下降趋势有放量扭转迹象，或者处于平稳阶段、上升阶段。从具体技术位置看，大盘处于技术中低位，风险已较小，短期没有继续暴跌的可能。

(2)板块轮动：目前市场开始有明显的板块联动活跃迹象。如果目标个股处于这些板块之中，或属于潜在热点板块就更佳。

(3)个股的浪形结构清晰(这是我们反复强调运用波浪理论于实战的重要前提要求)，C浪末端特征明显，具有明显的底背离迹象，有强烈的反弹要求。

(4)从资金安全角度和进出方便出发，一般来说我们只在日线、周线或月线级别的C浪末端准备展开操作，60分钟或以下小级别一般没有必要去参与。

(5)操作策略的展开以低吸为主，追涨为辅。低吸战术的展开必须等到股价跌幅空间基本抵达到目标区域，而且能确认是C浪末端，一旦股价盘出下降趋势线，或在低位有一标志性K线确立时，开始分批低吸建立试验性仓位。

(6)资金布局上可以采取金字塔式，分几次将试验性仓位建完，占总资金的1/3左右。一旦确立目标个股的趋势扭转，低位首次放量当日开始建立追击性仓位，以尽量确保资金介入的安全性，不把资金过度暴露于风险之下。

(7)出局选择：根据大盘或个股能够提供多大的操作机会，在谨慎保守前提之下，根据短线操作、波段操作出局原则，一般可以选择60分钟、日线、周线技术高位死叉出局，或者按照高抛、杀跌战术展开的技术依据出局了结。

(8)如果原先判定的C浪末端有误(有可能演变为C浪延长)，出现股价继续破位下行，可进行仓位滚动的操作方式，将低吸建立的仓位(或半仓)先破位止损出局，等待C浪延长中的第5子浪终结时，再寻机补回来。各种应对措施需要提前做好计划，才能打好有准备之仗。下面列举几个经典C浪末端低吸介入案例(图5-1～5-7)。

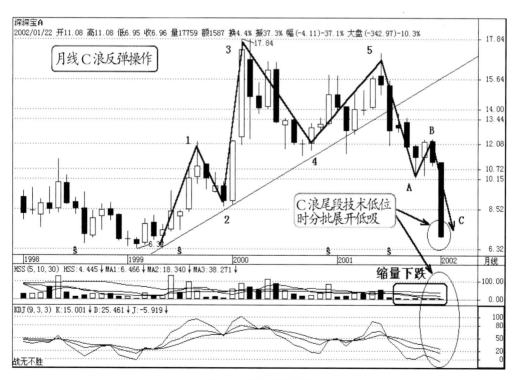

图 5-1　深宝恒月线图

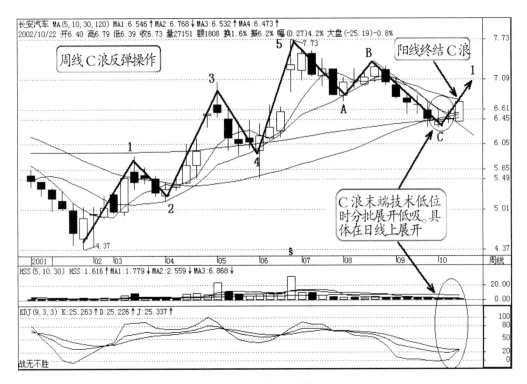

图 5-2 长安汽车周线图

图 5-3 深鸿基日线图

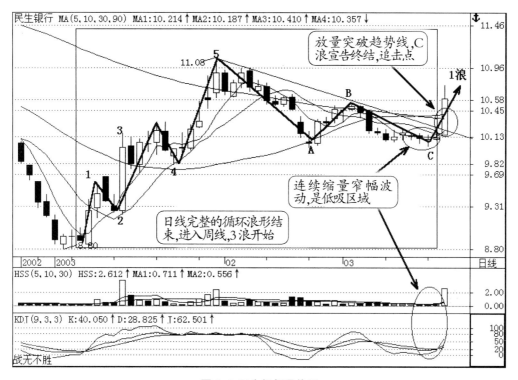

图 5-4 民生银行日线图

图 5-5 民生银行周线图

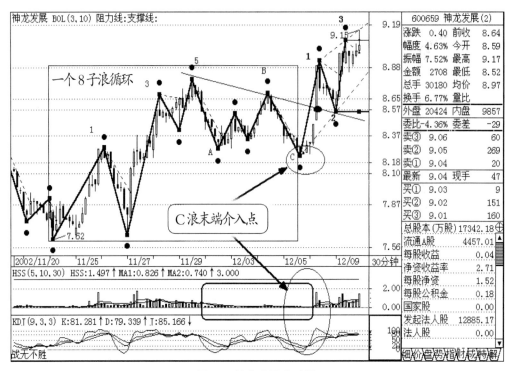

图 5-6 神龙发展分时图

图 5-7 神龙发展日线图

第二节　卧底反击——双底、多重底反弹操作精要

　　股价在经过长时间大幅下跌之后,在低位能形成 V 形反转强劲反弹的走势相对较少,更多的是股价需要在低位反复构筑底部,积蓄上攻能量。常见的底部反转形态有圆弧底、头肩底、双底、三重底、多重底、V 形等,其中,双底和多重底可以说是我们见到的最多的底部构筑形态。熟悉各种底部形态的特征,对于我们参与反弹操作有极大的帮助。

　　卧底反击主要是针对双底、多重底形态为主的中线(波段)低吸,以及突破颈线位时展开的稳健型反弹操作方法。尤其是对于初学者,是必须掌握的一种稳定获取收益的好方法。

一、双重底(W 底)的形态分析

　　双底形态通常是在经过一轮较大幅度的下跌之后形成。它与 V 形底不同之处在于它有两次探底或筑底的全过程(图 5-8),其间主要反映出多空力量彼消此涨的变化。

　　第一次筑底过程,常常因为股价经过连续下跌之后超跌严重,使其投资价值日

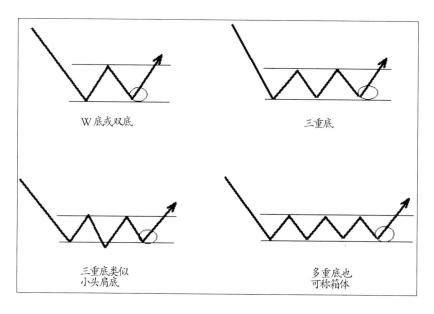

图 5-8　股价底部形态

165

益显露，市场惜售心理愈来愈浓，而有部分先知先觉的进取型投资者逢低介入，或者有一些投资者因其股价低廉而试探性买入，参与技术性反弹，推动股价反弹回升。但大部分投资者仍处于观望状态，此时便形成了第一个谷底。然而第一次回升反弹的幅度并不高，持续时间也不长，当股价上升到一定高度时，由于市场看空因素还很浓厚，马上多方会遭到空方的打压，股价由升转跌，股价再一次回落下挫。当回落至上一次低点时，对后市充满信心的投资者觉得他们错过了上次低点买入的良机，于是趁低进场吸纳，使股价的下跌空间被封住，由此，造成股价回落至前一低点处获得支撑而再次回升，这便形成了第二个谷底。股价在这两次探底过程中的运行轨迹就像字母 W，俗称之为"W"底，即为双重底。

在标准的双重底形态中，这两个谷底几乎处于同一价位，当颈线被向上突破时，整个形态便完成。通常是在第一谷底时成交量较大，第二谷底时成交量较小，而第二次回升时成交量比第一次回升明显放大。

由于股价两次探底未能向下突破，有效地激发了投资者的买进热情，供不应求的买方力量推动股价上涨，且突破颈线(突破上次反弹回升高点的水平线)，从而使股价走势得以逆转。通常突破颈线需要有较大成交量的支持，一旦股价有效突破颈线，上涨最小幅度是颈线到双底连线的垂直距离。

二、判断双重底时需要注意的几点

(1)形成双重底前，股价必须经过较长时间或较大幅度的下跌调整，也就是说，股价要跌透，成交量大幅萎缩。

(2)双重底形成的位置：如果在股价复权后，此位置主力机构仍有获利空间，那么，必须小心谨慎对待。散户眼中的底不一定是主力机构眼中的底，因此，投资者切不可自以为是。

(3)一般情况下，双重底第二次探底位置应不低于第一次探底位置。也有部分个股的主力比较凶悍，在第二次探底时击穿第一次探底的低点，形成破底反转的走势，但这种情况往往破底时间短，而且破底后跌幅会不大，否则，前面的"双底"只是下跌中继而已。

(4)双重底形态的大小决定底部的牢靠程度。如果在两个谷底之间持续的时间愈长，两个低点产生时间相距较远，反转的力量就愈大，底部信号愈可靠。

(5)双重底形态的厚度至少要在10%价格空间以上，如果过小，底部反转信号不一定可靠，容易演变成下跌中继性整理平台。

(6)底部堆积成交量越多，积蓄反弹的动力就越大。

(7)在双重底形态形成过程中，如果上升有量，而下跌缩量，而且第二次回升时成交量比第一次回升明显放大，则向上突破的可能性越大。

(8)向上突破颈线位时成交量必须放大，一般是放量中阳线或放量大阳线，突破信号才能可靠。

(9)双重底不一定都是马上反转的底部信号。在大盘处于极度弱市状态下，双重底经常会演变成三重底、多重底或箱体形态。

深刻了解了双重底形态的形成及其特征，就不难了解三重底、多重底形态的形成与特征。实际上，三重底、多重底形态，以及箱体形态的演变只不过比双重底多进行了一次或数次探底的过程。它们的形成过程和特征这里就不需要再详细剖析了。

三、卧底反击实战操作要点

(1)大盘背景：大盘处于筑底阶段、处于平稳阶段或上升阶段。从具体技术位置看，大盘处于技术中低位，没有暴跌的可能。

(2)目前市场开始有明显的板块联动活跃迹象。如果目标个股有业绩支撑，且处于这些板块之中，或属于潜在热点板块就更佳。

(4)从资金安全角度和进出方便出发，一般来说我们只操作日 K 线、周 K 线或月 K 线图上构筑双重底、多重底的股票，60 分钟或以下周期 K 线图上的双重底、多重底可靠性小，一般不参与，只在股价急跌抢反弹时参考。

(5)操作策略的展开以低吸为主，追涨为辅。低吸战术的展开必须等到股价双重底、多重底构筑成功之时，具体可在第二次、第三次、第四次缩量探底回升开始时分批低吸建立试验性仓位(图 5-9)。

(6)资金布局上可以采取等比例，分几次将试验性仓位建完，占总资金的 1/3 左右。一旦底部形态确立，即放量突破颈线时，开始建立部分追击性仓位，尽量确保资金介入的安全性，不把资金过早暴露于风险之下。

(7)放量突破颈线之后一般会回抽颈线，此时，可以再次建立低吸仓位，一旦止跌企稳，再次带量上扬，可再建立追击性仓位。

(8)出局选择：根据短线操作、波段操作出局原则，一般可选择日线、周线技术高位死叉出局，或者按照高抛、杀跌战术展开的技术依据出局了结。

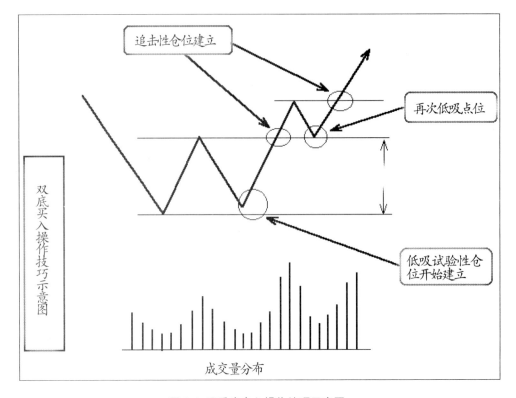

追击性仓位建立

再次低吸点位

双底买入操作技巧示意图

低吸试验性仓位开始建立

成交量分布

图 5-9 双重底介入操作技巧示意图

(9) 如果试验性低吸仓位已建立，因大盘及个股基本面原因，股价出现破位下行，可将低吸建立的试验性仓位(或半仓)先止损，等待再次下跌后止跌企稳时，再寻机补回来；或者，当股价破位下跌至某个重要的技术关口企稳时，及时展开补仓战术操作。总之，各种走势演变的应对措施须提前做好计划，才能打好有准备之仗。

(10) 卧底反击低吸操作方法的缺陷：低吸一般只是在股价探底的低位展开，至于何时能有效突破颈线，买进之时还不能完全确定，这时候要耐心等待。因为，有时双重底可能演变为三重底、多重底，这样，底部形态完成时间延长，从而导致操作周期拉长。

在实战操作中，如何在盘中、盘后快速准确选出双重底、多重底等各种形态的股票就显得非常重要。一般情况，我们没有足够多的时间翻阅所有股票，但可以借助某些分析软件上的 K 线形态相似度功能进行选股，如图 5-10、5-11。

下面我们列举一些卧底反击的实战图解，见图 5-12～图 5-17。

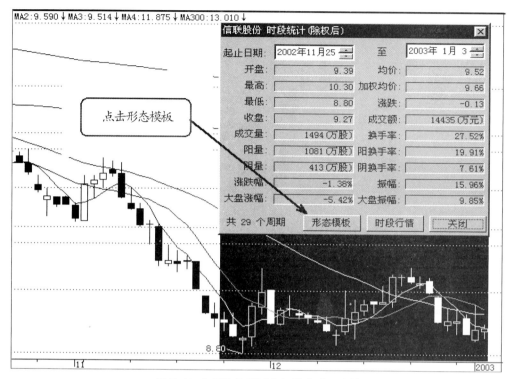

图 5-10 分析软件的形态相似度选股功能

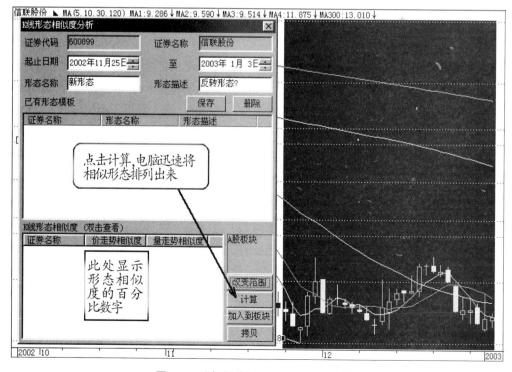

图 5-11 分析软件的形态相似度选股功能

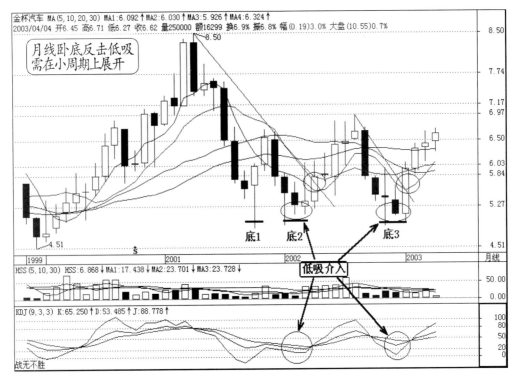

图 5-12 月线三重底图解

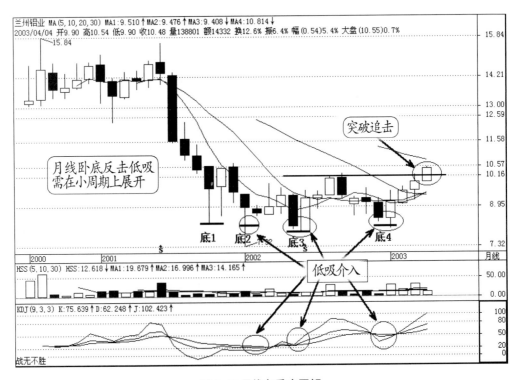

图 5-13 月线多重底图解

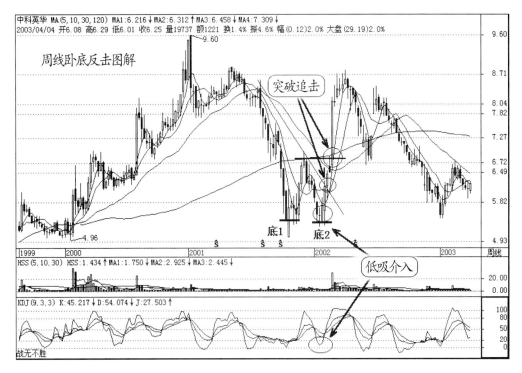

图 5-14　周线双底图解

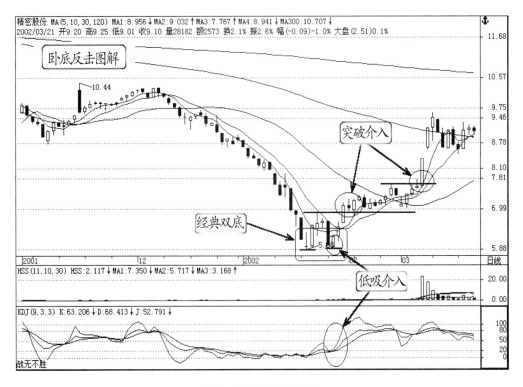

图 5-15　日线双底图解

图 5-16 日线三重底图解

图 5-17 日线三重底图解

第三节　红日东升反弹操作精要

一、红日东升的市场意义

红日东升是指在大盘或个股下跌末期、反弹上升初、中期阶段，K线图上出现的上涨长阳(或大阳线)，在图表上犹如红日升起般耀眼，预示着多方上攻欲望强烈，有扭转下跌趋势的迹象，或者后市将以继续反弹、上升为主。此时，应引起我们的高度关注。

所谓长阳(或大阳线)，就是指K线图表中红色上涨K线的实体较大。一般股价的收盘价位于最高价附近，甚至最高价与收盘价相同，收盘价与开盘价相距较远，至少有4%~5%以上的实体，而上下影线都很短。其含义：从开盘交易起，买方就积极进攻，中间也可能出现买方与卖方的斗争，但买方一直占优势，使价格一路上扬，直至收盘时达到高潮的走势。大阳表示股价具有强烈的涨势，持有股票者，因看到买入气氛浓烈，不愿抛售，因此，出现股票供不应求，股价不断攀升的状况，从而在图表上形成长阳或大阳线。

股市中的长阳往往代表多方攻击的气势，但在底部、上升中途、阶段性顶部区域出现类似的长阳，其市场含义是有区别的，投资者不能死搬硬套、机械地运用。

大盘底部确认时，长阳往往被视为判断转势的信号。在持续下跌的末端，一旦大盘出现一根放量的长阳，而且有集中的领涨热点板块出现，基本上可以判断市场(股价)的底部来临，下跌趋势很可能将被逆转。例如，1999年5月19日上证指数在回调到历史低位1060点附近时，一根阳线横空出世，将前面七日K线全部吞没，同时，以网络股为龙头的热点领涨大盘，由此，从该日起两市走出了轰轰烈烈的大牛行情。该周的周K线也为放量长阳，使反转走势进一步确认。又如在2002年1月23日，在市场一片唱空中国股市的恐慌气氛中，大盘持续下跌至1340点附近，也是一根放量长阳将前面三日K线吞没，将大盘连续下跌的态势止住，加之深沪本地股连动上涨，领涨热点集中出现，由此展开了一波强劲的反弹行情(图5-18)。

我们在看盘时，必须对一切股票的异动保持高度警觉，从中及时发现黑马、强势个股，或者及时回避调整风险。尤其是当个股持续下跌过程中量能极度萎缩之后，或者反弹的初、中阶段中，如果一旦出现中低位置的红日东升——即一根放量长阳，此时我们应立即予以高度重视，很可能获利机会已经来临。

我们可以将长阳（或大阳线）细分为吞并长阳、突破长阳、低开长阳、拉升长阳等几种。

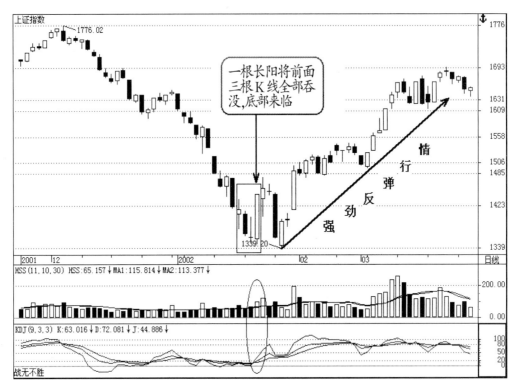

图 5-18 吞并长阳

二、吞并长阳

吞并长阳是指一根长阳将昨日的一根下跌的长阴收复，完全吞没，或者是一根长阳将前面的数根K线全部吞没。如果吞并长阳出现在低位，一般预示着短期趋势有扭转的迹象，底部来临（如上面所举例的大盘底部形成时吞并长阳）；如果吞并长阳出现在上升中位，一般预示着股价仍将维持上涨趋势；如果吞并长阳出现在高位，则需要谨慎观察后面的走势，可能是主力机构故做强势，股价有可能发生逆转，进入调整（图5-19～5-21）。

突破长阳一般是指突破下降趋势线的长阳，突破各种整理形态的长阳。在后面介绍形态突破的章节中会有介绍。

图 5-19 吞并长阳

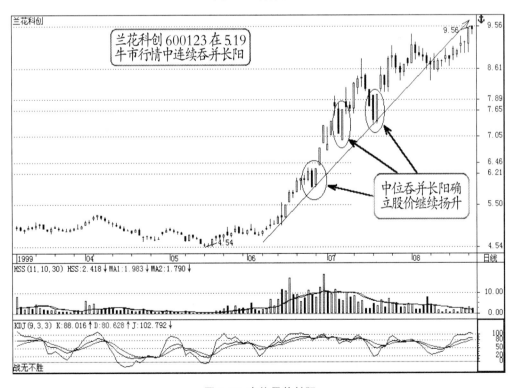

图 5-20 中位吞并长阳

图 5-21　吞并长阳

三、低开长阳

低开长阳是指早市股价开盘低开，盘中一路走高，最后在图表上形成一根红色的长阳线。低开的幅度一般较大，大于 2%～3% 以上，同时带有较大的成交量集合竞价。低开长阳可以出现在低位，可以出现在上升途中，也可以出现在阶段性头部，甚至下降途中。这些量价异动是我们看盘时发现黑马的一个重要看盘线索。

例如石油板块个股大庆联谊 600065 从 2000 年 6 月的高点 17.97 元开始，随大盘一路下跌，在 2002 年 1 月底股价跌至 5.50 元附近，连续出现三、四根低开长阳，构筑完成阶段性底部，随后反弹至 10 元以上（图 5-22）。

例如小盘重组股广西红日 000662（现为索芙特）在 2002 年底到 2003 年初，底部的两根大幅低开长阳，将双底构筑完成，随后展开反弹（图 5-23）。

又如小盘重组股 ST 东锅 600786 在 2003 年元月中旬随大盘见底反弹后，2003 年 1 月 14 日在年线上方，一根上升途中的低开长阳突破半年线将股价拔起，随后股价一路震荡上扬（见图 2-24）。

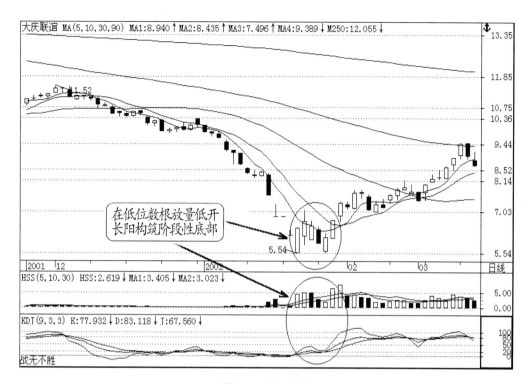

图 5-22　低开长阳

图 5-23　低开长阳

图 5-24 低开长阳

四、拉升长阳

在牛市行情中，我们可以经常看到股票进入主升浪时，股价出现连续大幅向上拉升，在图表上留下一个个红色的大阳线或长阳，涨升气势甚为壮观。例如，科学城 000975 于 2000 年 6 月初上市，主力经过长达 1 年的震荡吸筹，于 2001 年 6 月 4日开始展开凌厉的攻势，在两个月时间里从 16 元拉升至 27 元。其间我们可以看到许多拉升长阳(图 2-25)。

在熊市或调整行情中，个股运行主要以反弹为主，虽然拉升长阳没有像牛市中那么多，但是在领涨股和强势股中，也能见到拉升长阳的身影。如在 2002 年深圳本地地产股行情中，深深宝 A000019 在向上反弹过程中，在 1、3、5 浪均有拉升长阳出现。如果能及时捕捉到热点、运用好追涨战术，相信应有可观的收益(图 5-26)。又如河池化工 000953(现为 st 沙化)，在 2002 年反弹行情中，向上攻击时就大量采用拉升长阳的形式，吸引跟风盘，以达到其减仓、出货的目的(图 5-27)。又如在2002 年低价股超跌反弹行情中，许多绝对价位很低的股票反弹时，均采用放量对倒、拉升长阳方式，以吸引人气，达到主力短炒获利的目的，如图 5-28 中银鸽投资600069 的走势。

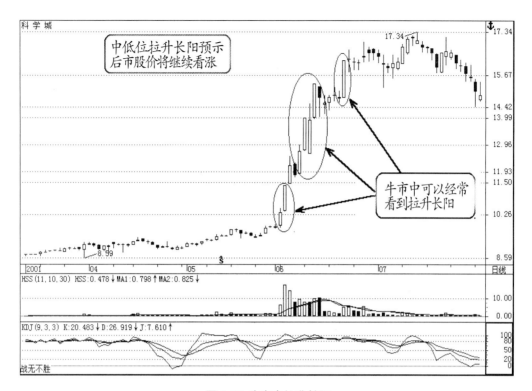

图 5-25　牛市中拉升长阳

图 5-26　反弹行情中拉升长阳

图 5-27 反弹行情中拉升长阳

图 5-28 反弹行情中拉升长阳

五、红日东升反弹操作实战要点

长阳(或大阳线)代表多方攻击的气势，体现主力雄厚的做盘实力，表示股价仍有强烈的涨势，因此，在实战中具有很强的操作价值。仅仅从2001年6月底股市下跌至2003年3月6日的这段时间里，我们设定条件：涨幅超过7%，而且必须有3%以上的阳线实体，然后进行测试，在长阳当日买进20天获利10%的成功率可达59%，说明该方法具有可操作性(图5-29)。关键是如何限定买卖操作的条件，从而将操作的成功率提高至80%以上。

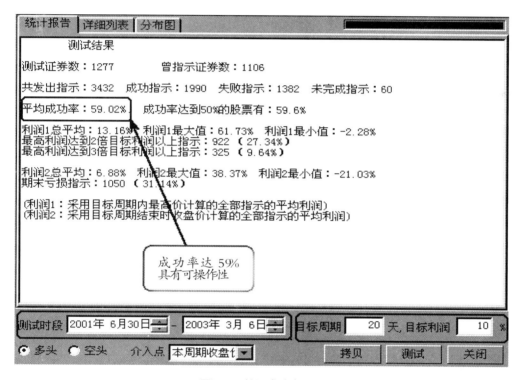

图 5-29　长阳成功率测试

实战操作要点如下：

(1)大盘背景：大盘处于下跌末端，下跌趋势有放量扭转的迹象或处于反弹上升初、中阶段。如果大盘刚破位下行、或处于加速下跌、暴跌时应观望、回避。

(2)板块轮动：目前市场有明显的板块联动效应迹象，热点开始产生。如果个股处于热点板块之中就较好，尤其是领涨龙头股更好。如果板块持续性强，则长阳追入获利机会较大；如果板块轮动很快，板块持续性差，则长阳追入获利机会较小。这种情况往往表现在大盘上攻无力、处于较高位置盘整、缩量盘升时，主力机构借助于板块轮动加快，维系市场人气。

(3)个股长阳前本身的位置：从个股技术状态上看，如果个股本身处于大级别技术位置低位、中位，支持后市还有一定上涨空间，则长阳追入的风险较小；如果个股处于技术高位，后市上涨空间受到制约，则此时长阳追入的风险较大；各种形态完成长阳突破时，是介入的较好时机。

从个股的浪形结构看，处于 C 浪下跌末端、反弹 1 浪、3 浪上升初、中阶段的长阳，追入风险较小，获利机会相对较大；处于 3 浪尾段、5 浪、B 浪反弹阶段的长阳，追入风险较大，须谨慎。

(4)量能配合：一般情况，在中低位的首次放量长阳，实时量比必须大于 2，换手在 3%以上时，是介入的较好时机。形态完成长阳突破时，成交量要求必须明显放大，缩量突破往往是假突破。

(5)对于低开长阳必须要求成交量有纵向、横向的巨幅放大，而且位置一定要处于底部或上升通道之中。一旦在集合竞价时间，发现大幅低开盘，可立即比低开价略高挂单跟进。

(6)买进方法：操作策略以追涨为主，低吸为辅。在大盘背景和板块支持的情况下，盘中一旦发现目标股的量比放大至 2 以上，上涨幅度超过 3%，而且盘中上攻有连续大单出现，攻击流畅，符合低吸、追涨战术的展开条件，可及时在股价回落至均价线附近建立部分低吸仓位，当涨幅达 6%～7%时，一旦确定当日能收出长阳，则可以及时建立部分追击性仓位，合计仓位在 30%左右即可。也可以在长阳确立后，第二日股价回档时展开低吸；如果第二日跳空继续上攻，在 2%～3%内及时展开追击。

(7)出局选择：根据可能反弹级别大小，按照超短线操作、短线操作、波段操作出局原则，可选择 60 分钟、日线、周线技术高位死叉出局，或者按照高抛、杀跌战术展开的技术依据了结出局。

(8)需要提醒的是，许多人追入长阳操作失败，往往是追在高位。例如大盘背景不好，或板块持续性差，或者个股处于技术高位，或长阳当日成交量能急骤放得过大，而第二天量能跟不上等等。这些均需要投资者在熟练掌握低吸、追涨战术的前提下，适时地灵活运用，切忌机械使用。

第四节　逆市抗跌反弹操作精要

一、逆市抗跌的概念

股市之中多空力量此消彼长、股价涨跌循环是亘古不变的规律。没有只涨不跌的股市，同样也没有只跌不涨的股市，一旦股价涨升过多，自然就会出现回落调整，一旦下跌过大，自然也会产生反弹上涨。

这里所说的调整，并非只是单指股价的调整，实际上是对市场股价运行中已存在的矛盾、不和谐进行调整，使之达到和谐，因此，调整实际上是对市场各个要素(包括价格、空间、时间、成交量、资金流、热点)全部重塑的过程。在大盘持续下跌过程中，个股和板块大部分时段总是轮流向下调整，板块轮动有序地展开。

我们经常可以看到，所谓的热点板块、绩差股板块、问题股板块、绩优股板块、高价股板块、中价股板块、低价股板块、大盘指标股板块、小盘股板块、科技股板块、主力护盘股等等许多板块、个股总是与大盘步调不统一，先后展开回调，不断牵引股指向下调整。由于整个市场股票数量达三千只以上，齐涨齐跌的现象已经很少，因此，在一段时间里，不同的股票表现出不同的股性，有一些板块或股票在股市上升期总是跑赢大盘，通常我们把这些股票叫做"领涨股"，另有一些股票在股市下跌时跌得很少，甚至反而上涨，通常我们把这些股票叫做"逆市抗跌股"。

形象地说，逆市抗跌是指某个时间段内，当大盘下跌调整时，股票(或板块)却逆市上涨，或者大盘跌得快，而股票却跌得慢、跌得少，也就是说，个股与大盘不同步，逆大市而抗跌或上涨。

按照大盘－板块－个股的股市结构顺序，我们可以用这种思路来细分逆市抗跌股票类型：逆大盘下跌而抗跌的强势板块，逆板块下跌而抗跌的强势股，逆大盘下跌而抗跌的强势股三类。

在大盘持续下跌过程中，个股(或板块)之所以能逆市抗跌甚至逆市涨升，不外乎有两个主要原因：一个原因是原主力仍驻扎在其中，全力护盘，不让股价下跌。第二个原因，就是该股质地非常优良，或者具有某种实质性潜在题材、潜在利好消息，图表显示有实力机构借大盘下跌，散户恐慌抛售的机会，暗地里吸货、收集低位筹码，此时往往呈现低位成交量温和放大，导致股价逆市上扬或逆市不跌。

逆市抗跌现象具体可能表现在实时交易的即时图中，也可能是某段分时中，或在某段日 K 线、周、月 K 线上。具体可表现为缓慢下跌、横向窄幅整理、三角形或箱形整理、温和放量小扬升等等形态。

为了直观明了地显示逆市抗跌，我们可以借用许多股票分析软件的主图叠加功能来实现。其主图叠加具体方法：借助键盘精灵，可方便地将大盘走势或其他股票的走势叠加到图形分析画面的主图上，供比较分析。例如，敲 SZZS，键盘精灵出现，上面显示"上证指数"，此时按着〖Ctrl〗不放，加按回车键即可将"成分指数"叠加到当前个股图形上。在此过程中，若弹出对话框询问是否换成百分比坐标，请选择"是"。否则按数值的绝对值显示，难以互相比较。如图 5-30～5-32。

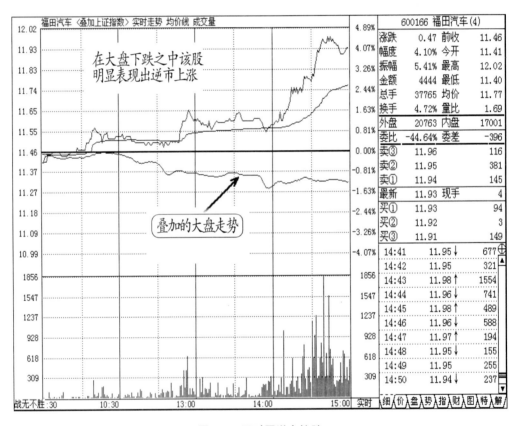

图 5-30 即时图逆市抗跌

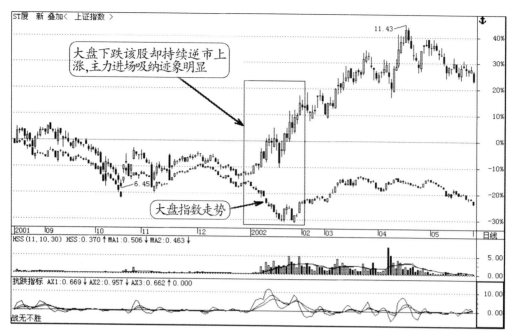

图 5-31　日 K 线图逆市上涨

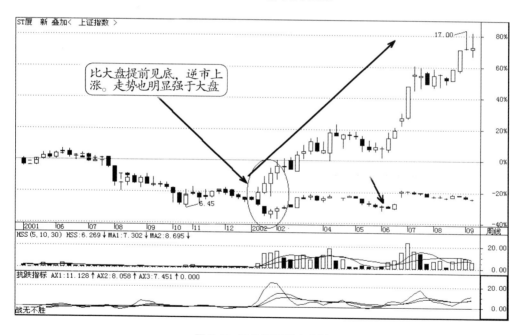

图 5-32　周 K 线图逆市上涨

二、如何选出逆市抗跌股

我们也可以自己编写一个抗跌指标来作附图指标显示，方便查看。抗跌指标可以简单这样编写：

ZF1:=(CLOSE-REF(CLOSE，1))/REF(CLOSE，1)*100；

DPZ:=(INDEXC-REF(INDEXC，1))/REF(INDEXC，1)*100；

AB1:=EMA((ZF1-DPZ)，3)；

AX1:SUM(AB1，N1)；

AX2:EMA(AX1，N2)；

AX3:EMA(AX1，N3)；

如果指标线 AX1 从下上穿 AX2、AX3 指标线，呈现多头排列，则说明个股走势抗跌，反之，如果指标线 AX1 从上下穿 AX2、AX3 指标线，呈现空头排列，则说明个股走势弱于大盘。同时，也可以编写出抗跌的选股公式，随时快速选出走势强于大盘的股票或抗跌股。

这里有一个关键问题，那就是我们参与什么时段逆市抗跌股，风险才能控制得较小，也就是时机选择问题。

在大盘持续下跌过程中，一些所谓的抗跌股可能在某一时段走势强于大盘，体现出明显抗跌，但其后也可能出现补跌的走势。尤其是某些主力控盘程度较高的股票，在大盘下跌的初、中阶段，主力往往全力护盘，不让股价跌得过快，此时给人的感觉是走势坚挺，逆市抗跌。如果此时过早介入，很可能正赶上该股补跌，其风险也是比较大的，因此，某段时间内股票抗跌，并不代表该股票后市会一直抗跌。如多佳股份 600086（现为东方金钰）在 2001 年 6 月底大盘开始步入熊市之初时段，走势明显抗跌，但其后的走势仍随着大盘展开回调（图 5-33）。如 2002 年 7 月上市的安源股份 600397，在 12.00～12.80 之间箱体整理达 3 个多月，走势明显抗跌，强于大盘，但是 2002 年 10 月 11 日的破位长阴，就开始展开快速补跌的走势（图 5-34）。又如在 2002 年 11 月份的兰陵陈香 600375（现为新华锦）、兰州民百 600738 等前期抗跌股的破位快速补跌的跳水走势（图 5-35），它们与大盘指标股、新股的加速下跌成为当时市场主要的做空力量。

总结起来，对于抗跌股的介入时机最好是在大盘下跌末期，具体地说至少大盘清晰的日线、周线或月线的 C 浪下跌末端，即将面临强劲反弹之时，以及 2 浪调整的末端，后市即将展开 3 浪攻击之时。同时，抗跌持续的时段越久，低位逆市放出的成交量越密集，则后市股票的爆发力就越强，因为无论是老庄股或新进资金的主力机构，在向上拉抬时，一般需借助于大盘的反弹或回暖，才能较好地实施自己的计划、达到目的。很多时候，在大盘下跌末期的抗跌股中，往往会涌现出阶段性领涨的龙头股票。如 ST 夏新 600057(现为 *ST 夏新)于 2001 年 12 月末提前于大盘见底,在底部构筑了坚实的三重底。当股指在极度恐慌气氛中加速探底至 1340 点位之时,ST 夏新却持续逆市放量涨升,涨幅达 20%。当大盘展开强劲反弹时,该股更是一路上扬,成为 2002 年的一只大牛股(图 5-36)。

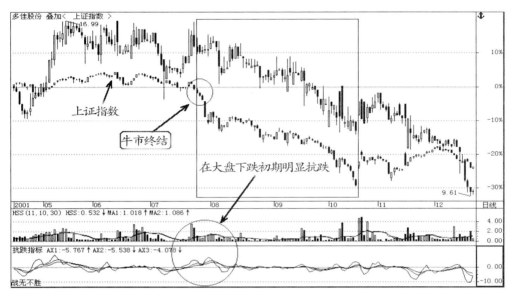

图 5-33　抗跌

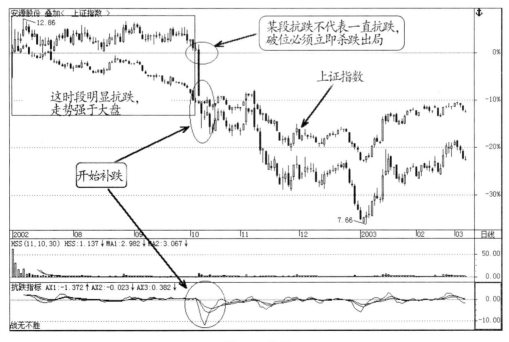

图 5-34　补跌

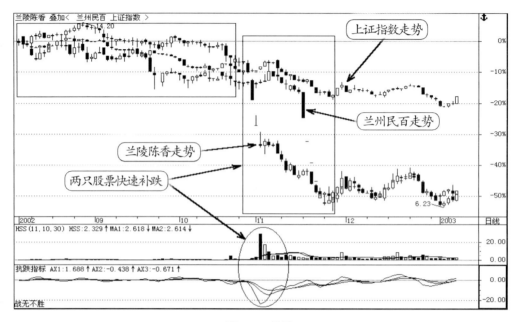

图 5-35 补跌

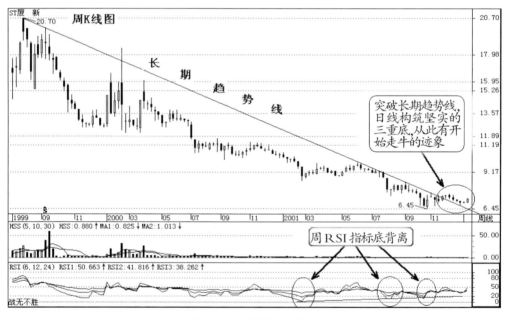

图 5-36 ST 夏新周 K 线图

又如上海科技 600608 (现为 *ST 泸科) 在上证指数 2002 年 12 月 25 日至 2003 年 1 月 6 日从 1431 点加速下跌至 1311 点, 跌幅达 8% 的时候, 该股却从 9.3 元连续放量涨至最高 11 元, 涨幅达 15% 以上。此后, 该股成为领涨大盘的短信、网络股龙头, 涨幅惊人 (图 5-37)。

图 5-37　抗跌股中涌出的龙头股

　　再如长安汽车 000625 在 2002 年以后的走势。该股属于中国快速发展的汽车行业，具有良好的成长性，同时具有外资概念。自 2002 年初大盘见底反弹以来，该股的走势一直明显强于大盘(图 5-38)，成为一只跨年度的大牛股。从 K 线形态上分析，该股浪形结构清晰，股价处于相对历史底部位置，涨跌的量价配合良好，结合大盘背景、板块轮动效应，只要熟练运用低吸、追涨战术，配合资金管理，我们便可以把握一些该股给我们提供的参与获利机会。

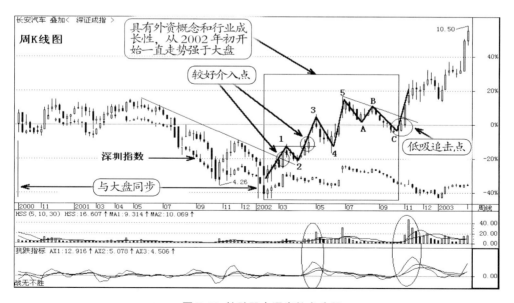

图 5-38　抗跌股中涌出的龙头股

三、逆市抗跌反弹操作实战要点

从以上实例我们可以看出，操作逆市抗跌股实际上也一种顺势而为思想的具体运用，具体体现在股市中的几句箴言："牛市重势、跌市重质"，"强者恒强"和"该跌不跌——理应看涨"的思想精华。其实战要点如下：

(1)大盘背景：大盘处于持续下跌的末端，下跌趋势有放量扭转的迹象或处于反弹上升初、中阶段的回档。大盘刚破位下跌的初、中期(即 A 浪、C 浪下跌初中期)，则应尽量回避。

(2)下跌末段的大盘暴跌，运用本方法选择逆市抗跌股，效果最好。因为在大盘暴跌之中，个股的强弱尽皆呈现，犹如"狂沙吹尽始见金"，往往此时的强势抗跌个股能成为率先反弹的急先锋，涨势较大。

(3)板块轮动：抗跌目标股处于近期热点板块之中就较好，如果是领涨龙头股则更好。

(4)个股本身的位置：如果抗跌目标股本身处于技术位置低位，提前大盘完成构筑底部，形态完成后的突破之时，则是介入的较好时机。

(5)从目标股的浪形结构看，如果处于 C 浪下跌末端、反弹 1 浪初期、2 浪末端、明显表现出逆市抗跌的迹象，应予以高度关注，可以寻机展开分批低吸。

(6)量能配合：只要是在中、低位置反弹过程中，量价关系配合良好，我们均可以展开操作。对于抗跌的老庄股在反弹中对倒放量过大、过急，此时如果采取追涨战术，则需加倍谨慎地展开。

(7)买进方法：操作策略以低吸、追涨两种战术结合使用。当大盘在下跌过程中，目标股已逆市抗跌一段时间，形成缩量整理形态，或温和放量上扬，一旦符合低吸、追涨战术的展开条件，可及时进行建仓，合计仓位在30%左右即可。追击性仓位和保护性仓位随后将适时展开建立。

(8)出局选择：根据可能反弹级别大小，按照超短线操作、短线操作、波段操作出局原则，可选择60分钟、日线、周线技术高位死叉出局，或者按照高抛、杀跌战术展开的技术依据了结出局。

(9)需要提醒的是，在逆市抗跌股的反弹操作中，任何时段脱离大盘背景的走势对比分析，运用本方法都可能导致操作失败。另外，如果建仓的抗跌目标股一旦出现破位下行，说明我们很有可能看错，或时机选择不好，必须立即止损出局。

希望投资者在熟练掌握低吸、追涨战术的前提下，适时地灵活运用，切忌机械使用。

第五节 形态突破之反弹操作精要

一、突破的分类

在股价的行进过程中,股价的突破只有向上突破与向下突破两种模式。由于我国股票市场仍主要以单向做多才能赚钱,因此,往往向上突破是买进的机会,而向下突破是卖出的时机。前面第二章中杀跌战术的展开指的就是股价向下突破时实施。

突破的操作方法我们这里可以细分为K线突破、形态突破、切线(趋势线)突破、均线突破等几大类型。这些突破我们经常可以在实时交易的即时图、分时K线图、日K线、周K线图、月K线图等各个周期的图表中见到。K线突破主要是指股价突破前面的高点(也可以是收盘价),创出新高(图5-39、图5-40)。形态突破一般指各种反转形态和持续整理形态完成时终结性的突破,如本章第二节卧底反击操作方法精要中涉及的双底、多重底完成时的向上突破就是非常典型的形态突破操作。均线突破一般指股价突破重要均线的压制与支撑,从此打开了股价上升与下行的空间。切线(趋势线)突破我们会在下一节内容中详细介绍。本节重点介绍形态突破的一些基本操作要领。

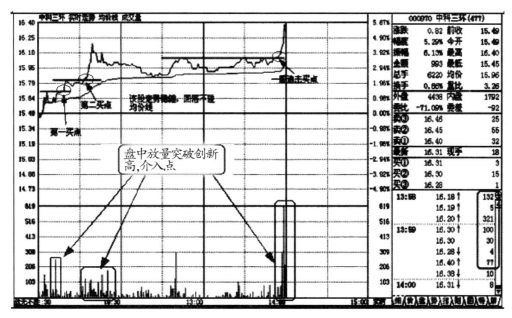

图 5-39 即时图中的股价突破

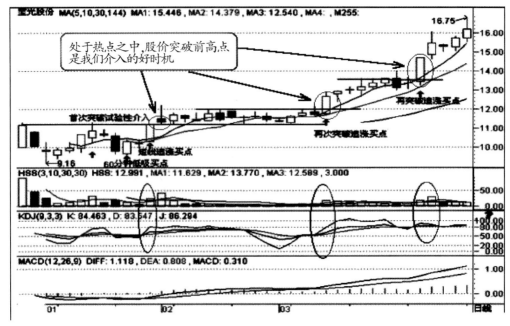

图 5-40 日 K 线的股价突破

二、熟悉各种经典形态

在实战中，要求每个投资者必须了解熟悉形态理论及各种经典形态图形，而各种形态的买卖操作方法也应该熟练掌握，从而较好地获取投资收益。

传统的形态理论主要分为反转形态和持续整理形态两大类。它们不仅仅存在于平常的日 K 线图、周 K 线图、月 K 线图中，也可以存在于分时各周期的 K 线图中，在即时图中也经常能看到。只不过周期大小不同，形态完成后的威力大小不同而已。反转形态是指股票价格改变原有的运行趋势所形成的运动轨迹。反转形态有：单顶（底）即 V 形反转、双头及双底也就是 M 头及 W 底、三重底（顶）、头肩底（顶）、圆弧顶（底）等。而持续整理形态是指股票价格维持原有的运动轨迹。持续整理形态有三角形整理、矩形、旗形、楔形、菱形整理等几种。

1.头肩底反转形态

下面在剖析形态时我们重点只讲底部形态，顶部形态图形正好相反而已，其操作使用原理是一样的。反转形态中除了第二节中介绍的 W 底（顶）和多重底（顶）外，头肩底（顶）也是很常见的一种形态，而且头肩底是非常重要和可靠的底部反转形态，一旦日 K 线或周 K 线图上出现，一般就意味着将有中长期的上升行情产生。

头肩底的形成是在股价经过较长时间的下跌后小幅反弹形成左肩，然后快速单边下跌并跌破左肩的低点，随后又单边上扬至左肩反弹的位置构成头部，其后再次回落至左肩低点水平止跌回升形成右肩，最后股价放量上涨突破左右肩高点连成的颈线位而宣告头肩底形态的完成。头肩底向上突破后最小升幅至少是底部低点至颈线位的垂直距离，而大多数头肩底形态的实际升幅都远远超过这个理论升幅。

一般头肩底的买入时机是当放量突破颈线位时为第一买点，属于追击性买进，第二买点是股价放量突破颈线位的回抽确认之时，属于低吸买入(图5-41)。

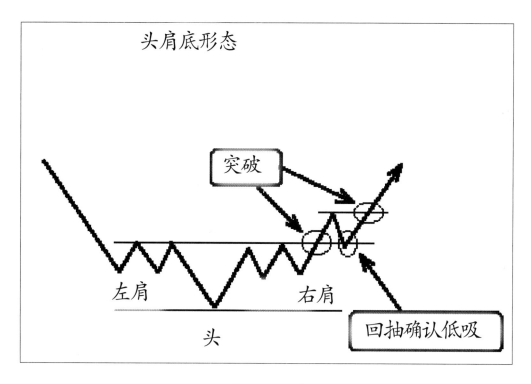

图 5-41　头肩底

头肩底(顶)形态常常在即时图、分时、日线、周线、月线等各周期的 K 线图表中能见到。只是需要注意头肩底(顶)在大小周期中，形态完成后的威力不同，在大周期中威力大，在小周期中威力则小。

需要提示的是，头肩底形态实际上是三重底形态演变而来的，只是其第二个低点即底部比第一个和第三个低点更低而已。如果头肩底形态出现一个以上的左肩或右肩，则属于复合头肩底。头肩顶形态与头肩底形态刚好相反，如图5-42～5-44。

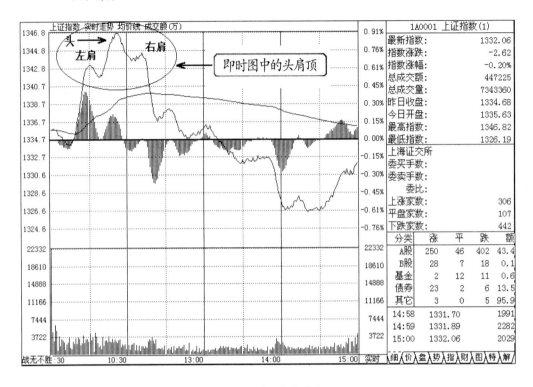

图 5-42 即时图中的头肩顶

图 5-43 日线头肩底

图 5-44 周线头肩底

2.三角形整理形态

三角形整理形态一般分为上升三角形、下降三角形、对称三角形三种最常见的形态(图 5-45)。上升三角形通常出现在上升趋势的中途，是较为常见的中途整理形态，它是在股价经过前阶段的大幅上涨之后，进入回调、整理阶段所形成的。股价回落的低点一个比一个高，而高点却在同一水平受阻，最后股价波动幅度逐渐收敛，三角形形态完成后产生向上放量突破上边压力线，展开新的一波上升。因此，当股价放量向上突破上升三角形的上边压力线时，应果断跟进，是最佳的追涨买入时机。

一般放量突破上升三角形后的上升快速而有力，其理论上的量度升幅至少是上升三角形内的最大垂直高度。

对称三角形也属于典型的中途整理形态，它既可能出现在上升趋势中途，也可能出现在下降趋势中途。

上升趋势中的对称三角形，是在股价经过快速的上涨之后，股价进入整理时所形成，它的高点是一个比一个低，而低点的支撑却一个比一个高，构成一个向右逐渐收敛的三角形，最后股价放量向上突破三角形的上边压力线，继续上涨。

当股价放量向上突破对称三角形的上边压力线时，应果断跟进，是最佳的追涨买入时机和点位。一般股价完成对称三角形整理后的威力比上升三角形形态的威力要大(图 4-46、4-47)。

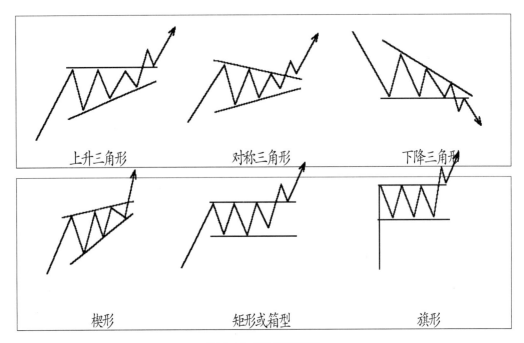

图 5-45 各种整理形态

图 5-46 三角形整理形态

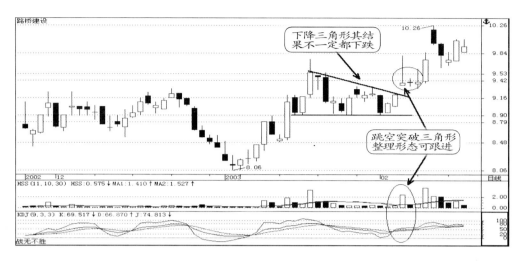

图 5-47 三角形整理形态

3.楔形整理形态

楔形也是持续整理形态的一种，它看上去像是一个上倾或下倾的三角形整理形态(图 5-48)。刚接触形态理论的投资者容易将楔形与三角形混淆，其实两者有很大差别，形态也明显不同。对称三角形形态的上下两条边线是逐渐收敛的，运行方向是对立的；上升三角形或下降三角形的两条边线的运行方向也不相同。但在楔形形态中其上下两条边都是朝着同一方向倾斜，也就是说运行方向完全一致，只是由于倾斜角度不同导致了运行速度产生差异而最终形成交叉。把握了这一点就非常容易将三角形和楔形区分开来。

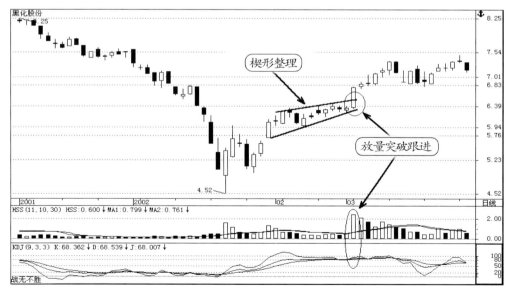

图 5-48 楔形

作为持续整理形态的代表，楔形自然具备保持原有运动趋势方向的特性，在价格的升降过程中形成楔形形态后通常经整理后仍将沿原有方向运行。

但在实际运用中，楔形偶尔也会出现在顶部或底部，从而转换成反转形态。由于这种情况通常发生在一个趋势经过很长时间运行后接近尾声的时候，所以，出现的机会相当少(图5-49)。所以当楔形形态出现时，还是应该首先将其看作是趋势中途的持续整理形态。在成交量变化特性方面，楔形和旗形相当类似，大家可以借助分析旗形的方法观察楔形的变化。

图 5-49 楔形

4.上升旗形整理

上升旗形是在股价经过快速而陡峭的上升之后形成旗杆，然后进入调整，股价波动紧密，狭窄和稍微向下倾斜的平行四边形构成旗面，形态完成后，股价会向上突破，并出现新的上升行情(图5-50)。

一般而言上升旗形的整理时间不应超过一个月时间，而且形态的成交量必须呈现显著萎缩，否则形态的作用会大为减弱甚至会演化为其他形态。

上升旗形向上突破时应有成交量配合放大才算有效，其突破后的升幅与旗杆的长度大致相同，其上涨的速度与旗杆相似。

一旦股价放量向上突破上升旗形整理形态的上边压力线是最佳买入时机，新的上升又将展开。止损点可设在旗形的下边支撑线，跌破之时展开止损。

图 5-50 上升旗形

5.矩形整理形态

矩形,实际上就是我们平常所说的箱体或箱形整理,是指股价在两条平行线之间上下波动所形成的一种较为常见的整理形态(图 5-51)。它既可以出现在上升趋势中,也可能出现在下跌趋势中。

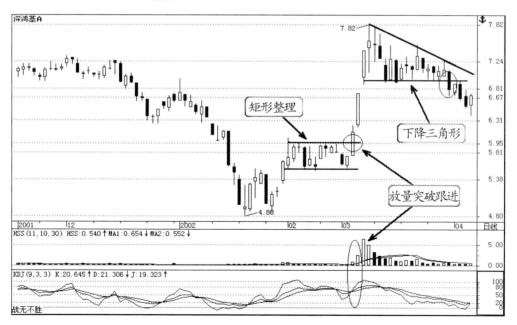

图 5-51 矩形和三角形

在上升趋势中，股价经过一段时间的单边上涨之后，进入横向整理阶段，当股价上升至某一水平时就遇阻回落，但下跌到一定水平又获得支撑上升，股价在上下两层压力与支撑线中上窜下跳，来回反复。一旦时机成熟，形态完成，便放量向上突破箱体压力线，开始新的一波上升或者是进入高一层的新箱体中运行。

一般矩形整理结束时，股价向上突破应有成交量配合放大才算有效，其突破后的升幅至少与矩形的高度等同。

三、实战中运用形态时的注意事项

(1)不管是反转形态，还是持续整理形态，投资人必须熟悉各种形态的特征，以及演变的方向，一旦放量突破才能作出快捷反应，寻找最佳的进出场点位。在弱市反弹的短线操作中，如果投资人能经常做到比大多数追涨者低3%~5%介入，其后的进退主动性、持股的心态就会大不一样。

(2)在应用形态时，别忘了大周期的趋势，大趋势制约小趋势。同时，不管哪一种形态，分析时都离不开对形态形成的时间、波动幅度、成交量的综合分析，才能提高准确性。

(3)实战中形态分析必须结合其所处股价运动循环阶段的具体位置及形态的规模和形成时间才能准确地进行运用。任何脱离位置、规模和时间的形态分析均会将你带入模棱两可的境地。

(4)有时候一种形态可能演变成另一种形态，如反转形态也有可能最后演变成持续整理形态。形态完成突破后股价的运行方向也不一定完全按照教科书上所指定的方向，需要按照形态分析的原则正确判断。

(5)形态完成之时的向上突破必须要有成交量放大的配合，可靠性才高，而向下突破时，则不一定要求量能配合。

(6)形态位置的高低与当时大盘背景的好坏，对于形态的突破是否有效，甚至是假突破有极大的关系。

(7)反转形态一般都发生在阶段性头部或底部，而持续整理形态则大多数发生上升或下跌的中途，这是最基本的区别，不可混淆。

(8)在浪形结构中，整理形态一般都处于2、4、B浪之中，因此，即便是相同的形态，在完成突破介入时的资金管理应有区别。如果处于2浪，仓位可重些，如果处于4浪或B浪整理时，仓位应轻为宜。

第六章

各种反弹操作获利模式实战精要(下)

第一节　反弹操作中趋势线运用精要

一、趋势(线)理论精要

趋势的概念主要是指股价运行的方向，它是股价波动有序性特征的体现，也是股价随机波动中偏向性特征的主要表现。趋势实际上是物理学中最有名的运动学即牛顿惯性定律在股市中的真实再现，是技术分析中最根本、最核心的因素。即便是国家宏观经济运行在各个阶段也都存在有发展趋势，各个行业在不同的阶段更存在明显的发展趋势。

实战投资家最重要的投资原则，就是顺势而为，即顺从股价沿最小阻力运行的趋势方向而展开操作，与股价波动趋势达到"天人合一"。

顺势者昌，逆势者亡！

1. 趋势线的画法

所谓"一把尺子走天下"，其实指的就是趋势线的运用。投资者要时刻记住：趋势是你的朋友，永远顺着趋势展开操作，不可逆势而为。学会使用趋势线来确定趋势的方向，对于投资者来说，这是必不可少的基本功之一。

趋势线是对股价波动的轨迹和方向进行化繁为简的一种方法性实战运用，它能将细小的股价波动过滤掉，使我们可以简单、清晰地把握股价的波动方向和趋势的脉络。趋势线的画法就是将波动运行的股价低点和低点连接，或者高点和高点连接，如果股价是按一个低点比一个低点高的运行方式运行，所画出来的趋势线就是上升趋势线即支撑线；如股价是按一个高点比一个高点低运行，所画出来的趋势线就是下降趋势线，即压力线；还有一种是股价的低点和高点横向延伸，没有明显的上升和下降趋势，这就是横盘整理或称为箱形整理。趋势根据时间的长短，可以划分为长期趋势、中期趋势和短期趋势。一个长期趋势一般由若干个中期趋势组成，而一个中期趋势由若干个短期趋势组成(图 6-1)。

一般说来，所画出的趋势直线只需要两个低点或高点即可构成，但趋势线被触及的次数至少三次，才能确认趋势线的有效性。趋势线被触及的次数越多就越重要，这条趋势线延续的时间越长，就越具有有效性。

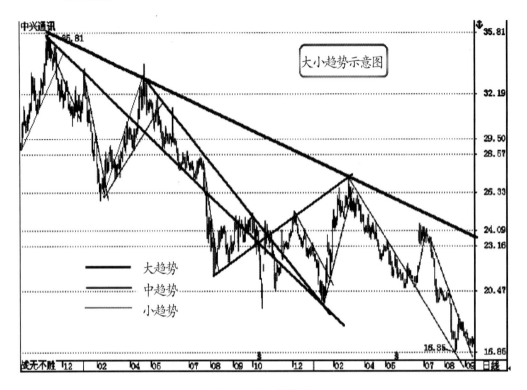

图 6-1 大小趋势线

2. 趋势线的作用

（1）对股价今后的波动起到一定的约束作用。这种约束作用实质上主要体现为投资者人的心理暗示作用，如当股价跌至某条主要趋势线时，持仓者暂时不再卖出，看趋势线的支撑力度怎样再作决定，而场外观望者，认为是一个买入的时机，一旦买方力量大于卖方力量，投资者的心理集合产生的实际买盘力量使股价回升。同样，当股价跌破某条主要趋势线时，持仓者认为股价还会再跌，便纷纷卖出，一旦卖方力量大于买方力量，投资者的心理集合产生的实际卖盘力量会使股价加速下跌。压力线对投资者人的心理暗示作用也同样存在。

（2）趋势线被突破后，就说明股价波动的下一步趋势将要出现逆向运动，越重要越有效的趋势线被突破，其转势的信号越强烈。

3. 支撑线与压力线相互转化

趋势线中支撑线和压力线是可以相互转化的。如当股价从上向下突破一条支撑线后，原有的支撑线将可能转变为压力线。在某些时候我们可以发现，股价运行在两条相互平行的趋势线之间，上面的线为压力线，下面的线为支撑线，这种

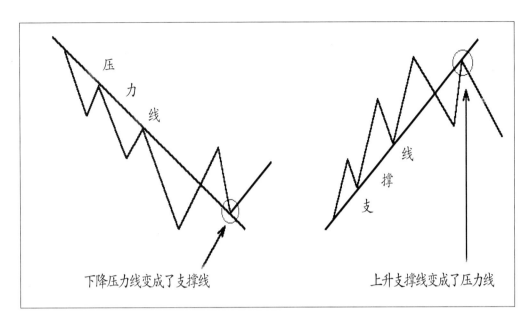

图 6-2　支撑压力转化

情况称为箱形整理。趋势线经常需要和成交量配合使用，股价从下向上突破压力线时，往往需要大的成交量支持。如果没有成交量和大盘背景的支持，很多时候往往是假突破。

4. 趋势线的角度

趋势线的角度至关重要，一般来说，倾斜角度为 45°的趋势线最有意义，稳定且持久。过于平缓的上升趋势线显示出力度不够，不容易马上产生大行情；过于陡峭的上升趋势线，说明股价上升太快不能持久，往往容易很快转变趋势，将上升趋势线的角度调整到 45°线上下左右，但不是趋势的逆转。反之，下降趋势线也同理。

5. 怎么确认趋势线的有效突破

这是应用趋势线最为关键的问题。传统趋势理论中没有很准确的结论，有的只是人们的经验性总结。在实战中需要把握三个原则：

(1)收盘价突破原则：收盘价突破趋势线比日内的最高、最低价突破趋势线重要。

(2)3%突破原则：它主要用于长期趋势线突破的鉴别。突破趋势线后，离趋势线越远，突破越有效。该原则要求收盘价突破趋势线的幅度至少达到3%。只有达到这一幅度，才算有效，否则无效。

(3)三天原则：一旦股价突破中长期趋势线，其收盘价必须连续三天在该趋势线的另一方。突破趋势线后，在趋势线的另一方停留的时间越长，突破越有效。

6. 运用趋势线的目的

运用趋势线可以帮助投资者展开顺势而为的操作，即寻找股价运动的趋势，在上升趋势时买入并持有，在下跌趋势时卖出股票而持币观望。在确认趋势没有逆转，趋势线没有被打破时，做多、做空的操作策略将一直维持不变。

二、趋势线实战运用实例分析

在 2003 年 2 月 10 日，当上证指数首次反弹至 1500 点受阻，展开强势整理之时，受美伊局势影响，国际原油价格节节攀升，达到每桶 35 美元以上，当日两市集合竞价开盘，石油板块整体异动，纷纷跳空开盘。这种盘口的板块联动性异动，应引起我们高度关注，迅速对此板块的个股进行技术态势分析，希望从中发掘可操作的机会，其中，鲁润股份 600157 是跳空突破长期趋势线，周、月技术状态处于中低位，此时更应该密切跟踪，寻找机会介入，建立试验性仓位，其后短短几天内有 20% 的投资收益(图 6-3～6-9)。

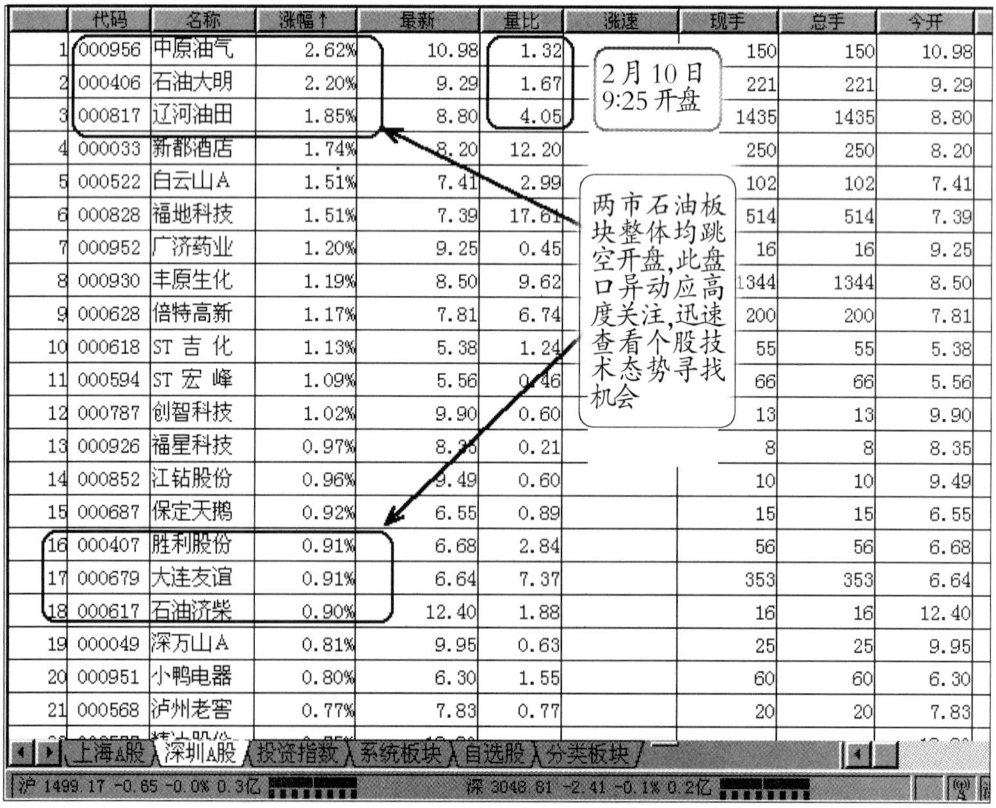

	代码	名称	涨幅↑	最新	量比	涨速	现手	总手	今开
1	000956	中原油气	2.62%	10.98	1.32	2月10日 9:25开盘	150	150	10.98
2	000406	石油大明	2.20%	9.29	1.67		221	221	9.29
3	000817	辽河油田	1.85%	8.80	4.05		1435	1435	8.80
4	000033	新都酒店	1.74%	8.20	12.20		250	250	8.20
5	000522	白云山A	1.51%	7.41	2.99		102	102	7.41
6	000828	福地科技	1.51%	7.39	17.61		514	514	7.39
7	000952	广济药业	1.20%	9.25	0.45		16	16	9.25
8	000930	丰原生化	1.19%	8.50	9.62		1344	1344	8.50
9	000628	倍特高新	1.17%	7.81	6.74		200	200	7.81
10	000618	ST 吉化	1.13%	5.38	1.24		55	55	5.38
11	000594	ST 宏峰	1.09%	5.56	0.46		66	66	5.56
12	000787	创智科技	1.02%	9.90	0.60		13	13	9.90
13	000926	福星科技	0.97%	8.35	0.21		8	8	8.35
14	000852	江钻股份	0.96%	9.49	0.60		10	10	9.49
15	000687	保定天鹅	0.92%	6.55	0.89		15	15	6.55
16	000407	胜利股份	0.91%	6.68	2.84		56	56	6.68
17	000679	大连友谊	0.91%	6.64	7.37		353	353	6.64
18	000617	石油济柴	0.90%	12.40	1.88		16	16	12.40
19	000049	深万山A	0.81%	9.95	0.63		25	25	9.95
20	000951	小鸭电器	0.80%	6.30	1.55		60	60	6.30
21	000568	泸州老窖	0.77%	7.83	0.77		20	20	7.83

两市石油板块整体均跳空开盘,此盘口异动应高度关注,迅速查看个股技术态势寻找机会

◄ ► 上海A股 \ 深圳A股 \ 投资指数 \ 系统板块 \ 自选股 \ 分类板块 \ ◄ ►

沪 1499.17 -0.65 -0.0% 0.3亿　　　　深 3048.81 -2.41 -0.1% 0.2亿

图 6-3 2003 年 2 月 10 日开盘

	代码	名称	涨幅↑	最新	量比	涨速	现手	总手	今开
1	600157	鲁润股份	6.47%	8.88	5.46		107	107	8.88
2	600793	宜宾纸业	2.59%	10.70	19.65		520	520	10.70
3	600766	烟台发展	2.43%	7.17	1.99		100	100	7.17
4	600713	南京医药	2.21%	8.80	1.73		30	30	8.80
5	600312	平高电气	1.88%	15.14	0.16		7	7	15.14
6	600721	百花村	1.86%	9.88	5.39		172	172	9.88
7	600337	美克股份	1.85%	15.98	59.64		789	789	15.98
8	600257	洞庭水殖	1.81%	15.78	23.38		300	300	15.78
9	600360	华微电子	1.73%	12.97	1.11		10	10	12.97
10	600130	波导股份	1.38%	22.00	2.45		47	47	22.00
11	600750	江中药业	1.38%	12.45	0.98		4	4	12.45
12	600772	石油龙昌	1.33%	9.15	2.11		81	81	9.15
13	600883	富邦科技	1.32%	7.65	0.57		12	12	7.65
14	600079	人福科技	1.30%	10.16	0.91		107	107	10.16
15	600875	东方电机	1.27%	7.20	4.11		92	92	7.20
16	600714	山川股份	1.07%	19.80	1.73		19	19	19.80
17	600871	仪征化纤	1.06%	4.75	2.51		301	301	4.75
18	600281	太化股份	1.03%	6.85	0.96		25	25	6.85
19	600376	天鸿宝业	1.00%	12.07	0.26		2	2	12.07
20	600854	春兰股份	0.98%	8.25	1.48		55	55	8.25
21	600216	浙江医药	0.93%	7.60	0.95		26	26	7.60

2月10日 9:25开盘

受美伊局势影响,石油板块开盘异动,应高度关注,并寻找出反应,是否有参与机会。作看参考。

上海A股　深圳A股　投资指数　系统板块　自选股　分类板块

沪 1499.17 -0.65 -0.0% 0.3亿　　深 3048.81 -2.41 -0.1% 0.2亿

图 6-4　2003-2-10 开盘

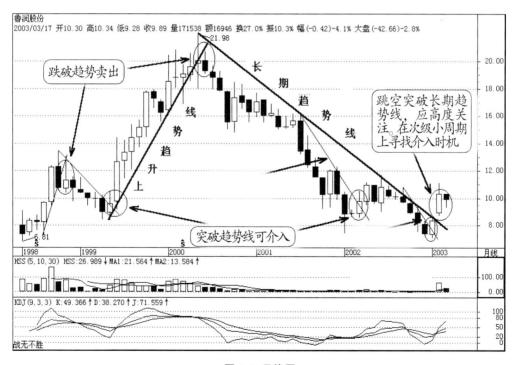

图 6-5　月线图

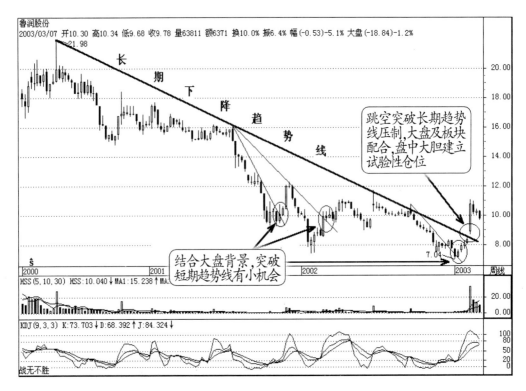

图 6-6 周线图

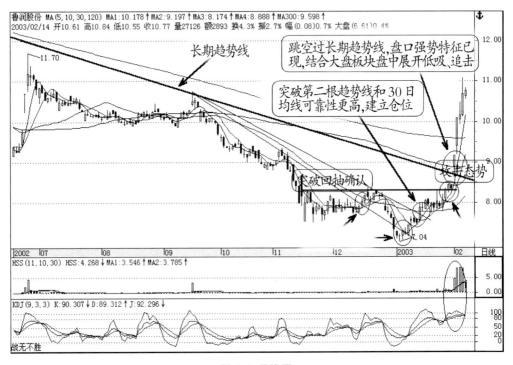

图 6-7 日线图

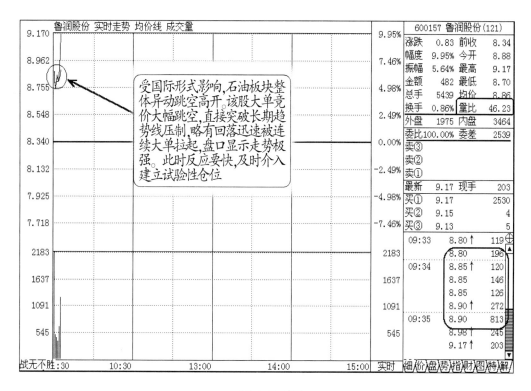

受国际形式影响,石油板块整体异动跳空高开。该股大单竞价大幅跳空,直接突破长期趋势线压制,略有回落迅速被连续大单拉起,盘口显示走势极强。此时反应要快,及时介入建立试验性仓位

图 6-8　即时图

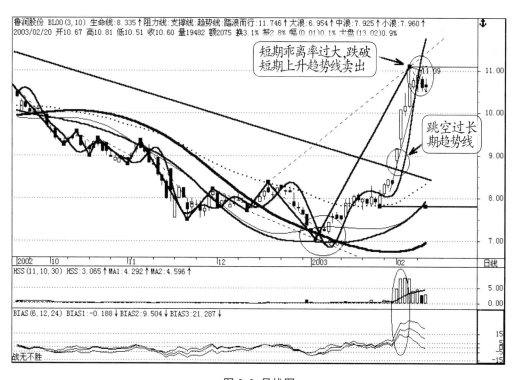

短期乖离率过大,跌破短期上升趋势线卖出

跳空过长期趋势线

图 6-9　日线图

三、反弹操作中趋势线使用精要

(1)由于在实际的市场中,各个周期K线图之中均存在大小不一的趋势线,他们相互并存,相互作用。不要只局限于趋势的三种划分,因为,我们常用的操作周期一般建立在月K线、周K线、日K线、60分钟K线、30分钟K线,甚至即时图上。

(2)投资者在分析趋势的过程中,应遵从从长到短的原则,先分析长期趋势,再分析中期趋势,后分析短期趋势。因为,大趋势制约小趋势,只有把握了大的趋势,才不致于犯根本性、方向性的操作失误。

(3)趋势线的角度大小、长短对强弱判断有帮助,越小越短的趋势线可靠性越低,容易被大级别、较长的趋势化解。同时,清楚分时K线、日K线、周K线、月K线的趋势线,它们的强弱、支撑压力作用不同。日K线趋势突破不代表周K线趋势一定能突破;周K线趋势突破并不代表月K线趋势突破,后市仍需要确认。

(4)趋势的扭转一般分两种方式,一种是放量突破趋势线,另一种是股价横向盘出趋势线(图6-10)。两种趋势扭转的操作方法是有区别的。如果几条长短、不同周期的趋势线同时交汇在一处,并放量突破,且大盘背景、板块配合,应予以高度关注,应该是极佳的介入机会。

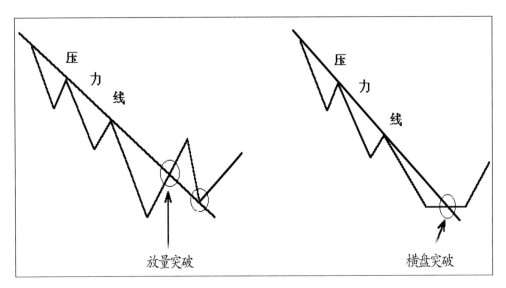

图 6-10 趋势扭转的方式

(5)在反弹操作的实战中,需要首先界定大盘反弹是什么级别上的大、中、小趋势的逆转,即什么样的趋势线被突破,也就是说初步界定大盘能给我们多大的操作机会。

(6)在初步界定大盘反弹是什么级别上的大、中、小趋势逆转的基础上，再将目标个股的大、中、小趋势线准确画出来，看个股能提供多大的操作机会。

(7)如果目标个股的长期趋势线方向处于下降状态，而在周K线图表中，目前股价正突破7周以上的中期下降趋势线，则预示具有至少日线级别的反弹获利机会，此时，需要从日线级别去寻找进出时机。如果长期、中期趋势线均朝下，而目前股价正突破7日以上的短期下降趋势线，则预示具有至少60分钟级别的反弹获利机会，此时，需要从分时级别去寻找进出时机。

(8)趋势线的常规使用方法很简单，如果股价在支撑线处止跌企稳是低吸的机会，如果向下有效跌破支撑线时，则应卖出股票，并到下一根支撑线的位置寻找买点；如果股价在压力线处无力上攻而回落，是卖出的机会，如果向上有效突破压力线时，则是买入的机会，并到上一根压力线的位置寻找卖点。

(9)根据大小不同的趋势，调整资金管理。大趋势扭转，可以把仓位加大些，具体以低吸、追涨战术结合；如果只是小趋势扭转，则需要降低持仓比例。而大小趋势之间总有和谐与矛盾的时候，尤其是有矛盾的时候，根据我们的多周期、多要素整合原则，灵活调配资金仓位。

(10)实战缺陷：趋势线能迅速判断股价波动运行的方向，找到精确介入点位，这是它最大的优点。但单独运用趋势线存在一定的问题，需要与大盘趋势、其他要素分析、股价运动规律、各种经典战术配合使用，如与价格位置、技术状态、成交量、浪形行进结构等结合，才能提高准确率。因此，单独使用趋势线进行买卖操作有一定的实战局限性，投资者应有清醒的认识。

四、通道式操作方法

通道线，又称轨道线或管道线，是趋势线概念的延伸。先有趋势线，然后才有通道线。趋势线比通道线重要，趋势线可以单独存在，而通道线则不能够独立存在。

当股价沿着某一趋势上涨，运行到某一价位水准，会遇到阻力，回档至某一价位水准又获得支撑，连接高点的延长趋势线及连接低点的延长趋势线，形成趋势线方向相同的一组平行趋势线，即组成通道线或轨道线。股价就在上下轨道线之间上下波动，这就是常说的上升和下降通道(图6-11)。

上升通道在许多长庄股中比较常见，这类主力善于挖掘行业和个股的投资价值和成长性，运作时不喜欢快速大幅拉升，而是采取把股价缓步推高，走出人们常说的"上升通道"。从图形上看表现为波浪式推升，也就是股价的高点和低点逐次抬高，如果将所有高点和低点连成一条直线的话，股价行进基本上处于比较标准的上升通道内，当股价碰到通道的上边即压力线时就会回落，而碰到通道的下边即支撑线时就会止跌回升。从浪形结构来说，在1浪、3浪、5浪延长中，往往容易形成趋势向上的上升通道。

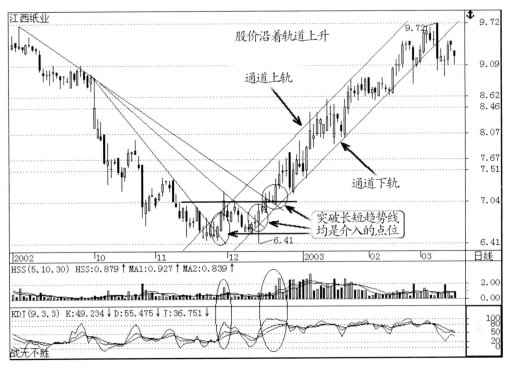

图 6-11 上升轨道

如果一旦股价放量突破较长的上升通道的上轨，往往是股价展开加速上涨的时候，此时，正是短线介入的好时机。

我们在下面长安汽车 2002 年和 2003 年的走势中可以清楚看到这种上升通道的股价运行态势。

例如长安汽车，作为我国微型轿车生产的龙头，先后与日本铃木公司、美国福特汽车公司共同组建新的合资企业，生产平民化的家用轿车。该企业财务状况良好，现金充足，业绩高增长，仅 2002 年三季度每股收益达 0.33 元。随着未来中国经济的高速成长，汽车大量涌入家庭的时代到来，长安汽车将分享行业高速增长所带来的绝佳机遇。同时，作为绩优成长股，兼具外资并购概念，受到市场机构的青睐，仅去年三季度末，刚成立的博时价值增长基金便大举买进了 1330 万股。

从技术上分析，长安汽车从 2002 年开始，走势一直强于大盘，而且浪形结构清晰，量价配合良好，是汽车板块的领头羊，同时，也成为市场从概念炒作的投机理念向价值型投资理念转化过程中，主力机构运作股票的一个典范。如果熟练运用我们前面介绍的各种经典买卖技法，便可以参与该股，从而获取较好的投资收益(图6-12)。

如图 6-13 夏新股份 600057(现为 *ST 夏新)日线图，股价呈现上升通道的走势，对于短线或波段操作者来说，是很有实战价值的。尤其是轨道空间较大的上升通道个股，最适合于在通道中采取低吸高抛的短线或波段操作策略。

股价持续下跌时，也能常常见到下降通道(图 6-14)。

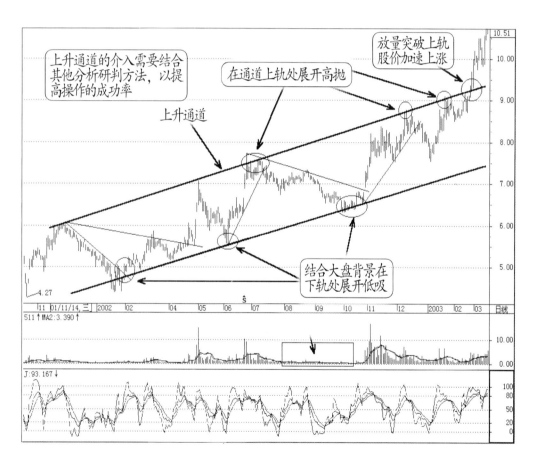

图 6-12　长安汽车上升通道

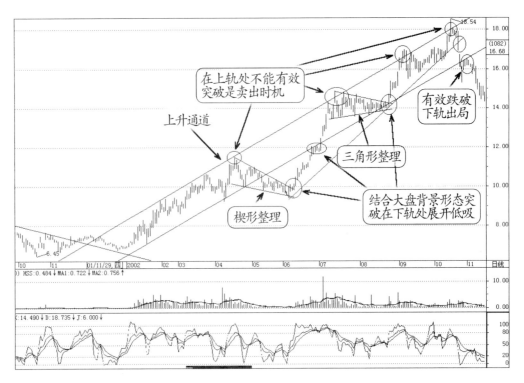

图 6-13 600057 上升通道

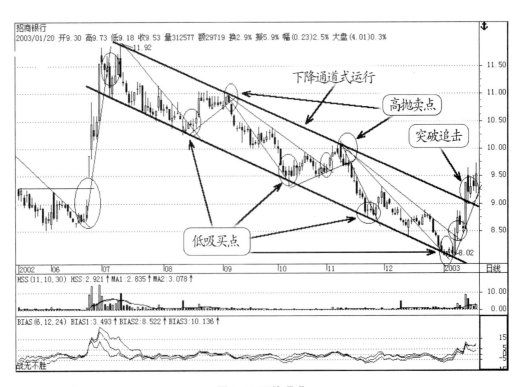

图 6-14 下降通道

第二节　后量推前量——反弹操作精要

一、量价理论使用要点

价、量、时、空构成了技术分析市场行为的主要要素，而成交量是我们进行技术分析时必须要参考的一个重要指标，任何技术分析指标的取材均离不开量和价。股市中有句经典格言"量为价先"，也就是说明了在股价从量变到质变的过程中，成交量能的变化扮演着重要的角色，因此，对成交量的研究是相当重要的一环。虽然有的主力在打压吸筹和拉高出货时可能采取对倒放出虚假的成交量，但投资者可根据股价的位置高低来判断主力的真实意图。

传统量价关系原则：

价涨量增：理论上量价关系配合理想，表示股价后市将继续上升。但同时也要防止一旦成交量放得过大，有人在悄悄出货，或者主力机构在高位放量对倒拉高，制造多头陷阱。

价涨量缩：理论上量价关系有背离迹象，预示多头力量逐步减弱，股价有见顶回落的可能。但是对于高度控盘的股票，这是一种非常安全的强势态势。

价跌量增：理论上量价关系有背离迹象，预示空头力量强大，后市股价将继续下跌。但在低位底部区域时，此态势说明有人在大量承接散户恐慌杀跌出来的筹码，股价可能很快止跌回升。

价跌量减：理论上量价关系配合理想，预示空头力量减弱，后市价格有望见底回升。但是在高位，此态势不能说明股价一定会止跌回升，防止主力机构一路向下减仓，使股价阴跌不止。

在实践中，利用量价配合关系判断价格走势而得出的结论绝不是唯一的，这主要是由于成交换手中多空双方角色的不确定性造成的，也就是说，单凭成交量无法客观真实反映买卖双方的真实意图和力量对比，因此，要想判断量价关系的真实含义，需要正确对应股价的不同循环阶段，对应股价具体位置的高低。不能简单机械地运用传统的"价涨量增，价跌量缩"量价关系理论，否则，容易被市场中的主力机构骗线，掉入他们设置的陷阱。

量与价的配合关系，必须针对具体位置进行具体分析。如果股价处在阶段性的底部，图表上显示股价涨时温和放量、跌时急剧缩量，成交量呈规律地放大缩小，这说明有主力机构在悄悄地进场吸纳，多头能量开始聚集，做多资金开始介入，是一种比较安全的形态，后市上涨的可能性较大，因此，在阶段性底部，个股涨时大幅放量、跌时急剧缩量是主力机构建仓的主要标志。而底部区域的成交量堆积状况则是分析判断主力机构建仓成本区域的主要依据。这对于我们展开反弹操作具有非常重要的指导意义。

二、反弹操作中应注意底部量能堆积

股市中资金是股价推动的原动力，一旦有持续的新增资金进入，很容易引发一轮上涨行情，而原动力的体现就在于成交量的不断放大。当在熊市中，股价不断持续下跌之后，进入恐慌性下跌时，投资人由于极度看空后市，或者受到各种利空传闻影响，持股心态极不稳定，纷纷斩仓割肉出局，此时，有主力机构借机吸纳廉价筹码，在图表的成交量变化上呈现底部的量能堆积情况。一旦主力机构吸筹差不多了，只要大势配合，就会发动一轮反弹上涨行情。

所谓"后量推前量"，是指在图表上寻找目前低位的成交量能堆积远大于上一个阶段性反弹上涨或阶段性顶部所堆积的成交量能(中间必须有一段时间的间隔)，一旦成交量能的堆积呈现后量推前量，那后市股价反弹的力度往往较大。

因此，在反弹操作选股时应重点把底部量能的堆积作为选股的先决条件。投资者切不可忽视此种成交量的变化现象给我们所带来的潜在获利大机会。

当然，单纯凭借"后量推前量"的量能堆积方法，还远远不够，需要结合大盘背景、板块热点的连动情况，熟练运用各种经典的实战买卖战法、技法才能真正达到操作成功，获取投资收益。

三、后量推前量实战运用精要

(1)打开月K线图、周K线图，通过肉眼直观选择目前成交量能堆积即后量明显或远远超过前量的。

(2)可以采取一些定量化的方法，如把成交量指标换成换手率指标，这样针对不同大小的流通盘，有一个比较接近统一的标准，那么选择目前阶段的量能堆积，即后量总换手率按照10周或5周左右的时间进行阶段性统计，只要达到40%～50%阶段总换手率即可纳入我们关注的目标股跟踪对象。

换手率指标设计很简单：

HSS:VOL/CAPITAL*100，VOLSTICK；｛显示当日换手｝

MA1:MA(HSS，M1)；｛M1 取 5，代表 5 周期平均换手率｝

MA2:MA(HSS，M2)；｛M1 取 10，代表 10 周期平均换手率｝

MA3:MA(HSS，M3)；｛M1 取 20，代表 20 周期平均换手率｝

TJ:SUM(HSS，10)；｛统计 10 周期的总换手率｝

换手率指标显示与成交量指标一模一样，只是数字有区别而已，因此，笔者一直以来都是用换手率指标取代成交量指标使用，非常方便。

(3)在进行"后量推前量"选股时，一个方法是直接将换手率指标编写成选股公式进行粗选，然后再进行精选。另一个方法就是利用许多分析软件上的指标排序功能，很容易实现把所有股票近 10 周的总换手率从大到小进行排序(图 6-15)。

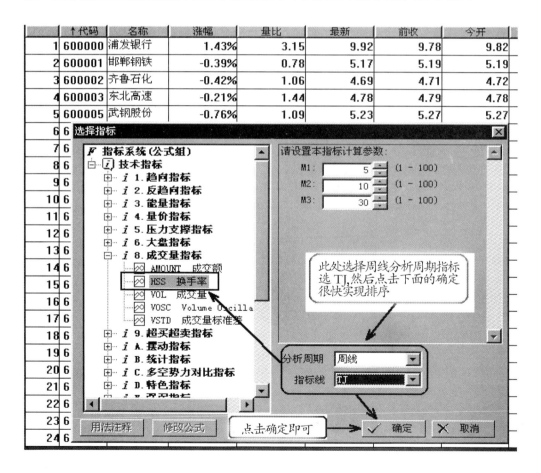

图 6-15 指标排序使用方法

(4)选出阶段总换手率符合要求的个股(剔除新股),作为需要跟踪关注的目标股,然后查看个股的基本面情况,到底是什么原因导致股价在低位持续放量,呈现"后量推前量"。如果是即将面临终止上市,则将该股剔除,以保证有短线介入的机会时,不致于冒被暂停或终止上市的风险。

(5)选股时,一定要在复权状态之下展开,否则,容易选出复权前股价看似低位,复权后股价却仍在中高位的股票。另一方面,未复权时成交量或换手率统计也不准确(图6-16、6-17)。

图6-16 未复权的后量推前量假象

(6)如果后量明显低于前量,一般对于这种个股的反弹走势相对于后量超前量那种量能分布情况而言,后市反弹的涨势要慢得多。投资者不妨多仔细去体会,参见图6-18。

(7)即便是被套的老庄股,在无量下跌后的主力采取反弹自救,也常常会采用低位对倒放量,然后展开放量拉升,以吸引市场跟风盘,达到阶段性减仓、出货的目的。因此,不管是热点板块个股,还是ST个股通过"后量推前量"的方法均可以寻找可能有较大反弹力度的股票。

(8)本方法看似非常简单,但是在反弹操作中却非常实用,极具实战价值。这里需要提示的是,本选股方法仅仅是一个粗选方法,不能死板认为只要个股在底部区域出现放量一定就会很快出现大涨。具体进出的精确买卖点选择,需要投资者结合大盘背景、板块协同的配合、支持，同时，结合前面章节介绍的分析方法，以及运用各种经典战法、技法，就能很好地在资金管理、心态控制、进出点位上找到合适的操作方法。这里就不详细展开，下面举几个实例图解说明，读者仔细体会自会找出其中的操作方法(图 6-19～6-23)。

图 6-17 复权后的后量推前量，股价位置仍高

图 6-18 600202 后量没有超前量

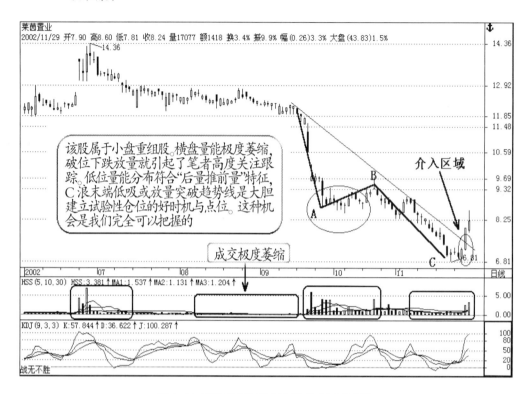

该股属于小盘重组股，横盘量能极度萎缩，破位下跌放量就引起了笔者高度关注跟踪。低位量能分布符合"后量推前量"特征，C浪末端低吸或放量突破趋势线是大胆建立试验性仓位的好时机与点位。这种机会是我们完全可以把握的

成交极度萎缩

介入区域

图 6-19 寻找我们可以把握的机会展开操作

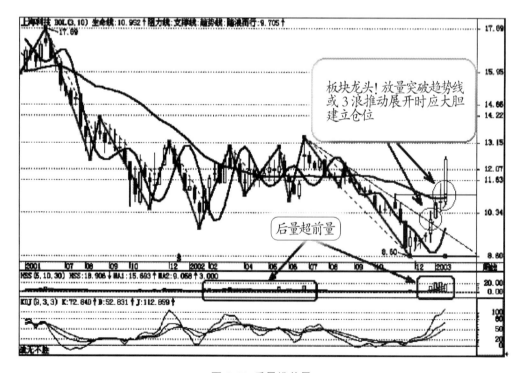

板块龙头！放量突破趋势线或3浪推动展开时应大胆建立仓位

后量超前量

图 6-20 后量推前量

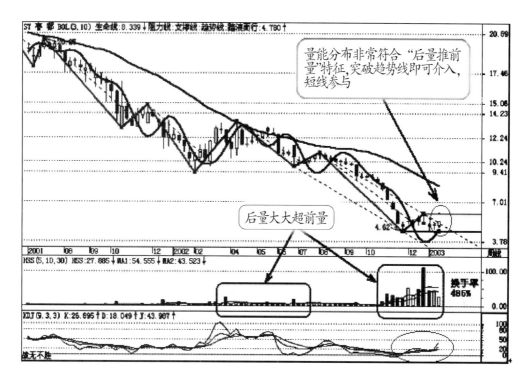

图 6-21 后量推前量

图 6-22 后量推前量

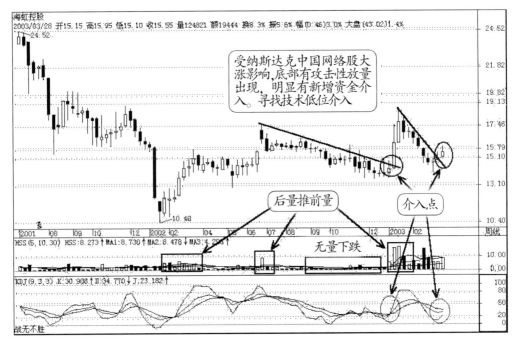

图 6-23 后量推前量

第三节 咸鱼翻身——跌停板反弹操作精要

一、跌停板产生的原因分析

在股价下跌过程中，跌停板与涨停板一样，是我们时常可以看到的一个市场现象，均是个股表现最强烈的一种形式。根据我国证券市场现行的涨跌停板制度，跌停板是股价向下波动时的极限状况。

在本章第三节中我们提到：证券监管部门推出涨跌停板制度的目的是为了防止市场过度投机，防止市场价格过度波动，但也给市场带来负面的影响，那就是不利于市场资金的合理流动。有时候涨跌停板不但不能抑制投机，反而会加剧投机行为，具有助涨助跌作用。

造成股价跌停板的原因大致有以下几个方面：

（1）从个股基本面上讲，一旦上市公司的一些基本面发生急剧的恶化就很容易导致股价大幅下跌，从而在图表上出现跌停，甚至连续跌停。如上市公司行业政策变化，或遭受重大灾难、财产损失、替人担保、诉讼等因素导致上市公司的经营业绩预期会大幅下降，使目前的股价与业绩严重背离，业绩已无法支撑目前的股价，此时，也容易产生短期跌停板走势。

(2)从个股技术面上讲，如果该个股由于通过投机性大幅炒作，股价不断升高，股价处于极度超买状态，绝大多数的投资者处于获利颇多的情况下，尤其是股价走势的整个推动浪终结之时，投资者纷纷获利了结，构成了沉重的抛压，这样一致性的抛压也容易导致股价成为跌停板的走势。

(3)从市场投资者心态上讲，当持股者心态处于不稳定状态，或者极度恐慌之时，市场上就会不断涌现获利兑现盘，或者斩仓割肉盘，此时盘中股价波动剧烈，持续下跌，直至封于跌停板。这是个股出现放量破位下跌时常见的现象。

(4)从大盘背景上讲，由于宏观经济环境的变化、国家重大的政策性变化等因素影响大盘背景的恶化，也就是我们常说的市场出现系统性风险时，市场中不管是机构投资者，还是散户投资者，为了回避系统性风险，往往会抛出手中持有的股票，从而导致供求关系失衡，引发股指大跌，许多个股容易出现持续跌停。最典型的就是2001年6月底国家宣布国有股减持方案政策的出台，引发股指暴跌，上证指数半年时间里从2245点一路下跌至最低点1439点，跌幅高达40%，而许多个股出现连续的跌停板，整个跌幅远大于股指的跌幅，投资者损失非常巨大，惨不忍睹！

(5)从市场主力机构方面来讲，在牛市行情中，许多主力机构往往选择一种长期运作模式，即常说的建仓、洗盘、拉升、出货四阶段运作，其结果将股价炒得很高，最终在高位想尽各种方法拉高震荡，吸引跟风盘，达到顺利出货兑现的目的。一旦主力在高位无法顺利出局，容易引发主力机构采取主动式跌停和被动式跌停两种极端方式出货。

主动式跌停，主要是指主力机构持股获利十分丰厚，急于兑现资金，利用主动跌停的方式为自己创造兑现机会。一般是连续跌停板后，自己对倒打开跌停板，成交急骤放大，利用人们抢反弹的心理，借机套现。

被动式跌停，主要是指主力机构运作股票的资金供给不上，导致资金链的断裂，主力机构大量的平仓盘不断涌出，造成股价大幅度连续跌停。在2002年前的牛市之中，我国的股市基本上属于资金推动型，股价的上涨大部分来自于主力机构用借贷资金的不断买入而推升股价，一旦循环资金跟不上，出现资金链断裂，被动式跌停由此产生。这种方式对股价的破坏力最大，实际上也是宣告2002年以前长庄运作模式的失败。如2001年，中科创业000048(现为ST康尔达)连续9个跌停，以及银广夏 000557(现为 ST 银广厦)从 30 元的高位直到跌到最低 3 元大关,它们连续跌停都是因为上市公司基本面以及主力资金面发生重大问题造成的。

二、跌停板介入的风险分析

　　根据我们长期对跌停板股票次日走势的跟踪研究,从 1996 年 12 月 26 日实施涨跌停板制度开始至 2002 年底,6 年时间段里,如果在跌停板当日即以跌停板价格买入,次日最高点平均涨幅为 3.52%,按次日收盘价计算平均收益为 0.33%,还不包括扣除交易税费。由此可见,股价在封于跌停板之后,由于涨跌停板制度的助涨助跌作用,一般次日股价都会呈现惯性继续下跌的走势。如果想以超短线介入跌停板后进行抢反弹,其风险非常大,收益与风险比例很低。跌停板买入之后,根据我们的长期统计,次日能产生 5%反弹的可能性只有 30%,也就是说想获取 3%反弹纯收益的成功率仅仅 30%,所以,跌停板当日超短线介入的可操作性差。

　　如果在跌停板的次日开盘介入,跌停板后第三日平均最高涨幅为 5.38%,按第三日收盘价计算平均涨幅为 2.6%(其中没有扣除交易税费)。这样的结果也比跌停板当日介入抢反弹的收益要高。其中的差异就是跌停板后,往往次日会有惯性的跳空低开出现。

　　我们将跌停买入写成选股公式进行测试,看看在跌停板当日买进后按照常规测试 20 天内收益达到 10%的成功率:

　　公式编写为:CLOSE<=REF(CLOSE, 1)*0.09006。

　　测试时段:1996 年 12 月 26 日至 2002 年 12 月 31 日

　　测试结果:跌停当日以跌停板价买进后 20 天内收益达到 10%的成功率仅为61.41%。持股 20 天时间应该是属于较长的短线周期,近于中线操作的周期。

　　如果是买入在跌停板之后的第二天,以次日开盘价作为买入价进行测试,我们同样按照上面的测试时段买入后 20 天内能达到 10%涨幅的成功率提升到 68.69%(图6-24),也高于跌停板当日买入的成功率。另一个角度也说明了,一旦股价封于跌停,惯性向下跳空开盘的可能性很大。

　　从成功率达 68%来看,明显高于赌博 50%的概率,说明该方法具有一定的可操作性,只不过其中需要剔除明显失败的介入信号,改进后将成功率提高到 80%以上,那就不失为一种较好的反弹操作方法。

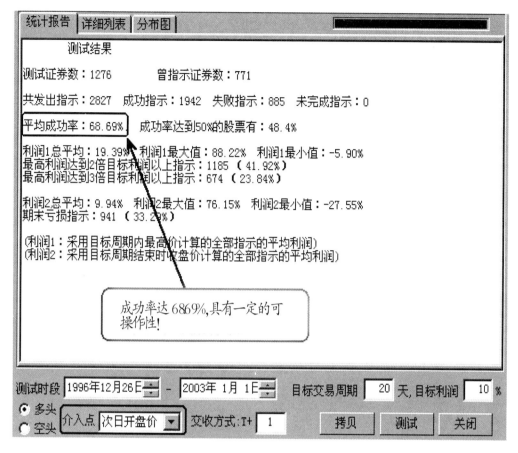

图 6-24 成功率测试

下面我们将上面测试的目标改为 3 天获取 10%，测试的结果如下：

从实施涨停板开始至 2002 年底的 6 年时间里，跌停当日以跌停板价买入，3 天内能获取 10%暴利的成功率仅为 31%。

如果在涨停板第二日再介入，不管是以开盘价买进，还是以中价买进，经过长达 6 年时段的测试，持股 3 天内能够获取 10%暴利的成功率，均为 21%，操作成功概率极低(图 6-25) 。

根据上面根据不同的要求进行测试的统计结果充分显示：不是每一个跌停板都可以随意展开短线介入，尤其是超短线跌涨停板介入，想在 3 天内获取暴利的成功率极低，投资者切不可掉以轻心，切不可盲目、轻率地在跌停板处抢反弹。在实战中需要对跌停板的不同位置、跌停的性质、展开操作的前提条件、资金分配及其方法的实战制约有一个清醒的认识，方能做到规避风险，从而获取较高的收益。

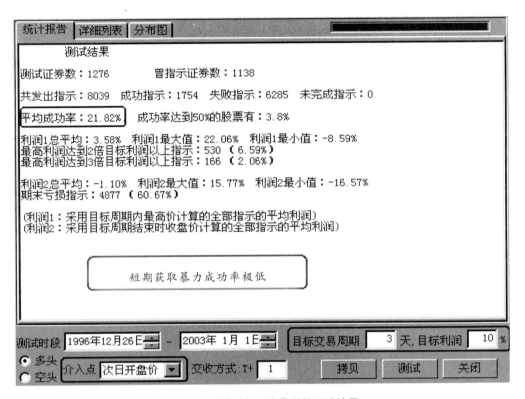

图 6-25 跌停后超短线暴利的测试结果

三、跌停板抢反弹实战操作要点

(1)规避以下几类跌停板:大势面临较大的系统风险,而股指处于暴跌之初、中期;个股基本面恶化而引发跌停板,有马上终止上市之危险;股价涨幅累计巨大,在高位有明显出货迹象而导致下跌的跌停板;股价位置较高,不管什么原因而出现的第一个跌停板;形态破位时出现的放量跌停板;开盘即跌停,不管封单大小,一直没有被打开;主力资金链出现断裂,且巨量封停的跌停板;无量、缩量成交的连续跌停板;高价股、ST 股、问题股的跌停板等。

(2)参与的大盘背景:如果大盘处于大幅下跌末期或中期下降趋势有扭转迹象之时,以及大盘在反弹上升初、中阶段,跌停板介入风险相对较小。

(3)板块效应:如果个股跌停,引发该股所处板块联动下挫,成为领跌的龙头股,而所在板块成为市场领跌、做空的主要力量,在该板块做空能量没有完全释放之前,盲目介入风险极大。应耐心等待该股在下跌过程中跌停板打开,出现巨量换手出现之后,下降趋势扭转之时,再伺机介入。

(4)个股本身所处的位置:从个股的浪形结构看,如果个股在跌停时处于2浪、4浪、C浪下跌末端、跌停板打开买进风险较小,获利机会相对较大;如果个股处于A浪下跌、C浪下跌初、中期阶段,跌停板介入风险较大,获利机会相对较小,应回避。

从技术状态上看,个股处于周线或月线循环技术状态高位时出现的跌停,介入风险较大,反之,个股处于周线或月线技术状态低位时出现的跌停,介入风险相对较小。

(5)跌停时盘口动态分析:出现第一个跌停板时介入的风险较大,连续出现跌停板之后,跌停打开时介入风险较小;有跳空缺口的跌停比没有跳空缺口的跌停,其后市的杀伤力要更大;晚封跌停比早封跌停要好,尤其是尾市封住跌停可能意味着股价接近下跌尾声;跌停板封死后打开的次数越多说明股价止跌或转势的可能性越大。

(6)跌停时量能分析:跌停时卖盘封单量越小越好;封住跌停后成交量大比封停后成交萎缩要好,跌停板打开时成交量大比跌停板打开时成交量小要好,说明有人在暗中吸纳;低位跌停放量比高位跌停放量要好,尤其是低位跌停放出巨量,往往意味着有主力趁散户恐慌,借机大肆吸货,反弹即将来临。当然这也不是绝对的,有部分主力,因资金面出现问题,借中位跌停板出货或打开巨量对倒换手出货,将打开跌停板时买进的投资者全部套住。如2001年6月7日的大连国际000881跌停打开,换手21%,其后又随即出现连续跌停。又如2001年9月26日银广夏000557(现为ST银广厦)跌停打开,成交超过1亿股,换手率达37%,其后又继续跌停。又如兰州民百(600738)2002年11月18日突然出现跌停,随后连续跌停板,跌停过程中有3000万股巨量卖盘封住跌停板,显然是主力机构资金链断裂所致。

(7)买入技巧:前面6个方面的综合分析研判,其目的是研判目标跌停个股目前的安全度和风险度大小。

一旦跌停的目标个股处于下跌末期,安全度较高之时,当盘口显示股价于封住的跌停板位置,有连续的大单吃掉卖盘,成交密集放出,即将打开跌停板之际,就是我们建立试验性仓位的时机;或者出现连续跌停板之后,早间出现大幅跳低,甚至跌停开盘,但有巨量大单集合竞价成交,此时,应予以高度关注,很可能是跌停板打开的信号,当即将打开之时,迅速挂单买进(提醒投资者,跌停板没有打开一律不展开进场操作);如果能准确判断主力有凶狠打压洗盘迹象,当跌停板处于重要的技术关口位置,可分批展开低吸建仓。

一般在跌停板打开时介入，收盘时 K 线常常会呈现以下几种情况：收盘时又封住跌停板(收出光脚阴线、倒 T 字)，收盘时股价较跌停有所回升(收出带影线的阴线或阳线)，收阳翻红的大阳线(带下影线中阳、低开长阳)等。

资金管理上，根据预先设定的操作级别大小与资金匹配的关系，可将首次建立的试验性仓位比例控制在 20%左右，保护性仓位随后跟进，比例也控制在 20%～30%(如果是超短线操作，不允许展开补仓救援战术)。当股价止跌企稳，短期下降趋势扭转，带量上扬之时，再建立追击性仓位，其比例也控制在 30%内。

(8)注意事项：不管是作为超短线操作或短线操作的思路，还是波段操作的策略，由于跌停板介入的依据主要来自于个人的主观预测性，难免容易出现失误，那么对次日跌停个股的盘口变化和走势，及早做好各种应对措施就非常关键，尤其是设置好止损措施，以保证控制风险、及时获利了结。

这里需要明确提醒三点：首先，根据我们前面的测试结果，跌停板当日买进的成功率比跌停板次日介入的成功率要低，因此，对于跌停板操作，我们一般尽量在跌停板次日寻找机会低吸介入。其次，需要说明的是，跌停板介入方法更多地采取低吸战法，主观预测性较强，而不是专业化"顺势而为"的操作方法，因此，操作效果与个人实战经验、资金管理水平有极大的关联。最后，特别说明，跌停板操作的风险较大，如果投资者的技术功底较差、盘口经验不丰富，切记轻易不要采用跌停板介入抢反弹，最好等到 C 浪下跌趋势扭转之后再择机介入，正所谓"小心驶得万年船"！

下面我们列举部分例子进行图解说明，如图 6-26～图 6-33。

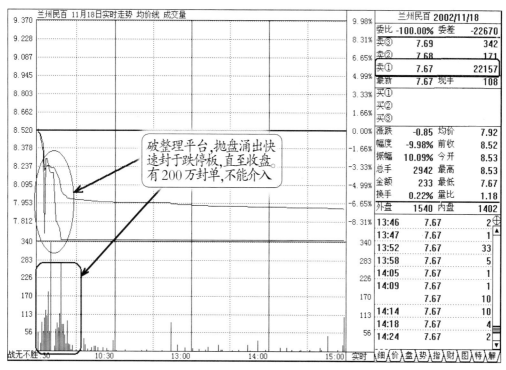

图 6-26　兰州民百 2002 年 11 月 18 即时图

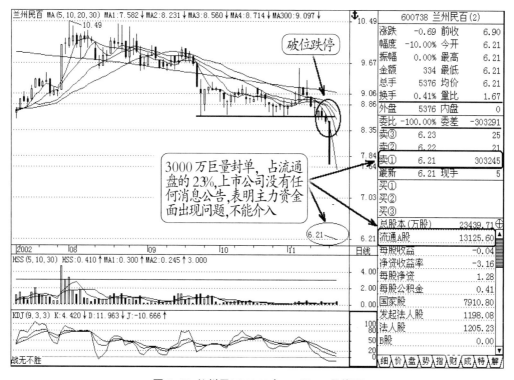

图 6-27　兰州民百 2002 年 11 月 20 日线图

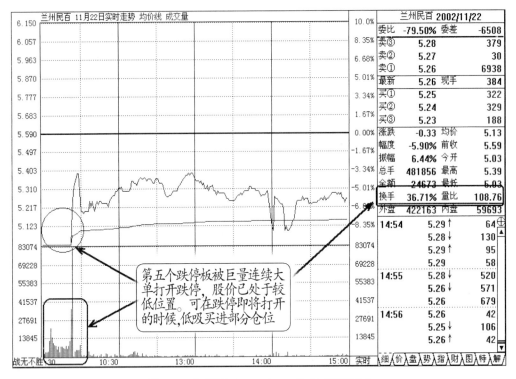

图 6-28 兰州民百 2002 年 11 月 22 日即时图

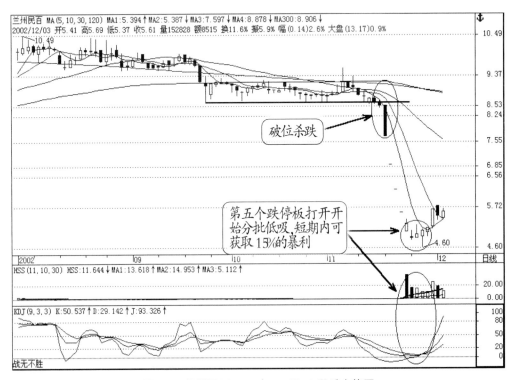

图 6-29 兰州民百 2002 年 11 月 22 日后走势图

图 6-30　航天科技 2002 年 12 月 9 日即时图

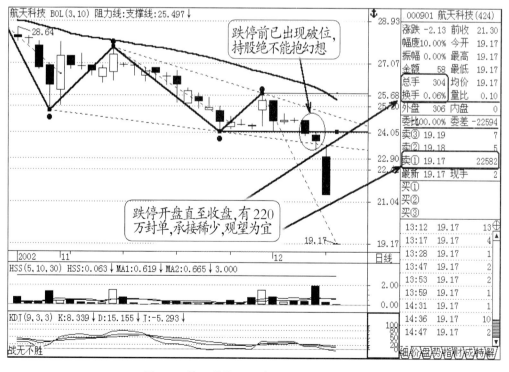

图 6-31　航天科技 2002 年 12 月 10 日日线图

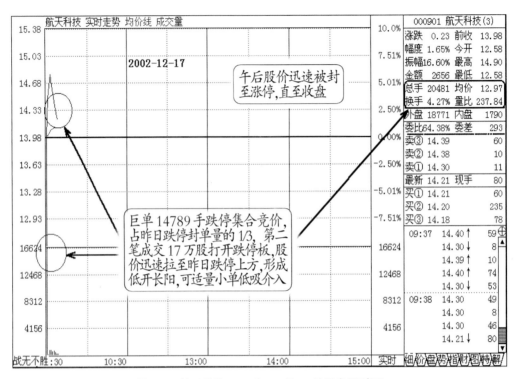

图 6-32 航天科技 2002 年 12 月 17 日早盘即时图

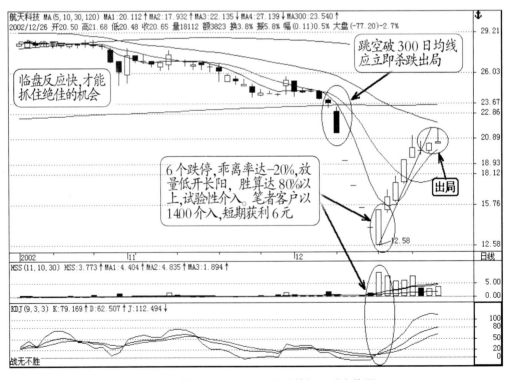

图 6-33 航天科技 12 月 17 日跌停打开后走势图

第四节　弱市新股操作精要

新股、次新股炒作，历来都是机会多多。长期以来，股市便有"逢新必炒"的习惯，主力机构从新股、次新股中挖掘龙头股或潜力股进行炒作已成为一种惯例。

在笔者所著的《永久生存》一书中，专门有一章详细讲解如何阻击新股，其中对于新股的短线操作盈利机会、影响新股走势的各种因素、新股炒作的形态、新股狙击的类型、新股狙击的风险及回避参与的几种类型等各个方面均首次作出了完整、详细的阐述，其实战可操作性非常强。该书中新股狙击方法的背景条件当时主要是针对于牛市行情展开，其中介绍的许多方法在熊市之中仍然有效。但是由于熊市与牛市大盘背景的差异，使得有些新股操作的方法，需要我们进行更为严格的限定，方能取得较好的收益。

一、熊市中新股走势统计

下面笔者将股市从 2001 年 7 月开始大调整走熊市以来至 2003 年 3 月，所有上市新股的走势进行简单总结，期间上市新股总共有 108 只，其中有国企大盘股、中盘股、小盘股，也有民营性质股票。对于在大盘持续下跌、调整市道的环境之中，新股上市首日的表现，以及上市之后一至两周内的走势，我们研究整理的数据结果如下：

2001 年 7 月至 2003 年 3 月，股票市场上市新股总计 108 只。

上市首日收阳的数量为：50 只，占新股总数的 46%。

首日收阳后继续走高的有：30 只，占收阳总数的 60%。

首日收阳后反而走低的有：20 只，占收阳总数的 40%。

上市首日收阴的数量为：58 只，占新股总数的 54%。

首日收阴后继续走低的有：48 只，占收阴总数的 83%。

首日收阴后反而走高的有：10 只，占收阳总数的 17%。

综合起来：在总共 108 只新股中，上市之后能持续走强，继续涨升的股票数量总共只有 40 只，占 37% 的比例。而上市之后能持续走低，或先扬后抑走低的股票总共有 68 只，占 63% 的比例，从另一角度说，新股上市首日或上市后短期内立即介入展开操作的成功率只有 37% 而已，失败率达 63%。虽然这次我们统计新股上市的时段只有 21 个月，时间不够长，但也能充分说明一个问题，即当大盘处于明显的下降通道之中或熊市市道中，上市首日和以后的短期内盲目介入新股操作的风险很大，这与我在《永久生存》书中告诫投资者不宜介入新股的几种情况的结论相符。

二、新股不宜介入狙击的几种情况

在这里我们再次提醒投资者，新股上市短期内观望，不用考虑介入的三种情况：

(1) 上市当天拉出大阴线不介入 (图 6-34)。与上市当天拉出大阳线相比，上市当天拉出大阴线是一般不可介入的，不管是何种价位，若当天拉出大阴线，该股短期则较难有再次表现的机会。有的股票尽管在当天的市场定位不高，但由于大阴线是与大的成交量相对应，后市只有以大阳线回补，该股才会有较大的机会。在实战操作中，不少投资者喜欢赌运气，常常会在上市首日早上开盘后即买入新股，而等到下午收盘时才发现该股下跌幅度已经较多。第二天这类股票大都会呈现低开低走，盘中常常会有一个反弹的小机会，如果还指望反弹较大的时候出局，将会错过及时出局的机会。正确的操作方式是，若当天买入的股票拉出大阴线，可在第二天开盘后，15 分钟内或盘中高点将其抛出；若当天低开低走的话，还是应该提早寻找出局的机会，即使跌至很低的价位，常常会有一个较长时间反复下探筑底的过程。

(2) 大盘在下跌通道之内不宜买新股。对一个成熟的投资者而言，大盘上涨途中宜积极做多，而大盘处于下跌通道中是不宜在市场中忙进忙出，买卖股票的。不少投资者过分相信自己的选股能力，认为自己选出的股票能摆脱大盘的下跌而走出独立的行情，这样容易犯狙击新股的大忌。空头市场之所以不宜买入新股的原因是受到资金因素的制约。当大盘进入到下跌通道之际，市场的存量资金是不足以导致新股成功炒作的重要因素。一只新股是否被成功炒作与大盘具有极为密切的关系，这可以从上面的新股走势统计中得到充分的验证。

(3) 上市后短期不能创出新高不介入。

如果上市后短期内股价无法冲过新股上市当日最高价或阳线收盘价，这种股票暂时根本不用考虑介入，即便是股价呈现小阳攀升，都不受此诱惑或听信股评家推荐而充当多头 (图 6-35)。因主力机构不敢解放上市当日最高价套牢者，表示主力机构没有立即拉升启动之意。一旦过早介入，资金容易被粘住，获利慢不说，即便后市涨起来，但都会饱受主力机构在精神上的折磨，其中滋味只有经历过的人才知晓。只有在大盘背景、板块联动效应支持的前提下，股价向上突破才是介入的良机。

图 6-34 上市当日收出大阴线不介入

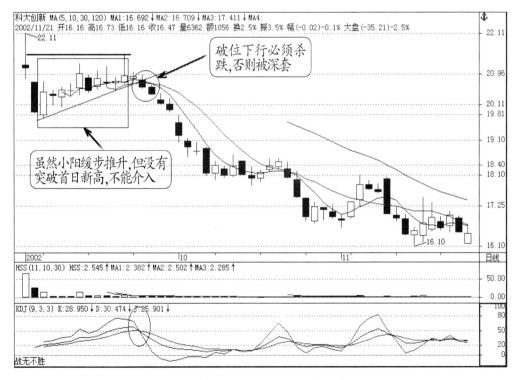

图 6-35 短期不能首次创出新高不介入

三、新股、次新股在弱市中的作用

经我们研究，新股上市首日收阴及持续走低，一般都是在大盘处于明显的下降趋势之中，或者处于阶段性头部区域。而新股上市首日收阳及持续走高，一般是在大盘处于阶段性反弹上涨期间的背景支持下，或者新股开盘定价合理、有场外机构进场吸纳，其换手率一般都比较大，在60%以上。而且往往在大盘反弹初期，市场主力机构经常会选用启动新股、次新股，作为激发市场人气，凝聚投资者参与交易信心的一种有效方法。因为，极度弱市的市场状况之下，交投低迷，投资者持股、参与信心极低，市场急需一批有号召力的龙头股和领涨热点板块的炒作，制造出赚钱的示范效应，以此来增强市场投资者积极参与的信心。而新股对于主力机构来说，能够快速搜集到大量筹码，同时，容易得到上市公司的配合，也能回避进入老股票遇到给他人抬轿的问题。因此，在每个阶段性底部或反弹之初，场外大量游资、主力机构选择、利用新股或上市不久的次新股进行炒做，将起到激发人气，引领推动大盘上升的重要作用。

如在2002年元月上证指数见阶段性底部1339点之后展开的反弹行情，宝光股份600379曾作为阶段性领头羊，带动新股、次新股均有较好的表现，推动大盘向上反弹。

如在2002年6月22日国家宣布停止国有股减持政策出台，引发6.24喷井行情之中，主流热点品种就是新股、次新股中的中海发展600026、江西铜业600362等低价大盘股，同时上市不久的华鲁恒升600426、西昌电力600505等新股、次新股均有较大幅度的涨升。新股、次新股成为领涨大盘的阶段性热点板块(图6-36)。

又如在2003年初上证指数见阶段性低点1311点之后，随即展开的强劲反弹行情，市场主力机构就是启动上市不久的新股、次新股中信证券600030、皖通高速600012、中国联通600050等作为主打品种，带动低价大盘股、金融指标股展开强劲反弹，上证股指从1311点迅速反弹至1500点上方。其中，新股、次新股板块对于领涨、推动大盘的上扬起到了至关重要的作用(图6-37、6-38)。

反过来，当大盘处于疲弱态势时，如果新股、次新股定价较高，一旦它们价值回归，不断破位下行，极有可能成为市场做空的一大动力板块。

图 6-36 6.24 行情中次新股板块领涨大盘

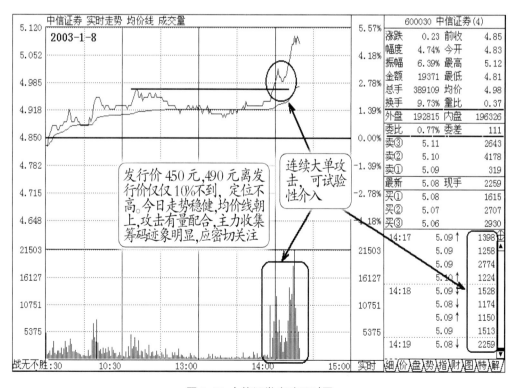

图 6-37 中信证券启动即时图

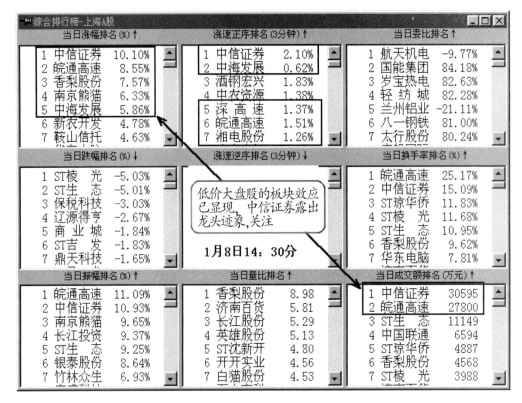

图 6-38 2003 年 1 月 8 日 81 窗口

四、上市当日介入新股的方法

在前面我们对于大盘展开大调整以来的 100 多只新股的上市首日及其后短期的走势的统计结果显示，上市当日介入新股的总体风险较大，不管是开盘买进，还是收盘时介入，总体的成功率都较低。加之，我国目前所实行的 T+1 交易制度，因此，在这种情况下使当日买入新股有极大的操作风险，容易造成上市当日买进，收盘即被套的尴尬境地。

虽然，也有部分 1/3 的新股上市之后，走势较好，可以持续走高，但须把握它们上市当日所处的环境、开盘定价，以及盘中的走势特征。

首先，一般能够低开高走收阳，而且其后的走势能持续走强的新股，大部分都是上市当日大盘背景处于反弹上涨的初中期，市场人气被激活，投资者短线参与热情相对较高，板块效应明显，这是新股走强非常重要的大势环境支持。而大多数上市首日高开低走，收出一根中阴线或大阴线，其后持续走弱的新股，往往是与大盘所处的位置较高，或大盘处于下跌的初、中期有直接的关联。

其次，新股上市首日的开盘定价较低或比较合理，也是一个重要因素。定价较低主要是指与同行业、同板块股票，或者与相同流通盘大小的股票进行比较而言。如果定价合理，根据比价效应，或某种潜在的题材，极容易引起主力机构的兴趣，参与新股炒做。尤其是当大势极度低迷，股指处于下跌末期，参与申购的投资者一般会降低申购盈利预期，新股开盘定价可能较低，这样方便主力机构大量收集廉价筹码，为后来的大幅炒作打下基础。

最后，在上市首日的盘中走势及盘口中，我们可以通过成交量的变化、分时K线图的走势，发现主力的意图，及时捕捉机会展开适量的操作。其要点:

(1)关注集合竞价的成交量。

一般而言，如果新股定价偏低、相对合适，而且集合竞价巨量超过流通盘的5%，则该股被炒作的可能性较大。因为集合竞价的成交量越大，说明该股被主力机构关注越明显。

(2)关注开盘后5分钟的情况。

当新股在满足上面集合竞价成交量的条件之下，如果首个5、15、30分钟低开高走收出阳线，那么第二个5、15、30分钟一开盘即可着手建立试验性仓位的1/3仓位，当判断第二个5、15、30分钟K线收阳的可能性较大时，试验性介入。

(3)关注首个5分钟内成交量。

在关注新股是否被成功炒作的同时，必须关注其首个5分钟内成交量的情况。常见的情况是，若一只股票在首个5分钟内的换手率能达到流通盘10%的话，则短线的机会较大。若首个5分钟成交量放大至流通盘的15%～20%，与此同时，首个5分钟内拉出光头阳线的话，短线则可密切关注，准备及时展开操作。因此，第一个5分钟内成交总量是否足够大，常常成为判断一只新股是否会被炒作的重要因素。

在实战中，若出现了首个5分钟K线巨量拉阳线，并且换手率超过10%的情况，第二个5分钟K线也拉阳线，一般可以在其回档时介入。如果随后第二个五分钟内拉阴线的情况出现，则不宜轻易介入，须等待第三个5分钟K线拉阳线且价格超过首个5分钟阳K线价格时再适量介入(图6-39)。

(4)关注首日的日K线形态。

如果新股上市首日拉出阳线，而且换手率在60%～70%左右，这类股票后市一般仍有短线上攻的机会，主要的原因在于当其出现大阳线后，短线的多空力量明显向多方倾斜。在多头占据较大的上风后，这类股票短线的机会将会大量增加，也说明

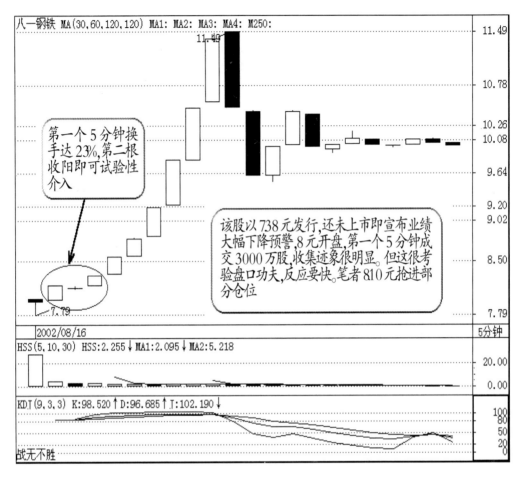

第一个5分钟换手达23%,第二根收阳即可试验性介入

该股以738元发行,还未上市即宣布业绩大幅下降预警,8元开盘,第一个5分钟成交3000万股,收集迹象很明显。但这很考验盘口功夫,反应要快,笔者810元抢进部分仓位

图 6-39 上市首日 5 分钟介入法

了早盘按照分时介入的试验性仓位成功的可能较大。否则,如果新股上市首日拉出中大阴线,一方面说明早盘试验性仓位的建立,以及早盘的综合判断存在失误,需要及时建立后市操作的应对措施,尤其是需要设置止损价位,锁定风险,决不能让亏损扩大。

(5)如果新股当日盘中股价比开盘价高出 10%～15%以上时,切不可追高,此时,应以观望为主。这种走势,第二天低开回落的可能性极大,盲目、冲动容易导致被套、亏损的局面产生。如八一钢铁上市首日涨幅最高达 40%,第二天开始走势出现回落。

五、稳健操作新股、次新股的方法

在笔者所著的《永久生存》一书中，介绍了首次创新高狙击方法，主要是针对牛市行情中，上市后的新股短期内一旦放量突破首日的价格，即成交密集区，意味着股价短期内还有继续上攻的潜力，此时是较好的介入狙击时机。因为，新股交易时间短，我们只能从上市第二、三天开始起关注股价、成交量及分时形态的变化，来判断主力是否具有明显的做多意图。

但是，在熊市中运用首次创新高狙击方法，需要更加严格的条件。更多地只能操作在大盘处于阶段性底部、以及反弹初期时上市交易的新股，效果才佳。毕竟从统计学的角度看，在熊市背景之中，有三分之二的新股上市之后，就开始一直不断下跌，进入价值回归之路，有许多新股下跌的幅度非常巨大，跌幅达 1/2 以上，甚至跌幅超过 2/3。

参与新股、次新股只能采取反弹的思路来展开一系列操作，捕捉局部的反弹机会。其实战精要如下：

(1)大盘背景：大盘处于循环下跌末端、或短中期下降趋势有放量扭转迹象，或者处于反弹上升初、中阶段。从具体技术位置看，大盘至少处于技术中低位，没有暴跌的可能。

(2)新股的定价合理，比价偏低，首日上市收出阳线，换手率在 60% 以上，或者上市后横向整理，在此条件之下可以运用首次创新高狙击方法展开操作。

(3)对于上市之后一直走熊的新股、次新股，必须等待个股的跌幅巨大，技术上有跌透之迹象，有的股价已经快靠近发行价，甚至跌穿发行价格。这些股票可以纳入我们的跟踪关注的目标个股，等待反弹展开时，寻机介入。

(4)板块效应：目前市场开始有明显的新股板块联动活跃迹象出现，不管是低价大盘新股、次新股连动，还是小盘新股、次新股连动，应予以高度重视。如果目标个股处于这些有热点迹象的板块之中，熟练运用经典的低吸、追涨战术、技法，及时寻找介入机会。

(5)买进方法：对于处于下跌的次新股，可以在浪形清晰的 C 浪末端，以及放量突破趋势线后的回抽确认时展开低吸战术，放量突破下降趋势线时以及再次突破底部形态时展开追涨战术。此时具体操作的展开与设定的操作级别及周期有极大的关联，不能以主观预测代替客观股价的走势。

(6)从资金安全角度和进出方便出发，一般来说只有当次新股具有日线、周线或月线级别以上的反弹机会时，才能实施展开操作的布局。60分钟或以下小级别尽量少去参与。

(7) 资金管理上一般情况应采取保守策略(除非大盘背景极佳，发生较大的变化，才可以采取重仓介入)，试验性仓位可以分两次建完，占总资金的1/3左右。随后按计划展开追击性仓位、保护性仓位的建立，在锁定风险的基础上，尽量扩大投资盈利。

(8) 出局选择：根据大盘或个股能够提供多大的操作机会，在谨慎保守前提之下，按照确立的操作级别，根据短线操作、波段操作出局原则，一般可选择日线、周线技术指标高位死叉出局，或者按照高抛战术、杀跌战术展开的技术依据出局了结。

(9) 设置止损是必要的。由于新股、次新股上市交易的时间较短，我们更多地只能从短周期、分时系统，甚至在盘口中作出判断，展开操作，由此伴随的判断失误概率也可能较多，因此，新股操作一般应该先设置好止损价位，以短线操作为主，绝不允许超过介入总资金的10%亏损产生。请投资者谨记。

下面我们用部分图解简要说明，如图6-40～图6-42。

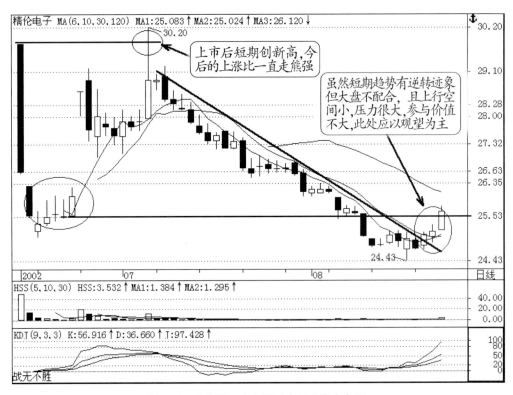

图 6-40 日线图－大盘不配合反弹高度有限

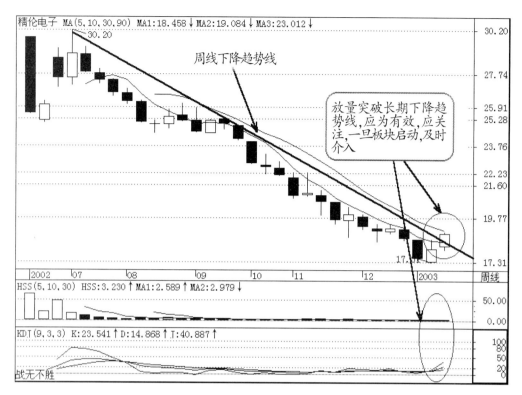

图 6-41 周线图—大盘趋势开始扭转

图 6-42 短期涨幅达 15%

第五节 暴跌抢反弹利器——乖离率指标

一、技术指标本质和实战地位

现在股市中的技术指标五花八门，而且每天都可能产生新的指标。从简单的均线到目前一些能编辑指标公式的高级分析软件所派生出来的各种指标，无所不有。即使是顶尖高手也不可能穷尽了解所有的技术指标，也没有必要掌握如此之多的指标。各种指标在每天交易中发出的买卖信号无数，到底哪些有效，哪些无效？出现不同指标信号之间相互矛盾怎么办？用哪个指标更好呢？经验丰富的投资者都知道，技术指标还容易经常失灵，有时根据大多数技术指标给出的信号买入后，马上被套，时间一长，就有"技术指标没用"之说。

其实如何对待技术指标的思考方法是应用的关键，即使用技术指标要"知其然，知其所以然，知其不然"。在实战中技术指标的地位只是为我们研判行情作出量化的依据。故此，技术指标仅是一种工具，是投资者在市场上进行投资活动的参考依据。不论投资者认为技术指标有效或无效，你在投资活动中总是需要有一个能定量化的、且尽量符合实际的标准或依据来指导自己的操作。技术指标的强大功能就是可以从不同的角度对股价运动的规律进行定量描述，每一个技术指标都是从某一两个特定的方面对价格进行观察。通过一定的数学公式产生技术指标，这个指标就反映股价的某一方面深层的内涵，这些内涵仅仅通过原始数据是很难看出来的。

对于经典理论，往往是停留在定性的程度，没有进行定量的分析。因为在股价运行的过程中，到底是处于哪一个阶段，股价是否已涨到顶、跌到底，如果没有技术上的界定，那么临盘操作策略将不能有效制定。技术指标可以进行定量的分析，这使具体操作时的精确度得以大大提高。价格、成交量、时间、空间几大要素在技术指标里都能得到反映。技术指标由于种类繁多，所以考虑的方面就很多，人们能够想到的，几乎都能在技术指标中得到体现，这一点也是技术分析方法之外的其他分析方法不能比拟的。

总的来说，技术指标就是按事先规定好的固定的方法对原始数据进行处理而得出的数据。通常将其绘制在图表上，反映在我们用的软件窗口下方，并用制成的图表对股价运动进行研判。原始数据指的是开盘价、最高价、最低价、收盘价、成交量和成交金额，有时还包括成交笔数，其余的数据不是原始数据。那么，对应不同的处理方法就将产生不同的技术指标。从这个意义上讲，有多少处理原始数据的方法就会产生多少种技术指标。为了直观的分析技术指标的状态，一般来说，生成技术指标的方法是按明确的数学公式，计算出它们的值。例如著名的MA、KDJ、MACD、BIAS、RSI指标等等。

技术指标系统在投资活动中相当于战争中的武器系统，是决定胜负的重要因素，但不是决定性因素。决定投资活动胜败的是制订一致性交易策略的人。证券投资活动是严格的、专业的、科学的管理过程，而绝非简单的、随意的炒作行为。无论在战略与战术级别上的技术管理上，还是具体落实在每次、每一步的进场、出场、保护、止损等细则的管理上，技术指标系统只能给我们提供一种量化的依据，所以在实战中属于交易系统的一部分，其重要性或所占比例不会超过1/3，而单一指标在交易系统内所占据的位置就更小。对此，投资者应有一个深刻而清醒的认识。

在进行技术指标的分析和判断时，怎么使用指标是最重要的。打个比方，一把枪落在职业军人的手中，这把枪就能杀死对手，同样还是这把枪，如果落在一般人的手里，就可能反被别人夺去而被杀，出现了与前一种截然相反的结果。我们不能说枪没有用，枪是肯定有用的，就看会不会用。真正职业顶尖高手的境界是：枪就是手，手就是枪。

已公开的技术指标，通常在大多数时候已失去了原来的实战应用价值。一般书籍中介绍的传统技术理论与指标用法是从国外原著翻译而来，基本是没有经过残酷实战经历之译者译成，在领会其精髓上往往有认识误区与偏差，且多数为其常规的用法。所以，大家在使用时，一定要领会其本质内涵，并严格限定使用条件，化腐朽为神奇，使其充分具备实战价值。

二、技术指标的功能与缺陷

技术指标仅仅是一种操作的辅助工具，是从不同角度描述股价运动规律的数据。它们试图发现价格转折点与利用价格趋势运动，即寻找到股价运动的高、低点和转折点，识别其转折的属性，并追踪所形成的运动趋势。

每一个技术指标都只是从一个特定的方面对股价波动进行描述，必然会存在内在设计缺陷，它是不可能靠自身条件的改善而克服缺陷的。所以，我们必须对其缺陷有一个清醒的认识才能够对其扬长避短，以发挥出最大效力，并且才可能进一步创造出自己独特的针对每一个指标的使用方法。其综合来说，单个指标的缺陷就是对市场要素不能进行全面描述。而且任何指标发出的信号大都是由于股价运动而产生，即先有行情，后有信号；行情产生信号，而不是信号决定行情！因此，绝不能对指标的认识本末倒置，颠倒本源，从而导致错误使用。

由于在许多股票书籍中，以及笔者所著《永久生存》书中对传统常用技术指标均有介绍，限于篇幅我们这里对 MA、KDJ、MACD、BIAS、RSI 等指标的反弹操作运用不作详细展开介绍，仅对乖离率指标在抢反弹之中的运用详细展开阐述，希望让投资者在反弹操作中能大受裨益（短线操作及反弹操作非常有用的 MA、KDJ、RSI 指标等用法，在笔者《永久生存》书已有详尽讲解，有兴趣者可参看阅读）。

三、乖离率指标的原理及用法

乖离率指标（BIAS）是从移动平均线指标（MA）中派生、分离出来的一个可单独使用的指标。乖离率实际上反映的是股价在波动过程中与移动平均线偏离远近程度大小的常规技术指标。它的理论基础是：不论股价在移动平均线之上或之下，只要偏离均线过远，成本的向心力作用就会将股价往移动平均线附近回拉。根据此原理，我们就可以计算股价偏离移动平均线百分比的大小来判断买进与卖出的时机。

其计算公式如下：

乖离率 =（当日收盘价－N 日内移动平均价）/ N 日内移动平均价×100%。

5 日乖离率 =（当日收盘价－5 日内移动平均价）/ 5 日内移动平均价×100%。

公式中的 N 日按照选定的移动平均线周期参数来确定，实战中将分析软件中的原有参数改为 5、10、30、60 日即可。

从上面的计算公式可以看出，当股价在移动平均线之上波动时，其 BIAS 数值为正数，称为正乖离率，反之称为负乖离率；当股价与移动平均线重合，乖离率为零。在股价的升降过程中，乖离率反复在零点两侧变化，数值的大小对未来股价的走势分析具有一定的预测功能。正乖离率超过一定数值时，显示短期内多头获利较大，获利回吐的可能性也大，呈卖出信号；负乖离率超过一定数值时，说明空头回补的可能性较大，呈买入信号。

乖离率究竟达到何种程度才是买卖时机？这并没有统一的原则，而且股价与各种短中期移动平均线都有不同的乖离程度，根据不同股票的波动特性，使用者只能靠自己的经验判断一段行情的强势或弱势，作为买卖股票的依据，下面列举的常规应用法则仅供参考。

(1)5日乖离率小于 -4%是买进时机，大于 4.5%卖出时机。

(2)10 日乖离率小于 -5.5%是买进时机，大于 6%卖出时机。

(3)20 日乖离率小于 -8%是买进时机，大于 9%卖出时机。

(4)60 日乖离率小于 -12%是买进时机，大于 13%卖出时机。

四、乖离率指标抢反弹威力巨大

笔者经过多年实战经验，以及在上千次编写指标公式中发现：不论采取追涨战术，还是采取低吸战术，用乖离率指标编写出来的单个选股公式的成功率最高，也就是说，乖离率指标在中国股市实战中抢反弹最为有效。如果读者好好使用该指标，一年中只需要抓住几次阶段性中期底部，运用几次，就能够获取巨大的投资收益，而且轻松赚钱。下面我们可以借助历史数据的测试来说明。

我们分别选 1991 年 1 月 1 日至 2003 年 1 月 1 日和 2001 年 7 月 1 日至 2003 年 1 月 1 日两个时段，分别按照 5 日、10 日、30 日较大的负乖离率数值，常规测试条件以买入后 20 天获利 10%为成功信号，否则就是失败信号。

所有的历史数据全部经过复权处理。

1.对股价偏离 5 日均线的负乖离率进行测试

1.1 测试时段 1991 年至 2002 年底

(1)按照 5 日乖离率＜-8 测试结果：

成功指示：9733；失败指示：5930；平均成功：62.14%，具有一定的可操作性。

(2)按照 5 日乖离率＜-10 测试结果：

共发出指示：7407；成功指示：4775；平均成功率：64.47%，具有一定的可操作性。

(3)按照 5 日乖离率＜-12，测试结果：

共发出指示：3738 ；成功指示：2385；失败指示：1353；

平均成功率：63.80%，具有一定的可操作性。

1.2 测试时段：2001 年 7 月至 2002 年底

(1)按照 5 日乖离率＜-8，测试结果：

共发出指示：3328；　成功指示：2039 ；　失败指示：1287；

平均成功率：61.30%，具有一定的可操作性。

(2)按照 5 日乖离率＜-10，测试结果：

共发出指示：1254 ；　成功指示：907 ；　失败指示：347；

平均成功率：72.33%，具有较好的可操作性。

(3)按照5日乖离率＜-12，测试结果：

共发出指示：585；　成功指示：433 ；　失败指示：152；

平均成功率：74.02%，具有较好的可操作性。

2.对股价偏离10日均线的负乖离率进行测试

2.1测试时段1991年至2002年底

(1)按照10日乖离率＜-12，测试结果：

共发出指示：15472；　成功指示：10609；　失败指示：4863；

平均成功率：68.57%，具有一定的可操作性。

(2)10日乖离率＜-14，测试结果：

共发出指示：9486；　成功指示：6693；　失败指示：2793；

平均成功率：70.56%，具有较好的可操作性。

(3)按照10日乖离率＜-16，测试结果：

共发出指示：5991；　成功指示：4268；　失败指示：1723；

平均成功率：71.24%，具有较好的可操作性。

(4)按照10日乖离率＜-18，测试结果：

共发出指示：3893；　成功指示：2738；　失败指示：1155；

平均成功率：70.33%，具有较好的可操作性。

2.2测试时段：2001年7月至2002年底

(1)按照10日乖离率＜-12，测试结果：

共发出指示：3843；　成功指示：2746；　失败指示：1097；

平均成功率：71.45%，具有较好的可操作性。

(2)按照10日乖离率＜-14，测试结果：

共发出指示：2092；　成功指示：1631；　失败指示：461；

平均成功率：77.96%，具有较好的可操作性。

(3)按照10日乖离率＜-16，测试结果如下：

共发出指示：1191；　成功指示：979；　失败指示：212；

平均成功率：82.20%，具有较好的可操作性。

(4)按照10日乖离率＜-18，测试结果：

共发出指示：708；　成功指示：596；　失败指示：112；

平均成功率：84.18%，具有很好的可操作性。

3.对股价偏离30日均线的负乖离率进行测试

3.1 测试时段 1991 年至 2002 年底

(1)30 日乖离率＜-18，测试结果：

共发出指示：21538；　成功指示：16244；　失败指示：5294；

平均成功率：75.42%，具有较好的可操作性。

(2)按照 30 日乖离率＜-20，测试结果：

共发出指示：14738；　成功指示：11668；　失败指示：3070；

平均成功率：79.17%，具有较好的可操作性。

(3)按照 30 日乖离率＜-22，测试结果：

共发出指示：10198；　成功指示：8383；　失败指示：1815；

平均成功率：82.20%，具有较好的可操作性。

(4)按照 30 日乖离率＜-24，测试结果：

共发出指示：7067　成功指示：5980　失败指示：1087

平均成功率：84.67%，具有很好的可操作性。

(5)按照 30 日乖离率＜-26，测试结果如图 6-43。

(6)按照 30 日乖离率＜-28，测试结果如图 6-44。

3.2 测试时段 1991 年至 2002 年底

(1)按照 30 日乖离率＜-18，测试结果：

共发出指示：7200；　成功指示：5615；　失败指示：1585；

平均成功率：77.99%，具有较好的可操作性。

(2)按照 30 日乖离率＜-20，测试结果：

共发出指示：4867；　成功指示：3999；　失败指示：868；

平均成功率：82.17%，具有较好的可操作性。

(3)按照 30 日乖离率＜-22，测试结果：

共发出指示：3290；　成功指示：2818；　失败指示：472；

平均成功率：85.65%，具有较好的可操作性。

(10)按照 30 日乖离率＜-24，测试结果如图 6-45；

(11)按照 30 日乖离率＜-26，测试结果如图 6-46。

(12)按照 30 日乖离率＜-28，测试结果如图 6-47。

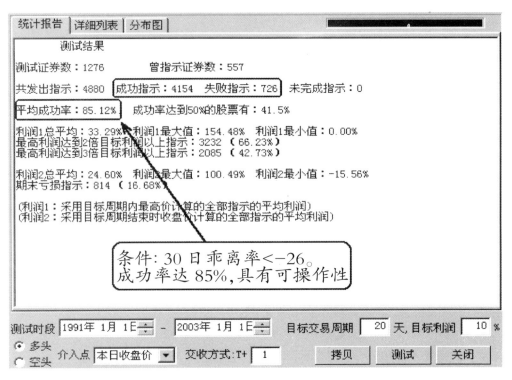

图 6-43 30 日乖离率 <-26

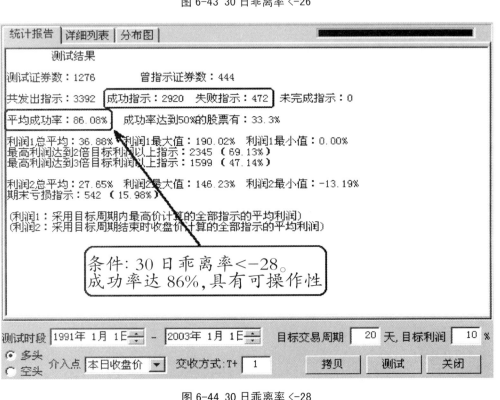

图 6-44 30 日乖离率 <-28

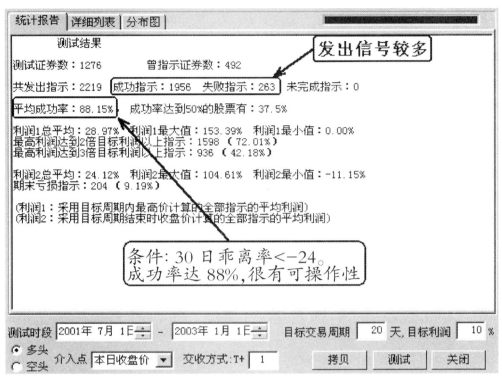

图 6-45　30 日乖离率 <-24

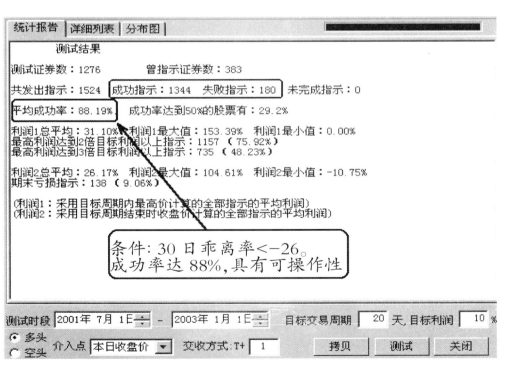

图 6-46　30 日乖离率 <-26

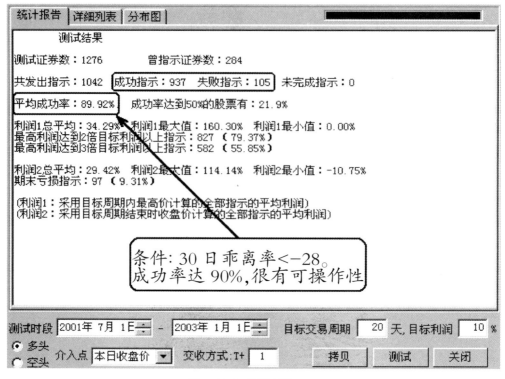

图 6-47 30 日乖离率 <-28

上面我们将 5 日、10 日、30 日不同的乖离率买进条件的测试结果全部帖出，其目的是方便投资者在实战运用乖离率指标、针对不同的买进条件时，对其使用条件的成功率有一个清楚的了解，不致于死搬书上常规介绍的买卖原则。

从上面的测试结果，我们可以大致看出：乖离率过大一般是行情或股价波动处于非常态时才容易产生。股价与均线乖离越小，其成功率越低，而发出的信号就越多，其可操作性就差；反之，股价与均线乖离越大，其成功率越高，而发出的信号就减少，其可操作性增大。但是，一旦发出的信号太过少，也就降低了实战中的可操作性。

五、乖离率指标反弹操作实战精要

(1)大盘背景：大盘处于连续暴跌阶段、C 浪下跌末端或短期下降趋势有放量扭转迹象，或者处于平稳阶段、上升初期阶段。从具体技术位置看，大盘处于大周期技术低位，具有强烈的反弹要求。从乖离率指标 BIAS 看，大盘短期 5 日 BIAS<-3 或 10 日 BIAS<-5，将面临反弹要求，尤其是 5 日 BIAS 达到 -4 以下，或 10 日 BIAS

达到 -7 时, 往往意味着短期或中期底部来临, 技术反弹要求更为强烈, 此时, 只要有领涨热点板块率先启动, 大盘很容易被激活, 由此展开一波反弹行情。如图 6-48 所示。

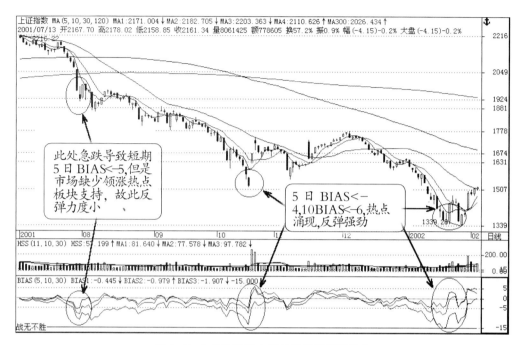

图 6-48 大盘阶段性底部的乖离率指标状态

(2)板块联动: 市场处于有明显的板块联动下挫迹象, 而且股价同时偏离短期均线 5 日、10 日的负乖离率值均较大, 市场酝酿整体反弹的可能就很大, 此时应高度关注。如果整个市场有数百只以上个股, 短期负乖离率值均较大, 如 5 日 BIAS<-8, 那么大盘的强劲反弹即将来临, 同时, 也容易在此时形成中期大底部。如 2002 年 1 月 21 日至 23 日两市 5 日 BIAS<-8 有 471 只股票, 5 日 BIAS<-10 有 328 只股票, 5 日 BIAS<-12 有 188 只股票, 市场处于极度超卖, 具有极强的整体反弹要求。

(3)目标个股本身的位置很低, 日线、周线或月线技术处于低位。浪形结构处于 2 浪、C 浪末端最佳, 有强烈的反弹要求。如果处于 4 浪、A 浪末端, 需要谨慎参与, 调低介入的仓位比例, 而且操作策略上以短线、超短线为主。

(4)由于我们前面所进行的成功率测试均是在日 K 线数据中统计而出, 因此, 本方法运用主要是以日线级别作为主要的操作周期, 但从资金安全角度和进出方便出发, 我们还需要从周线或月线级别上进行综合研判。

(5)操作策略的展开主要以低吸、补仓战术为主, 追涨战术为辅。低吸战术的展开需结合股价量度跌幅空间、浪形等, 按照负乖离率值达到要求时分批进行, 补仓一般也可以分为一次或两次展开，按跌幅超过10%补仓一次（跌停板不能补仓）。短期下降趋势放量扭转时、放量上涨之时建立追击性仓位。具体买点的选择，可参考前面不同条件的成功率高低测试结果，结合投资者的实际运用经验，灵活把握。

(6)资金管理上，前提条件必须是在暴跌时保持空仓，等待绝佳机会的来临，不能重仓被套，否则，即便是机会来临，也只有干瞪眼。乖离率指标实战中最好采取分批介入或按照金字塔式分配，分两次将低吸仓位建完，占总资金的1/4左右。救援补仓也分批展开，占总资金的1/4左右。一旦确立大盘或目标个股趋势扭转，开始建立追击性仓位，占总资金的1/3左右，以尽量确保资金介入的安全性，不把资金过早暴露于风险之下。

(7)出局选择：根据大盘或个股能够提供多大的操作机会，在谨慎保守前提之下，根据短线操作、波段操作出局原则，一般可选择日线、周线技术高位死叉出局，或者按照高抛、杀跌战术展开的技术依据及时获利了结。

(8)需要提醒注意的是：使用乖离率指标进行反弹操作时，必须要对除权个股进行复权处理，否则，指标显示的负乖离率数据存在极大的差错，从而导致操作失败。另外，对于问题严重个股、主力资金链断裂造成暴跌的庄股、主力累计获利巨大，出货坚决的庄股，尽量回避，不能按照前面成功率测试的条件盲目展开。

下面列举几个图例简要说明，如图6-49～6-51。

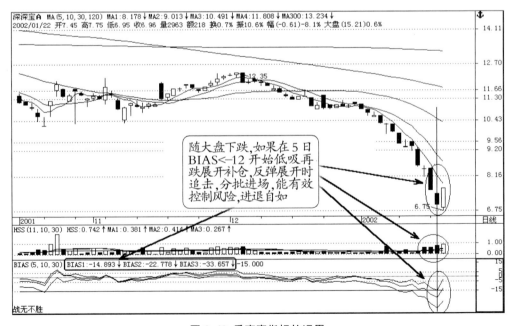

图 6-49 乖离率指标的运用

254

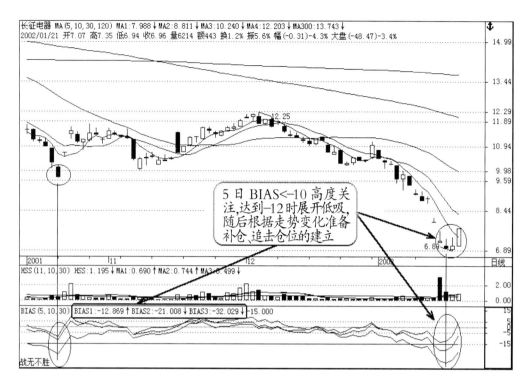

图 6-50 乖离率指标的运用

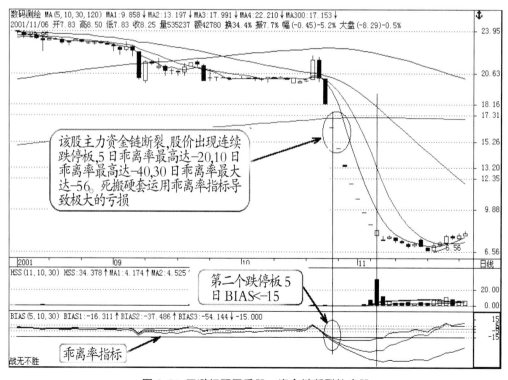

图 6-51 回避问题严重股、资金链断裂的庄股

第七章

反弹操作的注意事项

第一节　反弹操作的实战制约

股市上的任何一种操作方法，都有其长处，但也有它的实战制约缺陷，只有我们对其有一个充分的了解，才能够真正掌握这种方法。在反弹实战操作中，一般受到以下几方面的制约。

一、大盘背景是最大的制约

在第三章中，我们已对大盘和个股之间的关系作了阐述。在大盘背景不佳的情况下(如急跌和连续下降通道运行时)，往往制约了板块、个股的启动与活跃，即使有部分个股在上涨，但大多数缺乏实战展开的可操作性，参与难度系数增大，使得中、短期盈利的机率大大降低。因此，在这种背景下，即便是对于运行反弹主升段的个股操作都要很谨慎从事，更不用说是抢反弹操作。一般在当日或近期大盘状态不好的情况下，应该减少或停止操作，把风险控制放在首位。凡是自作聪明，以为自己可以做到逆大势而行的人，往往都容易被碰得头破血流！

在调整市道或熊市之中，临盘参与反弹操作更需要密切关注大盘背景的变化及制约性。贸然采取"抛开大势做个股"的策略，往往比在牛市行情中的操作更容易导致失败(图 7-1～7-4)。

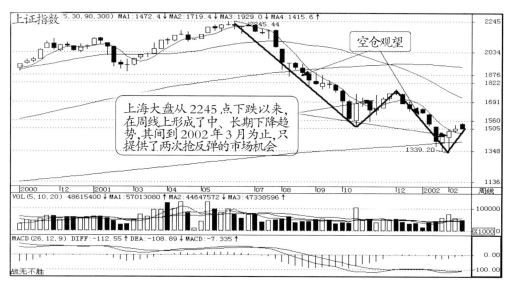

图 7-1　大盘周线图

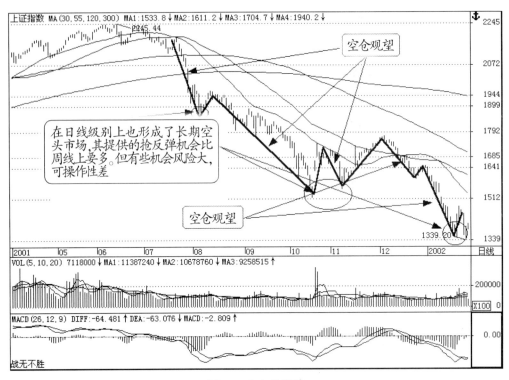

图 7-2 大盘日线图

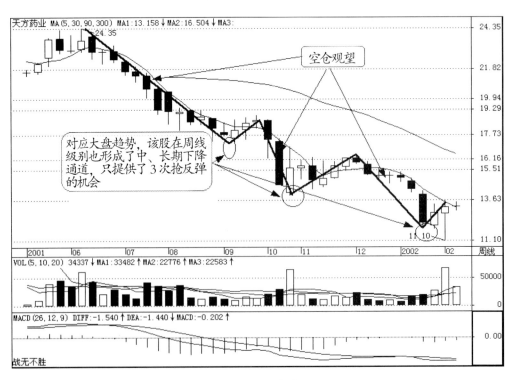

图 7-3 个股空仓阶段

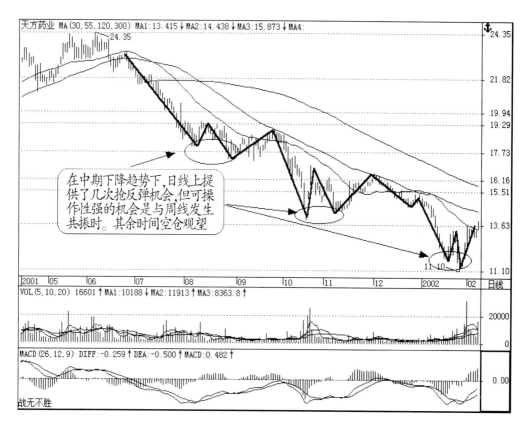

图 7-4　个股空仓阶段

二、个股选择及进出场资金量制约

在反弹的不同时期，精选个股、选择操作周期及获利模式不一样，其操作策略也各不相同，需要投资者认真界定。从收益与风险之比中，寻找可操作性高、收益预期大的个股。如对于可能产生月线级别的 B 浪反弹和日线级的 B 浪反弹的个股，前者就具有一定的可操作性，而后者基本上可以放弃或仅能以小资金参与。

一般来说，反弹的级别越大，则能够进出场的资金就越大，反之就越小。如对应大级别的 C 浪末端的反弹，其安全度较高，所以，能够进出场的资金量可以根据个股的流通盘大小，及近期成交活跃度进行测算，其一般参与总量最大可以达到中等资金规模。

如图 7-5～7-8 所示，股价在运行 B 浪反弹时，成交量在各级别上均较小，C 浪末端的反弹则成交量较大，对应抢反弹的资金比例就是轻仓和中等仓位。

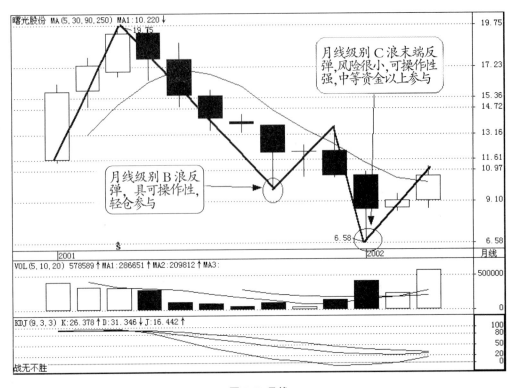

图 7-5 月线

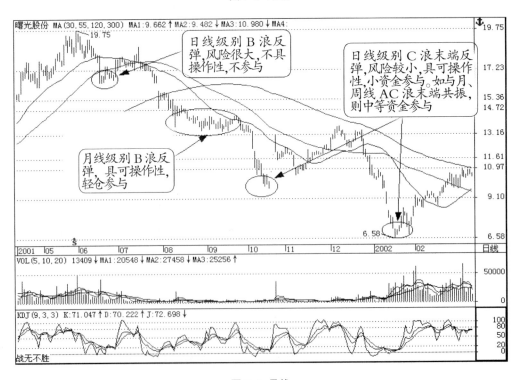

图 7-6 日线

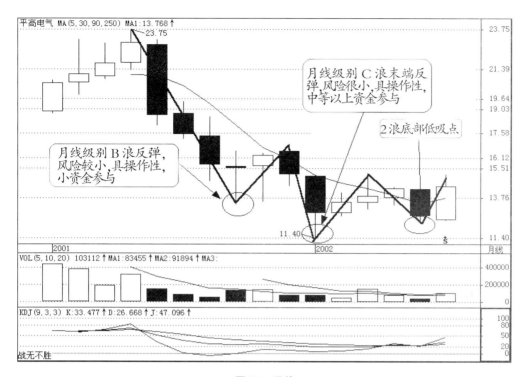

图 7-7　月线

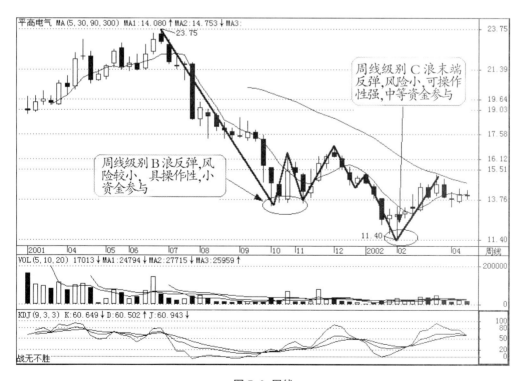

图 7-8　周线

三、进出场时机的把握

由于股价运动的主要趋势是向下的，股价反弹的时间和其下降主趋势运行时间相比要短得多，同时与上升趋势中价格上涨时间周期更不能相比。

由于没有任何方法能精确预测出主级正向波和次级逆向波的长度，所以对反弹操作所要求的临盘分析、操作速度要求是非常快的，并在对于进出场点位的精确细化方面，要比操作主升浪还要求高。如果对股价行进结构没有很好的识别，进出场时间没把握好，则亏损、套牢的可能性就很大。总的原则有：

(A)在大盘背景良好时，展开操作；大盘短期处于下跌或加速下跌，停止操作。

(B)操作月、周级别反弹，其按日线信号寻找进、出场时机；日线级别反弹，按分时信号进出。

(C)对止赢与止损位一定要事先做出分析、估算；并根据盘口信号进行调整，把风险控制放在首位。

见图 7-9、7-10。

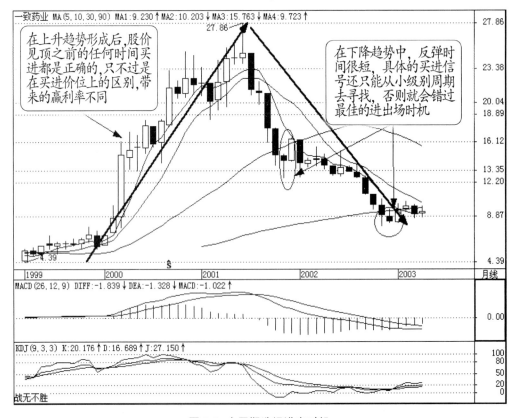

图 7-9 大周期选择进出时机

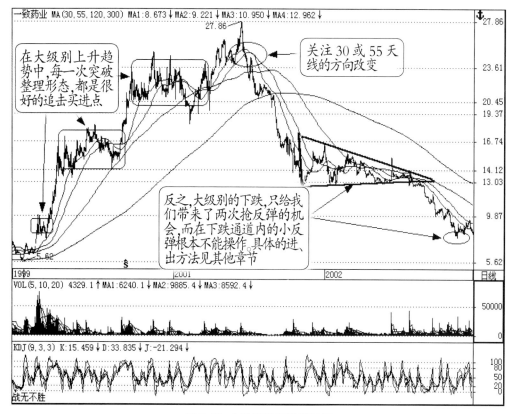

图 7-10　小级别选择进出时机

四、风险度(安全度)的制约

反弹操作的风险原本就比参与牛市上升行情的风险要大，因此，由于反弹风险度的客观制约，使得整个操作要求更高、更严格。这就提示我们在实战中，根据大盘的运行情况，对准备进行参与反弹的股票进行精心选择，对于风险度较大的反弹，就应该选择放弃，不操作。尤其是需要认清 B 浪反弹和 C 浪末端反弹的风险度大小区别，同时，也要认清在不同反弹时间级别的风险度也不一样。

我们建议，一般分时级别的反弹不做，分时级别顶多用于在反弹主升段中寻找回调的买点(图 7-11、7-12)。

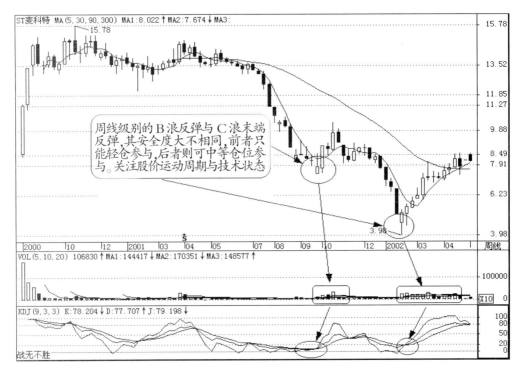

图 7-11 位置不同安全度不一样

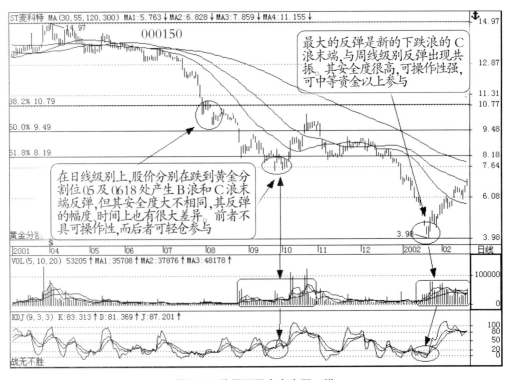

图 7-12 位置不同安全度不一样

五、操作周期的制约

操作周期短，是反弹的最大特点。在主要趋势向下的情况下，次级逆向波的平均运动时间都很短促，一般不到其整波段的 1/2，这和上涨的主升浪具有根本的不同。

即便是月线级别的反弹，对应着月线级别的上涨来说，也是很短的(图7-13～7-15)。

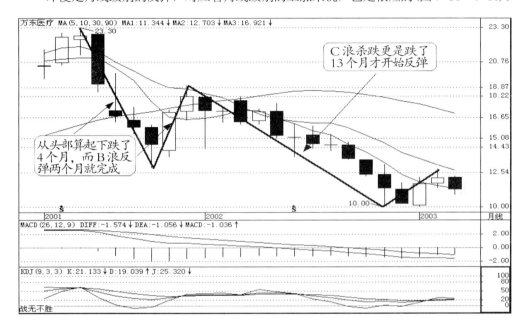

图 7-13 注意反弹时间长短

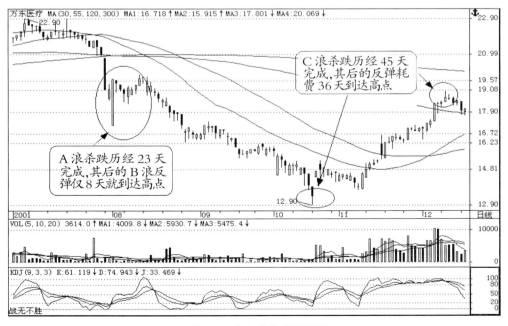

图 7-14 注意反弹时间长短

267

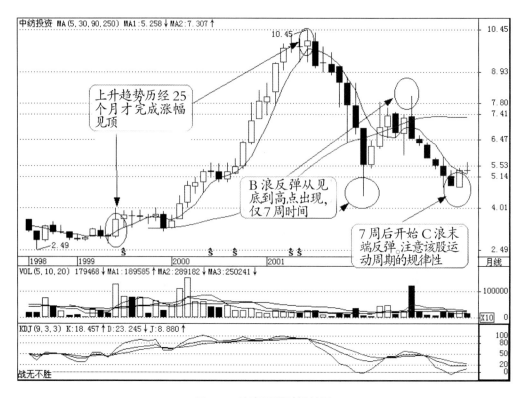

图 7-15 注意反弹时间长短

如图 7-15 中可以看到，在上涨趋势运行的 25 个月中，只要买在上涨期的初、中段，其赚钱的机会是很大的，买、卖区域和时机都有充分的时间来供投资者考虑。而反弹操作的时间和区域就很小，其进出时机的把握是操作成功的重要因素。

第二节 盈利预期(止盈位)和止损位的设置

与前期的介入点相比较，股价上升、下跌达到一定幅度时卖出，如果此时投资者处于亏损状态出局的叫止损，如果处于赢利状态出局的叫止盈。临盘对某只股票展开反弹操作时，在操作策略中就需要把盈利预期位和止损位进行必要的设置。这虽然带有主观预测成分，但与盘口走势相结合进行分析后，能起到警示的作用。当出现与分析相反的走势或到达目标位后，要在第一时间做出操作决策，止盈或止损出局，否则将遗误战机，最后被套牢。做反弹时"不怕错，最怕拖"说的就是这个道理。

一、盈利预期(止盈位)的设置

虽然我们一再提倡顺势而为的操作策略，但是，在抢反弹之前，在操作策略中一定要对目标股的反弹目标位先做出一个初步估算，这至少给我们在实战中提供了一个参考的依据。当股价运行到我们事先估算的目标区域时，就应予以高度的关注，对大盘、个股的盘口各种市场要素进行监控，一旦有反弹结束的信号出现，就立即获利了结。

一般常用的几种方法有以下几种。

1. 均线系统

这是运用最多，也是较简单、直观实用的方法。通常日线的30～55天均线附近区域，是日线级别弱势反弹的目标位，而C浪末端的反弹一般可达到120～250天均线附近区域(图7-16～7-19)。

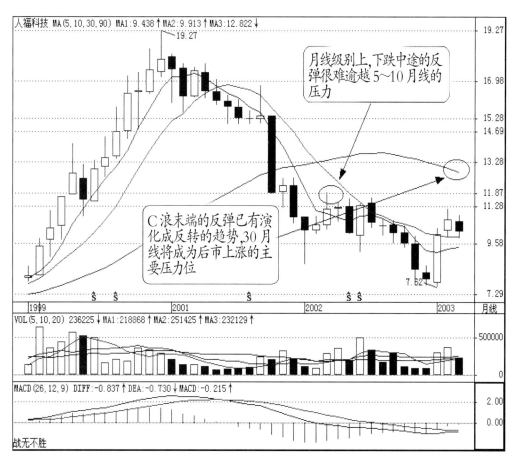

图 7-16　均线止盈

269

图 7-17 均线止盈

图 7-18 均线止盈

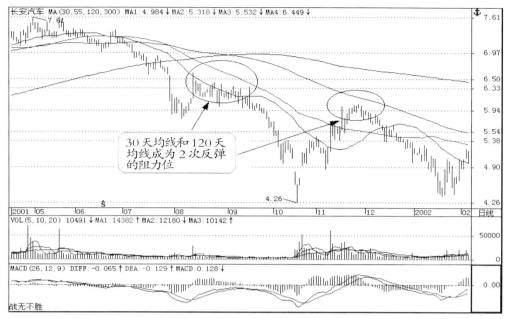

图 7-19 均线止盈

2. 下降趋势线及下降通道

对应不同的周期级别进行研判周、月 K 线阻力。在实战应用中，首先，关注月、周线的下降趋势线及下降通道压力位。其次，对日线上形成的压力位进行分析，根据反弹的不同级别和性质，合理界定其止盈位(图 7-20～7-22)。

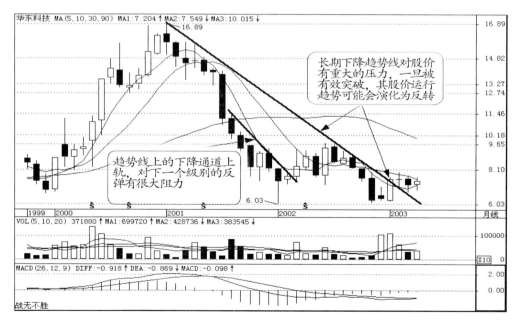

图 7-20 月线趋势压制

271

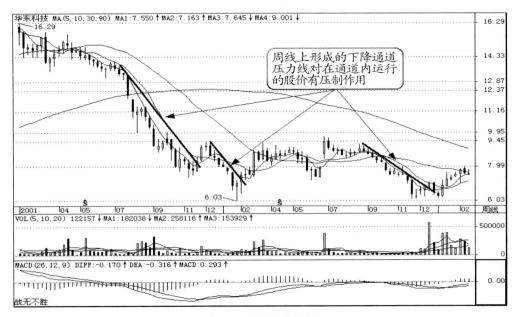

图 7-21 周线趋势压制

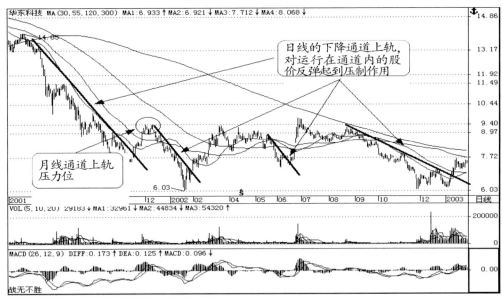

图 7-22 日线趋势压制

3. 布林线指标

日 BOLL 线的上轨是常态上涨行情的短线卖点,中轨则是回调的买入区域。而对于反弹行情来说,一般弱势反弹(日线级别以下的反弹),日 BOLL 线的中轨通常是压力位,也是止盈位。日线级别以上的反弹其终点一般能达到周、月 K 线图上 BOOL 线的中轨,这里通常也是反弹止盈位(图 7-23~7-25)。

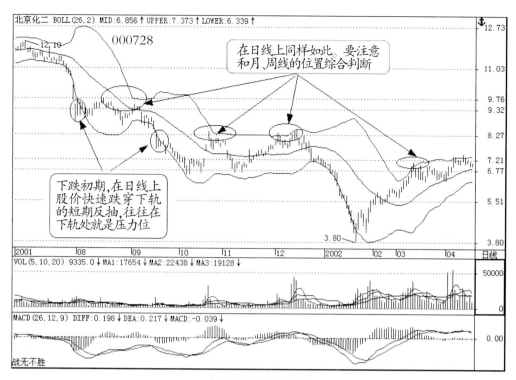

图 7-23　布林线止盈

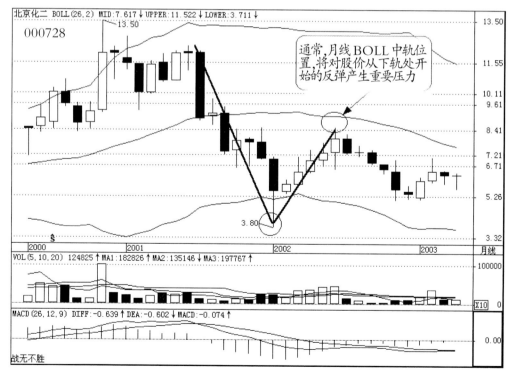

图 7-24　布林线止盈

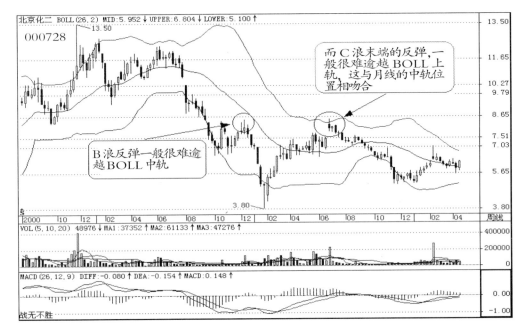

图 7-25 布林线止盈

4. 前期形态颈线位

前期股价所构成的形态颈线位对股价的反弹将构成阻力,其形态的时间级别越大则阻力越大。这包括股价过去形成的头部、下降中继形态等。特别是股价头部形态所形成颈线的阻力,往往是反弹的目标区域,也是我们的止盈位(图 7-26、7-27)。

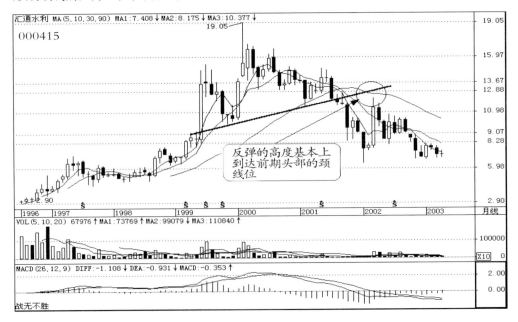

图 7-26 颈线位止盈

图 7-27 颈线位止盈

5. 黄金分割位 0.382、0.5、0.618

一般股价从顶部下跌，在其黄金分割位会受到支撑，同理，股价从前期下跌整波段的低点算起，股价的反弹常常也会在其黄金分割位 0.382、0.5、0.618 处受到阻力，因此，可以运用黄金分割设定止盈位(图 7-28～7-30)。

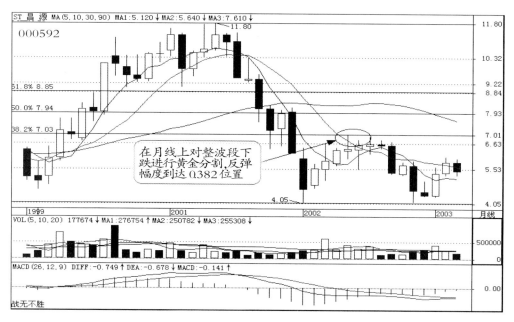

图 7-28 黄金分割位止盈

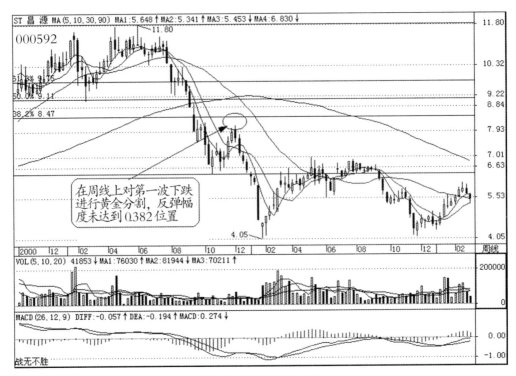

图 7-29 黄金分割位止盈

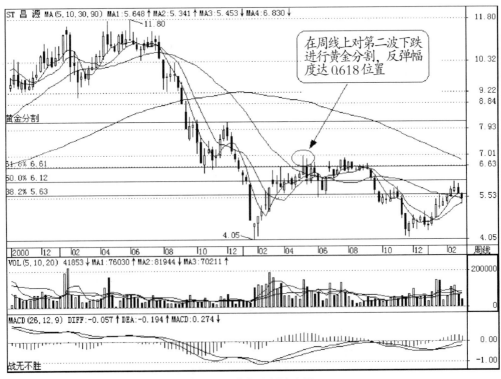

图 7-30 黄金分割位止盈

6. 随着股价上涨不断提高止盈价位

当我们在低位介入反弹操作后，随着行情的演变，股价上涨超出我们原来的预期，预先设置的止盈位已经失去了意义。为了让盈利不断扩大，锁定风险，此时，我们应该调整止盈设置的方法：一个方法是将原来的止盈位随着股价上涨不断提高，如低于最近新高的 5%～10%即止盈出局，获利了结；另一个方法就是让股价充分表现，改止盈为高位杀跌出局。

通常实战中常用的几种方法要综合判定，不仅要在分时、日线级别上进行，更要对其月、周时间级别上进行确认，以过滤日线级别上的虚假信号，这样才能提高研判的准确率，从而设置恰当的止盈价位。

二、止损位的设置

在反弹操作过程中，除了止盈位的设置，更重要的还必须预先有计划设置好止损价位。在第二章中，我们已对止损战术的实战运用进行了详尽讲解。限于篇幅这里我们不再展开，具体请参看第二章中第二节"果断之止损战术运用要领"相关内容。

第三节　反弹操作心理控制和纪律

一、许多人输就输在盲目乱抢反弹上

在熊市中，有许许多多的投资人亏钱、套牢，就在于在股价持续下跌过程中，盲目乱抢反弹，不是被套在阶段性顶部，就是被套在半山腰上，要么就是因极度恐慌把高位筹码在真正的底部斩仓出局，投资成为了高买低卖的亏本操作活动。其输就输在随意展开抢反弹操作上，甚至把牛市中赚来的钱，在熊市中又回吐给了市场。

他们输钱的真正原因，首先在于没有一套完善的专业化投资方法，尤其是没有一套客观化、科学化、定量化、保护化的进出操作原则。其次，明明知道股价破位下行，或下降趋势已形成，却抱着侥幸、赌一把的心理去抢反弹，一旦走势与自己分析判断的相反，却不能及时退出观望，规避风险。其三，就是对于不同的抢反弹获利模式不熟悉，没有真正吃透掌握。没有对抢反弹展开操作时的各种限定条件加以规范明确，风险控制能力很差，最终导致套牢或输钱亏损的结局。盲目抢反弹具体表现在：

(1)牛市思维和操作方法照搬到熊市中。

有的投资者在牛市的上升趋势中，运用不同的投资方法总能获取一定的投资收益，或赚取大钱。由于市场外部环境的变化，原有成功的操作方法的适用前提条件已经发生了改变，一旦熊市来临，仍旧照搬原来的方法进行操作，其结果可想而知。牛市中股指、股价不断创出新高，因此，回调的过程中，逢低买进股票均是介入的好机会，或回调后再次展开上涨也是追涨的好时机。然而，当牛市已经更替为熊市之时，股价的回调，或者中途的反弹，如果照搬牛市的方法展开低吸、追涨，结果是低吸之后继续跌，一追涨就被套。另外就是一旦买进被套住，却死抱着股票不动，幻想不管股价跌多深，最后还是能够涨回来，结果股价最终被拦腰斩断的比比皆是。

(2)与主力比试套牢的功夫。

目前我国股市仍主要以单边做多才能赚钱。2001年前我国的股市行情，基本上是一种靠资金推动型的牛市格局，因此，不少投资者相信：一旦股价跌下去了，只要股票中主力还在，一定会自救，跌下去还会涨回来的，因为主力不可能亏钱出局，于是乎股市中流行各种计算主力成本的方法、分析软件，投资者以为只要买进的股票成本与主力差不多，就不怕被套。殊不知，主力操作也会出现判断失误，也有亏钱、被深度套牢的时候。更不知，主力为了减少损失，在下跌过程中，不断利用阶段性反弹的机会，尽量减持自己手中的仓位。这就是在熊市中可以经常看到股价不断呈现反复抵抗性下跌、阶段性反弹出现的原因。

原来与主力建仓成本差不多的散户持有者，以及有许多抢反弹、自以为比主力成本更低的人，却不能利用反弹机会及时出局，套住后，反而美其名曰为"与主力比套"，到最后都成了给主力在高处站岗放哨的好士兵！

(3)迷信软件、公式的成功率。

笔者认识一位投资者，2000年花了上万元，买了一套国内著名的分析软件，对于软件中的成本分析功能与选股公式非常迷信，而不去理解其指标、选股公式的真正市场意义及操作展开的限定条件与实战制约。在2001年的大连国际000881、岁宝热电600864(现为哈投股份)等几只老庄股因资金面出现问题而导致连续跌停过程中，机械地按照软件中多个选股模块发出的买进信号，重仓参与，结果损失惨重。他失败的根源在于没有处理好人与分析软件的关系，同时，对用历史数据找寻的高成功率的选股方法缺乏正确的认识，以为只要有了一个好的股票分析软件，实战买卖操作的所有问题都能迎刃而解，赚钱就非常容易，这是许多投资者常常抱有的一种一劳永逸的幼稚想法。如果我们不能认识到股市的本质是机构与机构、机构与散户相互之间的博弈行为，即便是通过历史数据模拟优化，寻找到100%成功的方法，也不能保证在未来多变的市场中能取得100%的操作成功！

(4)没有明确规范的操作原则。

股市不乏贪心的人，每一只股票涨升的机会，他都想抓住，一个都不愿放弃。不是频繁地短线进出，就是见涨就追，结果大量消耗了自己的元气(资金)，伤痕累累。在现实市场中，经常可以碰到有的投资者，当股价展开B浪反弹时盲目追高被套，由于不能及时止损了结出局，却往往在C浪末端，因承受不了大幅下跌，心理恐慌而杀跌而出。而当他斩仓出局不久，股价就开始反弹，最后，把自己的心态搞得很坏。一旦当真正底部大机会来临时，却又不敢进场操作。纵观他们的失败原因，其中最主要的是没有在操作前严格规范、明确自己的操作原则：短线操作到底应该如何展开；中线、波段操作又该如何规划；其中涉及的进场依据、出局依据、应对措施、资金管理、风险控制等相关重要环节如何细化明确，并如何有计划地严格去执行。充满风险的股票投资活动变成了随意、冲动性的儿戏操作，这样胡乱的展开实盘操作，不亏损、套牢那才是怪事！

股市投资，绝非概率50%的赌博行为，而是一种科学化与艺术化相融合的资金管理实践活动，每一步操作均须要对风险与收益的大小进行谨慎的衡量，从而做出正确的决策。

二、抢反弹的不良心理

根据笔者多年的咨询工作与实战经验总结，许多投资者在反弹操作中或多或少存在有不正确的投资心理。

(1)赌博的心理。

由于反弹仅仅是下跌过程中的次级逆向波动走势或回抽，下跌趋势并未逆转，反弹之后股价仍将下跌，因此，反弹操作的难度与风险比股价处于上升趋势中更大，操作展开的条件更为严格、苛刻。有的投资者买股票胆子特别大，只要看到股价有反弹，或下跌幅度巨大，不管三七二十一，一头就冲进去，重仓参与，而不问问自己到底凭什么买进依据去抢反弹，资金应该如何分配恰当，怎样出局……。他们总抱着"赌一把"的心理参与反弹操作，最终使抢反弹纯粹成为了一种靠运气的赌博行为。其结局是失败成为必然，成功只是偶然的运气好所致。

所以，抢反弹绝不能以一种赌博的心理参与。同时，不能全仓参与抢反弹，否则，极可能使自己深陷泥潭，全线被动。俗话说："量大为赌"。如果没有总结出一套适合于自己的严格的抢反弹操作原则和方法，应以控制自己的浮躁心态、赌博心理，观望回避风险为上策。

(2)贪心。

一般投资者习惯于把反弹操作通俗称之为"抢反弹"。抢反弹的意义在于"抢"，"抢"就是"快"的意思，也有回避风险的含义，犹如虎口夺食，稍有不慎很有可能被虎所伤。在实际操作中，表现为想抓住所有的赚钱机会(操作过于频繁)、想抓住涨升中的最后一点利润等等。在抢反弹过程中，投资者经常是赚了钱不及时走，亏了钱再走，根本没有止盈概念。造成这种被动局面的原因是让贪心蒙住了眼睛，忘记了事先制定的买卖进出操作原则。

所以，在反弹操作中，需要克服的人性一大弱点就是贪婪之心。一定要本着"打得赢就打，打不赢就跑"，以及"见好就收"的原则，千万不能"偷鸡不成反蚀一把米"。临盘操作中，必须严格按照技术依据发出的进出信号，做到速战速决，切忌贪婪、犹豫。

(3)侥幸的心理。

侥幸的心理主要表现在忽视股价的客观走势，而以一种"等等看"、"也许还能涨"的单相思想法来指导操作。具体体现在反弹操作中，一旦被浅套住，原本应该按照预先设定的止损位及时斩仓出局，或出现破位时应立即杀跌出局，规避风险。然而，此时投资者往往抱着"等等看"、"也许还能再反弹"的侥幸心理，错失最佳、较好的出局时机，任由股价下跌把自己套住，使自己处于越拖时间越被动的境地。其根源是用自己的主观愿望代替了股价客观实际的走势，忘记了市场走势永远都是对的。我们只能做市场趋势的追踪者，只能顺从市场的客观走势而设定科学合理的操作原则。

(3)凭感觉的心理。

这种心理主要是指在买进与卖出的时候，不是按照客观化、科学化、定量化的操作依据有计划地展开，而是凭自己的感觉好坏来进行操作。具体表现在自以为聪明地去预测、感觉股价下跌或上涨幅度已经差不多了，已经到底了、或者到顶了，从而盲目展开自己的反弹操作。这样带来的恶果是在感觉的低点买进后，股价还继续下跌，感觉涨得差不多了卖出以后，股价仍继续上涨。最终容易造成买也错，卖也错的尴尬窘地。现实中虽然也有部分技术功底深厚，实盘经验丰富的操盘高手，他们有时候可能根据盘面感觉而展开操作，但这也是他们长期千锤百炼、专业化训练有素才形成的快速反应所致。这种感觉本身就已包括了进场依据、出局依据、应对措施、资金管理、心态控制等操作各个环节的大融合，只是反映出比常人更快捷而已。所以，技术功底较差，实盘经验不丰富的投资者，切不可在抢反弹中自作聪明，盲目预测底、顶的价位，更不能凭感觉操作，否则，贻害无穷！必须要用客观化、科学化、规范化、定量化、保护化的实战操作系统来规范自己的临盘反弹操作。

(4)浮躁心理。

浮躁是大多数投资者的通病。其原因主要来自于短期内想获取暴利的动机所驱使，特别是听到、看到别人在很短时间内赚了大钱，更加剧了本身的浮躁心态。只要是手中买进的股票没有反弹，还在筑底整理，看见其他股票上涨，冲动之下将手中本来很好的潜力股票卖掉，追入已反弹较大的股票。结果造成未来的反弹黑马从手中溜走，反而追高其他股票被套的局面。另一方面，表现在生吞活剥、盲目学习别人的操作方法，心里想别人能做到，我也能做到，这种浮躁的学习心态，对自己极为有害。殊不知，别人的方法只能是别人的，不是自己的。别人运用得法，获得成功，是因为别人掌握了该方法的使用前提条件、优缺点，知道如何灵活运用，扬长避短。因此，对于别人好的方法，如果不加深刻领会、消化，经过大量的实验性操作，准确掌握其使用限定条件、实战制约性，在转化成为自己的东西之前，切不可盲目胡乱使用，包括笔者书中介绍的方法技巧。

三、克服心理弱点的简单方法

必须清楚投资哲学是"大道至简"、"顺势而为"，用一致性的操作原则来控制风险。

(1)首先要承认自己的对股市规律认识上的未知能力。要明白股市的风险来自何处，坚持只操作我们自己能认识和把握的市场机会，这是操作中最重要也是最高的原则。

(2)必须要明确自己擅长的操作思路与策略，即擅长做短线、中线还是长线。根据自己掌握的投资哲学、投资理论和自己的个性，详细制订出属于自己的客观化、定量化、保护化的标准化专业投资分析研判技术系统和投资实战操作系统，这是克服心理弱点的最有效的方法。

(3)在此基础上制订明确的操作原则和操作纪律以及相对应的资金管理方法。

四、抢反弹操作纪律

我们追求的是长久、稳定、持续地在市场中获利，这需要无数次的高质量、高胜率的操作经验累积而成，而不能单单局限在每次操作盈亏这个现实的概念层面。虽然有人偶然凭运气获利，但是好运气会一辈子跟随你吗？

所以，根据正确的分析制订出详尽、科学的操作计划和策略及资金管理方法才是走向成功的第一步；良好的心理控制和纪律是正确地实施制订好的操作计划的保障。临盘时错误地实施操作计划，同样将导致功亏一篑、投资失败的悲哀局面。

资金的安全是我们入市交易前首先要考虑的问题。"宁肯失去机会，不可失去本钱"。碰上不能把握的行情坚决不入市，让别人去赚钱吧。

(1)学会等待。

下降趋势中大盘、个股的风险很大，投资者要学会多数时间空仓观望，耐心等待大机会的来临。

(2)学会放弃。

首先，要清楚抢反弹不是市场上最主要的操作方法。如果你把握不住抢反弹，那么完全放弃也可以，等待市场转为上升趋势时再进场操作。其次，抢反弹的实战制约很严格，它讲究的是成功率而不是操作数量。最后，需要强调的是，不是所有反弹都能操作，一般来说，小级别的反弹、下跌初期的反弹，其风险／收益的比值较大，可操作性很差。这种机会，不做也罢。

(3)不贪、不怕、不急躁冒进。

心态要平和，不贪心，积小赚为大赚，别为了区区蝇头小利而被套牢。不要买进怕跌，卖出怕涨，克服随意性操作，一切都要建立在操作计划之中，当出现操作失败不要怕亏钱而不去止损，任由亏损扩大。实战中最难的就是自己知道应该纠正错误，却无法果断去执行。

(4)临盘操作要准确、果断、速度要快。

分析要准确，在操作信号出现时，敢于果断出击，下单速度要快，否则将贻误战机。

以短线抢反弹操作为例，短线抢反弹操作的临盘实战进场、出局是按照日线和分时级别的实战信号作为操作依据，实战操作可以按照最佳、次佳、理想、满意的点位进场或出局。其中的关键是，无论出现哪一种信号，操作者都必须严格执行进场或出局信号指令。在临盘实战操作中，我们既不允许出现技术信号后犹豫、观望，更不允许在没有技术信号出现时自作主张、轻举妄动地随意展开临盘实战买卖操作。

第四节　资金管理与仓位控制

一、证券投资是一项完整的系统工程

成功的投资是过硬的技术分析功底、正确的资金管理和严格的心态控制三者有机结合的一大系统工程。单纯凭借一招半式，是无法在股市中长久生存下去的。在此，我们强调资金风险管理的重要性。

一旦我们在操作过程中发生实际亏损，那么，必须要用剩余的资金想方设法赚回原来的亏损，然后才能谈得上投资获利。然而用以弥补亏损所需要的盈利，与亏损呈几何级数关系。比如亏损了50%，则要赚100%才能持平。所以，如何不让资金大比例损失是操作中的一个非常重要的问题。

这需要我们从战略层面上进行规划，战术必须服从于战略。尤其是资金的管理远比选择股票及买卖点位、区域更重要。在前面章节中就着重强调市场大势背景健康、良好，这一前提是资金进出市场安全的最根本保证。这就要求我们对世界经济、政治的格局与发展，国内政治、经济环境的发展趋势与演变、货币政策、利率变动情况，各行业的发展与竞争力状况，上市公司的基本面研究、目前大势所处的趋势、位置，未来的演变等等，必须有一个完整而准确的分析与研判，才能制定和实施相应的投资策略、资金管理方法以及选择市场投资机会。

国内外，凡是上几十亿的大基金，均把资金管理和仓位控制看成是基金管理人控制风险的最有效手段之一。

二、资金、仓位的管理方法

对大盘的循环阶段必须有深刻而准确的判断，是一切资金管理的前提和基础。在大盘的筑底阶段、上涨阶段、盘头阶段、下跌阶段，其资金、仓位的管理方法各不相同。

这里就下跌阶段抢反弹时资金和仓位的管理方法进行展开。

(1)总的管理原则。

在大盘、个股处于中期以上的下跌阶段时，以空仓为主，绝对不允许重仓持股或长线持股。在特定的条件下，根据反弹的类型、反弹的级别，并对应当时的大盘背景而动用不同的资金量，进行短线抢反弹。一般来说，我们建议以资金总量20%~50%进行操作。

(2)实战中的应对措施。

大盘背景：平稳、反弹上升、近期不急跌。

对应个股不同周期级别的反弹，即月线、周线、日线、分时级别操作，其对应仓位增减是由大到小。但它随着股价的循环转化是一个动态的循环过程，资金安排或仓位应该逐级放大或缩小。在实际操作中，会时常出现各周期股价运行阶段不统一，此时，应谨慎或减少仓位，以控制风险。

(3)板块因素。

反弹操作同样是追逐热门板块和领头羊股票。若是热门板块初期个股，则仓位重些(不能反应滞后)，冷门板块尽量不介入或空仓，一般个股只能适量介入。要根据个股流通市值大小和盘口允许的跟风量进行恰当的资金安排。

如在操作月线级别的C浪末端反弹时，可以把仓位加大到本金的1/2，具体操作以低吸、日线追涨结合，还可对仓位进行滚动操作。如果只是操作日线级别的B浪反弹，则需极轻的仓位，不超过1/3为宜，中大资金就没有参与的价值。

(4)切忌满仓操作。

保障资金安全是第一位的。资金和仓位的具体部署，最关键的是要对大盘、个股的运动进行准确判断。即便是判断准确，抢反弹也不能贸然用赌博的心态全仓介入。一旦判断错误，即便是果断止损出局，也是损失太大。

(5)资金要分批买入。

分批进入的好处是尽量不把资金一下暴露在风险之下。如股价在形成双底时，在第1个买入点可先试验性建仓，如果此底部回档确认成立，再进行加仓；反之若判断失误，则按止损位出局，把进场资金的风险控制在很小的范围内。

　　总之，保障资本安全是最核心的原则，也就是说，在任何有潜在风险的市场活动中，风险是投资者最重要的考虑因素。在提出能赚多少利润之前，一定要先考虑"我所能承受的潜在亏损有多少"，如果市场的风险／报酬情况很差，便以持有现金为主。反弹操作的交易原则按重要性排列如下：保障资本、获利策略、追求较好的收益，这也是所有投资者市场决策的最高指导原则。因为股市收益的原则应该是保持稳定性与持续性，盈利目标可分总的盈利目标及每次操作的盈利目标。所以，作为市场操作的一部分，反弹操作的盈利目标就是积小胜为大胜。

第八章

反弹操作能力的提高

第一节　操盘高手轻易不抢反弹，等待的是大机会

笔者有一位叫"高工"的职业操盘朋友，是笔者认识的朋友中编写指标公式最多的一个人。从 2000 年开始，一年之中大部分时间里他都是空仓，每年只操作几次。其最显著的特点，就是严格执行自己精心编写的交易系统，凡是不满足交易系统进场的条件，他坚决不介入，宁愿放弃许多短线反弹机会。虽然这样抓住的所谓"大黑马"看来不多，但每次都是在阶段性底部进场抢反弹，重仓出击，收益颇大且稳定，炒股很轻松，而且日子过得十分惬意，因此，朋友们称他是抄底专家，深受敬重。他常说："对于别人可能是好机会，但对于自己来说，说不定就是一个陷阱，我只赚属于自己的钱。"

真正的操盘高手，对于股价下跌之后的反弹，他们总是非常冷静地观察，耐心地空仓等待阶段性底部大机会的来临，拥有超人的细心来辨别机会的真假和机会的大小。他们往往都是轻易不会出手，一旦出手，必须确保很高的操作胜算，一举成功，而且都能迅速全身而退，然后再耐心等待下一次大的机会来临。

操盘高手轻易不抢反弹的原因，主要表现在：

(1)首先他们是趋势的追踪者。他们能正确客观对待股价的走势，不去盲目预测指数或股价会跌多少，或者会跌到什么位置就能止跌企稳展开反弹，而是关注在下跌过程中大盘背景的变化，是否凝聚了足够的反弹做多能量，指数、股价的下跌趋势是否已经有较大级别趋势的扭转迹象，适合自己多大的资金进出。

(2)仔细辨认反弹机会的大小。操盘高手深知，根据反弹机会的大小决定他们展开操作的资金大小，是风险能否有效规避的关键。而反弹机会大小与大盘背景、板块的联动又紧密相连。他们不会轻率抛开大势做个股，因为操盘高手都清楚大势背景对板块和个股的表现有着宏观制约的关系。市场大势背景相对良好、安全才是他们资金进出安全的根本保证。所以，当不能确定市场和个股有较大的反弹机会之时，操盘高手总是选择冷静观望，空仓等待，决不出手。一般只有在中级或中级以上的反弹行情产生时，他们才进场参与操作，而不像普通散户，不管反弹机会大小都要参与。

(3)关注风险与收益的比例是否恰当。

对于操盘高手而言，风险与收益的综合评估则是其分析、操作前提和关键，即判断最大的可能损失与可能潜在获利的几率是多大，是否在自己所能承受的范围之内，本轮反弹行情或本此反弹操作，我最多能承受的损失是多少，而不是先想能赚多少。操盘高手总是把保障本金的安全放在第一位，在此基础上才能追求进一步的操作获利。一般而言，操盘高手在反弹操作中对于收益与风险的比例考虑至少在4：1以上，而且在进场前已经将风险牢牢锁定，不会在操作展开后随意让风险扩大。

(4)关注抢反弹者胜率有多大。

反弹操作胜率的高低直接关系到资金的安全和仓位布局，是操作成功的最重要因素。不管是采取追涨战术、低吸抄底战术等各种战术的单一运用，还是它们的复合使用，操盘高手抢反弹所采用的方法，一般必须保证成功胜率在80%以上。这个胜率不是通过分析软件历史数据模拟找寻出来的，而是通过自己大量的模拟操作与实战总结出来的。

(5)仓位控制得当。

操盘高手只采用自己非常熟悉而且有把握的方法来展开反弹操作。在实战中他们更关注市场各要素的调整是否充分，尤其是多要素、多周期的整合使用，确保不把资金暴露在风险之下。不会轻易重仓或满仓介入抢反弹(除非是大机会来临)，一般他们会采取分批建仓的手法，各种战术复合使用，力求做到进退自如。严格按照自己的一套完备的操作原则、操作策略、风险控制等安排、调整资金管理的头寸。他们能做到有无比的耐心等待大机会的出现，在正确确认机会降临后，实战操作时能拿出常人没有的决心，出现错误时敢于改正自己的错误。

第二节　看盘能力的提高

一提到股价的调整，一般投资者认为就是指股价的下跌。这种认识存在极大的片面性。实际上调整指的是对市场各要素已存在的各种矛盾进行调和、整理。具体要综合研判价格、成交量、时间、热点、背景之间与否和谐，这才是调整到位的判据，而不是单单指股价的回调。

看盘，分为静态看盘和动态看盘，看盘的目的就是寻找可以操作的反弹机会。

一、静态看盘要点

首先通过静态图表，分析大盘背景目前所处的态势。看大盘处于循环阶段的哪一个阶段，主要技术指标处于什么状态；30均线的方向，目前的趋势处于何种状态；从大到小，分析趋势朝下还是朝上，或者是横盘无趋势；趋势是否有扭转的迹象；量价关系怎么样；能否给我们提供操作展开的有利支持。

其次，看市场中板块运动的状况。看目前市场是否有明显的板块联动效应（热点）产生，因为板块联动往往意味着热点的形成，标志着有集团性大资金目前正在板块内进行运作，所以要重点看是否明显有资金介入、撤出板块的迹象，是否已开始形成持续性领涨板块，或领跌板块的迹象。市场做多或做空的力量主要来自于哪些板块，目前板块的波动是否具有层次、有序地展开；其后市能否给我们提供很好的操作机会。

最后，看目标个股目前的静态图表态势。从大到小，分析研判目前目标个股处于循环阶段的哪一个阶段；下跌趋势是否有放量扭转的迹象；是否处于反弹上升初、中期；量价关系配合是否理想，是否有主力机构明显介入，而且控筹较好；是否已经具备短期向上攻击态势；向上的空间有多大；上档阻力价位在什么地方；最佳、次佳介入的点位、区域在什么位置；目前和后市是否具有较好的反弹操作机会。

二、动态看盘要点

所谓看盘，就是看市场的价格、成交量、时间、参与者各种要素及其相互之间的关系。这些要素就是市场的信息和盘口的语言。不能单单只看价格和成交量两大要素的关系与变化。重点关注四大要素在图表中的变动以及它们之间的相互关系是我们看盘发现获利机会和规避亏损风险的关键。

（1）看盘，重点看的就是异常。我们应专注于只去看市场中各要素的不合常理、不合常态、不合常规的异常情况。

（2）看盘要专注。动态盘口中，股价波动往往很快，交易时间也只有4个小时，稍有疏忽，最佳介入机会转眼即逝。快速、正确地对获利机会进行成功的捕捉，直接影响实战操作成败和操作质量好坏。因此，专业看盘首先要具备专心、专注的良好素质。

（3）看大盘的波动态势、波动方向，以及实时图中各要素的配合情况，迅速判断大盘强弱，是否具备实战操作展开的条件。具体有：大盘背景提供的操作条件（大盘是最大的机会），即大盘目前所处的具体位置、安全度、市场信心、参与意愿等要素。大盘目前的位置、安全度、反弹力度大小直接制约着实战操作是否可以展开，以及决定我们可以展开多大规模和级别上的反弹操作。

(4) 看板块个股获利机会。反弹操作要买进的目标股票最好处于热点之中，只有市场形成热点板块，其板块中个股的反弹行情才能具有持续性，而个股反弹操作获利机会才能得到有效的保证。同时，在热钱涌入的热点板块中操作，能为我们的资金进出、安全获利提供最有利的技术保障。

(5) 目标个股的动态看盘，重点关注个股反弹的攻击力度、量能配合状态，从中可为我们提供临盘操作的最佳、次佳的介入、出场的点位和区域。从动态盘面中快速发现获利机会是反弹操作的最重要基本功。

(6) 动态看盘快速发现获利机会。首先借助于股票软件的涨跌幅排名龙虎榜81、83、61、63，即黑马线索窗口，该窗口充分快捷地反映了市场中各大要素最强和最弱目标股票的情况，这是市场中各种力量集中的焦点。其次，重点关注放量（量比明显增大）、涨幅超过 3%～5%异常波动的股票，看是否正处于趋势扭转或上升初中期的反弹攻击态势之中。如果形成了板块热点的股群连动上扬为最佳。其三，迅速打开各个周期K线图，从大到小，看其股价是否已经突破、扭转下降趋势，正处于循环周期的上升阶段。最后，如果符合我们介入反弹操作的条件，按照低吸、追涨战术的展开条件要求，立即果断建立试验性仓位，参与操作。

三、反弹的力度研判

当大盘经过持续下跌后反弹行情来临之际，投资者不能过于盲目乐观，不能轻易主观认定就是反转行情开始。本着有效控制风险作为第一前提，尽量按照谨慎保守的原则展开操作，随着行情的演变再恰当地调整操作策略。其中的关键是要认清当前反弹的性质，观察、预测大盘的反弹力度和反弹空间。具体可从以下几个方面进行分析和跟踪研判。

(1) 是否有政策面和消息面的支持。如果有政策面和消息面的潜在利好配合支持，反弹力度和空间一般较大，否则，反弹只是盘中主力的一种自救短暂反弹而已，力度和空间都较小。

(2) 对大盘下降趋势扭转的大小、级别需要做出准确的判断。如果是较长趋势、大周期趋势的扭转，则反弹的力度、空间一般会大些，否则，应降低反弹力度的预期。

(3)反弹时的位置。从浪形结构上分析，如果前面大盘的循环浪形已告终结，目前是否正展开新的一轮循环的 1 浪推动或 3 浪推动？如果是，则反弹力度和空间就会大些。如果大盘仍运行在循环浪形的 A 浪或 C 浪延长之中，或者反弹已在第 5 浪上，那么反弹力度和空间的预测需要持谨慎、保守的态度对待。

(4)观察反弹过程的成交量是否持续放大。如果能持续放大，有场外新增资金介入，对行情的延续和纵深发展极为有利，反弹力度和空间可以看高一线，否则，应以谨慎、保守的态度对待反弹。

(5)观察市场是否酝酿有热点产生，而且是否有对指数和市场人气具有较强影响力和号召力的持续性领涨板块涌现。如果是，反弹力度和空间则会大些，如果仅仅是短暂热点，那么对反弹力度和空间分析要保守地进行预测。

(6)观察市场中是否涌现出有赚钱效应的龙头股品种。反弹行情的延续和纵深发展，需要市场不断培育出数个涨幅巨大的龙头品种，以此来激发、领涨人气。如果是，则反弹的力度和空间将会增大，如果没有赚钱效应的龙头品种，反弹的力度和空间将会受到制约，应持保守、谨慎的态度对待。

(7)注意观察反弹中板块轮动的节奏。如果热点板块比较集中，而且持续性较长，反弹力度和空间就会大些。如果热点切换过快，板块轮动很快，或后续热点不能及时跟上，那么，反弹力度和空间就会受到制约。

(8)反弹时的技术状态。如果是从大周期技术低位开始反弹，则反弹的力度和空间将大些。否则，反弹力度较弱，反弹空间较小。

四、看盘能力的提高需要长久训练和经验的积累

投资者仅仅知道如何进行静态看盘和动态看盘是远远不够的，还需要将其转化为看盘能力的提高。而能力的提高必须经过长时间的看盘经验积累，无数次看盘分析预测结果正确与否的验证与总结。其中看盘思路的训练、看盘之中如何抓住重点、养成专业化的看盘习惯、背诵各种经典走势图，乃至大量地模拟看盘训练等各个方面经验的积累必不可少。日久才能见真功夫，不间断地看盘训练，才能促成看盘能力的早日提升。

以上章节看盘能力的提高内容属于看对的范畴。看对属于分析研判认知体系，是做对的前提和基础，投资者只有在总体概率能够看对的前提下，才有可能长久、稳定、持续地在实战中做到操作正确。

第三节　临盘操作速度的提高

临盘操作速度属于做对的范畴，做对属于实战操作体系。

任何实际中的买卖活动都必须在即时盘中展开，而盘中股价高低点位的出现瞬间即逝，正所谓"机会不等人"，因此在反弹操作中最佳、次佳的买卖点位出现，是否能够及时把握，与投资者临盘操作速度的高低直接关联。同时，这也是衡量操盘高手的重要依据。

反弹行情一般启动比较迅速，而且持续时间不很长，需要参与者临盘时能及时捕捉有利时机，迅速果断进出，确保操作处于有利、主动的局面。

一、严格的训练（模拟与实盘训练）

有的投资者一听到别人介绍某种操作赚钱的好方法，或学习到某种新的操作方法或技巧，显得十分兴奋，觉得成功是手到擒来，于是在还没有吃透、完全领会新的操作方法或技巧之前，就开始用自己仅有的资金展开实盘操作，进行学习实验。结果是学习越多的方法、技巧，在股市中所交的学费就越多，有时还会感觉到怎么越学越退步，到头来还不如不学为好。其实，出现这样的问题就在于对"知道"与"做到"之间的差距缺乏正确认识。投资者必须清楚：知道并不等于做到（知识与能力是两个概念），完成这个跨越必须要经过一段时间的严格训练才能铸就。这就好比"纸上谈兵"的人不一定能打胜仗的简单道理，同时，股市中一直流传一句谚语"股市中没有专家，只有赢家与输家"，说的也是这个道理。

任何实战操作能力的铸就都必须经过一段时间系统的严格训练而得来，绝对不会是天生造就的。

二、通过模拟训练提高操盘速度

虽然模拟高手绝对不等于实战高手，但是，我们可以绝对肯定地说实战高手一定是一个模拟高手，模拟都做不好的人，其实战就更不用说了。轻视专业化模拟训练的人在股票市场比较多，但最终市场都会用亏损、失败来教训他们。

在进入实盘操作之前，投资者应该先做大量的模拟训练，其主要目的是为了提高低吸、追涨、高抛、杀跌、补仓、止损、观望、空仓8大经典战法、战术模拟运用的成功率，提高资金管理、风险控制、应对措施技术方面的熟练水平，以及提高临场的适应性，达到建立实战取胜信心的目的。

模拟训练的具体内容还包括投资者在不同的大盘背景、不同类型个股、各种操作战术、不同操作条件、各种资金布局等方面的适应性练习。通过反复不断地模拟训练使投资者能够在不同环境之下均能建立正确的操作策略和正常的发挥操作水平。

模拟训练除了缺少成功投资的心理训练这一主要环节之外，在资金管理能力、积累分析功力及交易系统的完善上有着巨大的作用。模拟训练是提高技术能力、熟练掌握相关知识点的有效办法，同时能够在还不具备起码的专业水平的时候最大限度地减小无谓的资金"伤亡"！

模拟训练另一个作用，还能起到在投资者大脑中建立起高成功率的操作方法定式，使投资者能在瞬息万变的市场中，及时抓住属于自己的操作机会。

这要求投资者必须以实盘操作的态度来对待每笔模拟操作。具体对每一笔完整操作均要做到认真总结，尤其是对进出场点位的最佳、次佳、一般、失败等精确度进行总结；也要对各种仓位管理、资金布局进行细致的总结，以及实战操作收益、成功率进行总结、提高。

三、通过小单实盘训练提高操盘速度

小单实盘训练是由纸上谈兵式的沙盘模拟迈向实战操作的一个过度性训练。由于训练者需要面临一定实际操作资金盈亏的压力，虽然其训练方法基本与模拟训练一致，但是操作过程中的心理变化却大不一样，因此，小单实盘训练不但在提高分析功力、资金管理能力以及交易系统的完善上有着巨大作用，更突出在心理控制环节训练上的重要作用。

一般要求只有在模拟训练的成功率达到70%～80%以上后，才能进行小单实盘训练，或者进行模拟、实战双向训练，直至彻底掌握8大经典战法、战术的实战方法。通过对成功与失败的反复总结，以此形成并彻底完善自己独特的实战交易系统。

小单的规模一般控制在总资金的10%～20%以下。在没有彻底掌握8大经典战法、战术的实战方法之前，不允许随意加大资金仓位进行训练，必须确保达到专业操作水平之前最大限度地减小无谓的本金消耗。市场从来都不缺少机会，缺少的是赚钱的专业本领。

同时，提醒小单实盘训练的投资者，不要因为投入的训练资金小，就认为压力小，盈亏无所谓。在训练过程中，必须把小单当成大单来规范自己的操作行为，对实际操作的最佳、次佳、一般、失败等精确进出场点位，以及资金的布局管理进行反复总结，认真找出自己操作成功和失败的技术原因，并细致体会操作全过程中心态的变化。对失败的操作更是要用心分析、细致总结，并将得到的经验教训运用到后续的练习之中，方能取得快速进步。

在小单实盘训练中，首先要求操作规范，其次才是要求操作质量(准确性、成功率、速度)，最后是操作的效率。其中需要注意把握操作成功率与操作效率之间的关系。首先考虑的是操作的成功率，用高成功率的操作来确保投入资金的安全性。只有在已经充分具备高成功概率的基础之后，才能去考虑追求实战操作的高效率。

当投资者完成这样的训练后，其操作能力将大大提高，均能在各种不同条件之下精细化把握进出时机与点位，操作成功率将大幅度提高，而且临盘操作速度得到极大的提高。

四、加强平日常规训练

(1)反复阅读经典理论。对经典理论的要点和精华进行认真反复阅读，反复领会，才能理解深刻，进而领悟。

(2)写看盘日记。每天将自己目前对大盘、热点、市场技术特征的研判、分析写成每日看盘日记，并制作成表格，以及对第二天的开盘、行情演变做预测、应对。

(3)多看多记。每天尽量将所有股票翻一遍，至少做到前后30位涨跌幅的股票认真复盘，以及自选股里的股票仔细研判。复盘的重点：看股价即时波动走势图和熟悉日K线、周K线、月K线图的走势及对应关系，仔细、反复揣摩其市场和技术含义。

对股价(大盘)运动规律和各种经典股价波动现象的滚瓜烂熟，对盘中股价的攻击态势和股价短期的组合攻击态势常见模式的滚瓜烂熟，是实战分析研判和临盘操作能力提高的重要因素。

(4)经典技术现象的反复背诵：背诵关键技术位置的标志性K线(如底、顶的各个周期的K线组合)，经典即时分时技术图表形态(共振、背离、波动方向)，这样能很快识别和形成条件反射，提高临盘操作速度。

(5)特例背诵。对于各种表现异常的股票的图表，必须进行彻底的背诵，以便随时进行仔细的体会。有条件可以打印保存下来，供自己经常研究，明了其走势的各种市场含义。记录越多，见识越广，实战反应将越快、越准。异常所指的是表现特别好和特别坏的经典案例。

(6)规范化专业投资之交易日记。客观、细致地记录自己每一次的临盘实战操作的详细情况，对每一次操作的成功和失败都必须寻找到技术、心理和资金管理等方面的原因。这个工作搞得越细致、越客观、越定量就越好，千万不能马虎和随便。

(7)每次操作必须有规范的投资计划书。投资计划书必须详尽，而且具备多种应对措施方案，这是操作思路规范性训练科目。坚持日久，自然就养成了一种良好的操作习惯。

(8)进场要稳、胆大心细，出局要快，调整仓位要及时、果断。进场时提前或立即对照进场原则、依据，如果符合就按照计划实施，如果没有计划则不能妄动。会卖的也不一定就是师傅，我们强调首先要买得好，才能谈得上卖得好。买得都不好，再怎么谈论卖得好，那只能是空中楼阁。毕竟割肉、止损是一项艰难、痛苦的抉择！

(9)对深沪市场近千只股票的股本结构、财务状况、数据动态能尽量耳熟能详。必须掌握各个板块的股票组成，便于热点板块启动之际，能够迅速抓住领涨龙头股票，较快获取收益。

第四节　提高解套的能力

所谓"套牢"，指的是投资者预期股价上涨，但是买进股票之后，股价却出现回落下跌，致使买进股票的成本已经高出目前的市价。

人非圣贤，孰能无过。任何涉足股市的投资者，不论其股市实战经验多么丰富，均存在着被套牢的可能性，而且绝大多投资者都曾有过被套的痛苦经历。股市中出现分析判断失误导致亏损很正常，但是如果经常出现看错，不能及时纠正，而且又常常做错，则属于不正常了。

一、被套以后的不良心理

有许多投资者，由于缺少一致性操作原则，容易受到股价波动而使得情绪变得冲动，当股价大幅上扬之时，往往经不住赚钱的诱惑而盲目进行追高。股价展开整调时，错过了最佳、次佳出场点位，此时往往还抱有侥幸、幻想的心理，等待反弹解套。一旦股价继续下跌，必将导致其后操作越来越被动，进而可能被深套。所以在每一轮上升行情完结之后，总有一大批散户投资者被套在阶段性顶部，或者被套在股价下跌的半山腰上，痛苦地承受着煎熬，欲罢不能。总结起来他们一般存有许多被套以后的不良心理。

(1)一厢情愿的心态，把不切实际的愿望、希望当作持股理由，因此，不承认自己会看错，不设立止损，从而导致被套的局面。

(2)股价上升趋势已开始逆转，被套之后还抱有"等等看"的侥幸心理，盼望反弹解套以后再了结。

(3)舍不得割肉、止损。天真认为只要不卖出就不会赔。这种心理实际上是投资者风险承受压力较小，心理脆弱的表现，以为浮动潜亏就不是实际亏损，容易导致一错再错。

(4)麻木心理，有的投资者不分介入位置的高低，一旦被套均采取死守，紧抱着股票不动，幻想总有一天会解套的，未来操作的时间、机会、资金均被陷住，浪费优质资源(流动资金)。

(5)误认为补仓可以摊平成本。一旦被套，就盲目展开补仓，越跌越买，结果是越买越套，越陷越深，最后到了怕买股票的地步。

套牢的原因可能多种多样，但是结局均相同——资金被陷住，资金卡上的市值大幅缩水，丧失了资金的流动性，从而无法把握后市的获利机会。

二、实战操作中的解套操作策略

我们是人而不是神，在实战操作中总有犯错的时候，因此被套并不可怕，也不必恐慌，关键是如何根据套牢的具体情况，积极寻求解套之良策。

一般常规、成熟的解套操作策略主要有以下几种：

(1)果断执行止损策略。如果是在高位追高介入，一旦被套，必须采取快刀斩乱麻的方式，跌破预先设定的止损位，或出现明显的破位，应立即止损了结，第一时间将所套股票全部清仓，认错出局，以避免股价继续下跌而导致以后操作更加被动。

应用原则：其一，在操作前要有止损的准备，并设立好止损位、应对措施。其二，要有"壮士断臂"的勇气和决心。其三，要在第一时间及时果断，不能犹豫、幻想，不能抱有侥幸心理。

(2)学会做空的策略。趋势向上即应该展开做多，趋势向下也应该顺势而为展开做空。当大盘或个股处于持续下跌过程之中，而且估计仍有较大下跌的空间，此时，先将手中被套的股票卖出，等止跌企稳时，逢低再买回。这样可以有效降低被套的损失，变被动为主动。

应用原则：其一，要准确判断大盘或个股何时处于明显的下跌趋势。其二，要准确判断卖出后还存在较大的下跌空间，向下突破即卖出。其三，逢低介入的点位把握非常关键，而不是盲目凭感觉展开低吸回补。

(3)盘中展开"T＋0"操作的策略。利用股价盘中波动幅度较大时，盘中高点先卖出，回落低点再买回，或在低点先用手中的资金买入与被套同等数量的股票后，在当天高点将原被套股票卖出，但总持仓不变。这样通过不断赚取短线差价，最终达到降低持仓成本的目的。

应用原则：其一，首先股价在盘中波动较大，做到扣除交易税费后能赚取 1%～3%以上的收益。其二，对操作者的看盘功底、短线操盘技术的要求很高，不能造成越是"T＋0"频繁操作，其结果是成本越做越高。其三，要有充分的时间看盘，盘中高低点均能准确把握。

(4)换股操作策略。即将手中弱势套牢股票抛出，及时换成市场中刚刚启动的强势股，通过强势股的涨升获利，来弥补原被套的损失。正所谓"弃弱择强"，这也是顺势而为的操作思想。实际上，不论在牛市行情还是在熊市反弹中，能让投资者快速解套，并获利丰厚的往往是板块龙头股或主力资金运作的主流强势品种。

应用原则：其一，首先能准确判断原被套所持股票已成为明显的弱势股，短期内难有较大的涨幅，而龙头股、强势股才刚刚启动，还有较大的上升空间。其二，要求投资者看盘经验丰富，对热点板块、强势股的把握能力较强。其三，能及时把握龙头股、强势品种启动之初期的机会，迅速介入，而不是等强势股、龙头股涨幅已大再换股追高，以免造成再次被套在高点。

(5)摊平成本的操作策略。即随着股价的下跌不但不卖出股票，反而加码买进，从而摊低持股成本，等待股价回升时，早日解套获利。

应用原则：其一，前提条件是被套的不是全部资金，必须先保留有剩余流动资金，否则，补仓摊平无从谈起。其二，大势仍处于上升趋势，或已开始见底反弹或反转。其三，股票被套的位置处于相对中低位置，而不是高位被套。其四，股价跌至阶段性低点才能展开低吸补仓，否则，当股价还未跌到底部时就急于摊平补仓，容易造成越补越套的局面。

(6)死守策略。即买进股票被套后，一直持有，以不变应万变，耐心等待股价回升解套之时才出局。

应用原则：其一，前提条件是大势仍处于牛市之中，才能采取本策略。其二，投资者是以价值投资入市操作，而不是投机性入市进场操作，而且被套股价位置处于较低位。其三，持股信心和耐心最为重要，不能因动摇、恐慌在底位斩仓出局。

需要提醒的是，投资者仅仅明白以上解套策略是远远不够的，因为，即使最好的策略，如果使用方法不对，不但不能做到如愿解套，反而可能会造成更严重的亏损。所以，投资者必须牢牢掌握各种解套策略的应用原则。

三、解套能力的提高

(1)平常心对待被套。偶尔被套是每一个投资者不可避免的操作失误现象，通过掌握高超的买卖操作技巧，可以做到尽量减少被套的产生。当然，如果经常被套，或出现十次操作，有超过五次以上被套的现象，这就显得不正常了，说明了投资者操作水平存在极大的问题。此时，应该暂停一切操作，退出股市，好好学习各种经典理论，体悟市场，加强追涨、低吸、高抛、杀跌、观望、止损、补仓、空仓8大经典战术、技法的训练，等待看盘经验丰富，掌握较高的分析技术方法，实盘操作能力真正提高之后，再入市操作也不迟。否则，套牢的噩梦将经常伴随着你！

(2)确认被套的性质。被套之后，冷静、客观分析大盘背景及个股的走势，确认是属于高位被套、中位被套，还是低位被套，然后才能采取相应的止损、观望、补仓对策，制定详细的解套操作策略，从容应对。绝不可心态浮躁，恐慌而导致自乱阵脚，错上加错。

(3)解套操作方法的实战运用，与常规的追涨、低吸、高抛、杀跌、观望、止损、补仓、空仓8大经典战术、技法运用没有什么本质性区别，因此，只要熟练掌握了各种经典操作战法、技法，尽量寻找精细化的点位进出，就能使自己在操作中处于有利的主动局面。只要严格按照各种战法、技法展开的条件要求进行操作，自然可以做到最大程度避免被套的局面产生。

(4)预先建立操作的各种应对措施，做到任何操作的展开均有计划地实施，市场、股价的走势变化均在我们的预料之中。唯有这样，才能确保我们做到临阵不乱，冷静果断。尤其是对于追高操作，事先能够建立止损、杀跌战术计划，预防高位套牢，远比事后绞尽脑汁展开各种解套操作策略更为主动、更为高明。

后 记

在笔者进行的多期专业培训及辅导过程中，发现只有不到三分之一的学生能很快掌握各种实战买卖操作战法、技法，进步神速，而且能在实战中取得比较优异的成绩。但是也有相当部分学生原本基础较差，实战经验缺乏，对教材内容和笔者讲解的精细操作方法还没有真正领会、吃深吃透之前，由于学习的兴奋，导致盲目乐观，认为老师传授的各种方法就是"绝招"，只要一出手，定可以马上赚大钱，于是乎在没有严格执行限定条件的前提之下，在股市中盲目展开操作，其结果造成了不必要的亏损，甚为痛心！

其实，股市中专业操盘高手的所谓"绝招"、"秘诀"都是通过高手本身完整系统性地学习各种理论知识，并加以融会贯通，而且必须经过长期的实战操作、千锤百炼，结合自身特点而形成的高成功率的方法和技巧，以求达到长久稳定获利的目的。

专业高手的"绝招"绝对不可能通过依葫芦画瓢式的简单模仿而获取，必须要通过学习专业化本领，进行系统性的专业化反复训练(模拟与实战训练)，才能真正领会"绝招"的真谛。如果只是学一些表皮，不知"绝招"的使用限定条件，也不知道在什么情况下才能如何有效使用，就盲目将"绝招"运用于实战操作，反而容易导致操作失败、心情沮伤，影响后续的操作信心与质量。希望读者对此能正确理解！

同时，笔者告诫读者，不要期望看了本书以后，就认为参与反弹操作赚钱很快、很容易了。要做到一出手就赢，还必须经过一段时间的反复领会、总结、完善自己的操作系统，完成从知识到实战操作能力跨越的艰难过程。

本书在2004年出版以来，受到投资者好评并多次再版，对原书在不改动体系的前提下进行了修订。本书能够顺利再版，感谢出版社领导及为本书出版发行付出辛勤劳动的所有人。

如果读者、投资者就本书中的观点愿与笔者做进一步的探讨、交流，请用邮件与笔者联系。由于笔者平时忙于"美年盛投资顾问工作室"及培训辅导工作，请恕作者精力有限，不能回答读者有关大盘、个股走势的问题。

欢迎资金在百万以上的投资者加盟工作室，共谋发展，实现财富稳步增长。

作者联系方式：

金石：Email：pj641@sina.com

手机：13541049933

一舟：Email：yz0506@vip.sina.com

手机：13881834398

金石　一舟